原由美子の仕事

1970↓

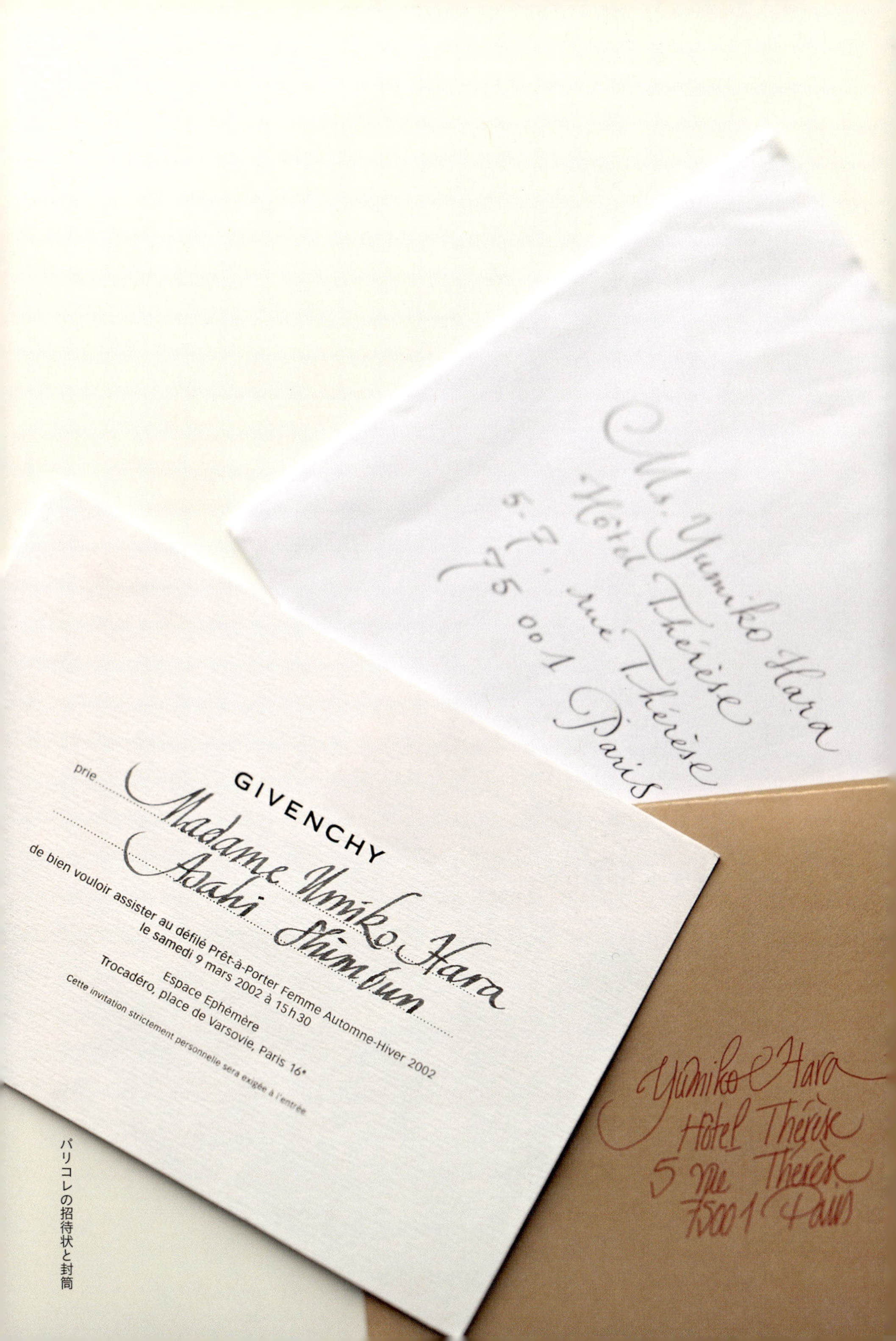
GIVENCHY
prie
Madame Yumiko Hara
Asahi Shimbun
de bien vouloir assister au défilé Prêt-à-Porter Femme Automne-Hiver 2002
le samedi 9 mars 2002 à 15h30
Espace Ephémère
Trocadéro, place de Varsovie, Paris 16e
cette invitation strictement personnelle sera exigée à l'entrée
Ms. Yumiko Hara
Hôtel Thérèse
5-7, rue Thérèse
75 001 Paris
Yumiko Hara
Hôtel Thérèse
5 rue Thérèse
75001 Paris

パリコレの招待状と封筒

Automne / Hiver 2011-2012
Junya Watanabe Comme des Garçons
Maison des Métallos Salle Claude Frisoni
94 rue Jean-Pierre Timbaud 75011 Paris
Le samedi 5 mars 2011 à 9h30
Comme des Garçons S.A.S.
16 place Vendôme 75001 Paris
JUNYA WATANABE
PERSONNEL
Fc10
De10
Madame Yumiko Hara
de bien vouloir assister à la présentation
de la collection femme printemps-été 2006
le samedi 8 octobre 2005 à 17 heures
à l'école des beaux-arts, 14 rue Bonaparte, Paris 6e
Seuls ceux munis d'une autorisation spéciale pourront prendre des photos ou tourner pendant ce défilé
Only those in possession of a specific authorisation to take photographic or audiovisual images of this collection may do so.
Descendez les marches sur votre gauche
Au pont / Descend the steps just to your left at the bridge.
Champs Elysées - Clemenceau
Ligne 1 & 13
AUTOMNE / HIVER 2011-2012
COMME DES GARÇONS
SAMEDI 5 MARS 2011-17
HOTEL DE LA MONNAIE
11 QUAI DE CONTI
75006 PARIS
TEL 01 47 03 60
COMME des GAR
Salle Erard, 13, rue du Mail, 75002
Espace Commines, 17, rue Commines, 75003
Le Bataclan, 50, Boulevard Voltaire, 75011
Lieu en attente
Carreau du Temple 2, rue Perrée, 75003
Le Carrousel du Louvre - Salle Gabriel
Le Carrousel du Louvre - Salle Soufflot
Lieu en attente
RICHARD EDWARDS
KEITA MARUYAMA
MARC LE BIHAN
HUSSEIN CHALAYAN
JURGI PERSOONS

1970年代—2000年代のパリコレ招待状

PARFUMS
CARNETS DE ROUTE
CHANEL
CHANEL
VIE AU FÉMININ
collections prêt-à-porter été 1995 (7)
anel : une mode
ement culottée !
CHANEL
ANEL
CHANEL
ADEMOISELLE
COCO CHANEL
PHOTOGRAPHS DOUGLAS KIRKLAND
SUMMER 62
TEXT KARL LAGERFELD
NEL
シャネルの生涯とその時代
CHANEL
エドモンド・
シャルル・ルー著
秦 早穂子訳
鎌倉書房
NEL

1960年代以降のシャネル関連のスクラップ、書籍、パリコレ資料など

2003年以降の撮影記録用ポラノート

撮影現場やロケ先などでのスナップ

原由美子の仕事　1970↓

はじめに

始まりは未知の編集者からの一通の手紙だった。スタイリングの仕事40年に向けて、区切りになる本を一冊出版したいと記されていた。それまでの私のページの愛読者であることも添えて。２００９年７月のことだ。

その頃の私は、２０１０年をめどに自宅のあるマンションの一階に借りていた事務所を閉めて自宅のスペースに移し、職住一体のコンパクトな生活にするべく本や資料、撮影小物の整理を始めていた。仕事量も以前より少なくなり、ひとりですべてを管理する限界を感じ始めていたからだ。あれ程に愛着のあった、１９７３年から通い始めたパリコレ取材の資料も寄贈してみると、むしろ心が軽くなった自分に気づき意外だった。だが同時に70年の「アンアン」創刊にかかわったことが私の仕事のスタートだとすると、40年も一体何をしていたんだろうと懐疑的になり心が落ちこむことも度々だった。

ファッションという言葉がライフスタイル全般で使われるようになり、スタイリストという仕事も一般的に認知されていることになっている。だが現実には、一体本当は何をする仕事なのかと尋ねられることも珍しくない。現在のように多岐にわたる分野で活躍するスタイリストがふえると、その仕事の目的や方法論も人それぞれに異なり、一言で説明するのは容易ではない。

私の場合は雑誌のファッションページを常に自分の仕事の中心に位置づけてきた。だがそのできあがったページはカメラマンの撮影したものであり、あるデザイナーの洋服のひとつの表現方法に過ぎないともいえる。スタイリスト名がクレジットされているからには、それに値する何かをしなくてはと模索しつつ最善を尽くして仕事をしてきたつもりだが、完璧な結果はあり得ない。次こそはもっと良いページをという思いで結局40年続けてきてしまったことになる。とはいえできあがったページ自体は、先にも述べたようにカメラマンの作品であり、デザイナーの服の表現でもある。それ以上にモデル、ヘア＆メイク、編集者、アートディレクターも含めたスタッフワークの結晶なのだ。できあがったページをスタイリストの仕事と言い切るのは難しい。というか、おこがましいと考えている。一冊の本にまとめる提案をされた時、まず頭に浮かんだのは、そのことだった。

同時にふりかえる恐さ。そうすることで自分の仕事も閉じていってしまうのではないかと躊躇した。電子書籍が取り沙汰される時代に雑誌の未来はどうなるかという不安もある。私が進んできたのは日本の高度成長期からバブル期にかけての恵まれた時代であり、だからこそ可能だったことも多々ある。

一方で大量の資料やメモ、雑誌のスクラップを怒濤の勢いで整理していると、自分がいかにファッションに夢中になってきたか、そのファッションが私に与えてくれた情熱や勇気に思いいたらざるを得なかった。

それをまとめるのは決して無意味ではない。むしろ未来を考える希望の源になる。これからファッションのプロを目指す人に是非知ってほしいこともある。そんな思いが芽生えて、この本はスタートした。

原由美子の仕事 1970↓

目次

CHAPITRE 1

アンアン創刊準備室

堀内誠一さんのおかげ

「この仕事をやっているのは僕がいたからよ」

そう堀内さんに言われた時、私はキョトンとしていた気がする。この人は何を言っているのだろうと一瞬思った。でも段々と、うーん、なる程、そうなんだと納得して、しばらく黙りこんでしまった。

確かあれは、1985(昭和60)年のこと。パリで会って以来五年ぶりに堀内誠一さんと再会した時のことだ。外まわりを終えて、当時、定期的に仕事をしていたマガジンハウスの編集部に帰り着いた私に誰かが、堀内さんが「小網」に居ると教えてくれたのだ。それは歌舞伎座の真裏にあたる路地にある小料理屋で、当時マガジンハウスのスタッフが折りにふれて通っていた店だ。とりあえず「小網」にかけつけた私に、開口一番、堀内さんが言ったのが冒頭の言葉だった。

しばらく話している内に、「東京新聞」に書いたパリコレクションの報告記事を堀内さんが読んでいたことがわかってきた。

73年から通い出したパリコレには、ずっと「アンアン」や「エルジャポン」の登録で行っていた。それらの雑誌にパリコレの取材記事をまとめたことはあっても、新聞記事は未体験。ファッションコラム的な原稿ならそれまでにも新聞に書いていたが、いわゆる「コレクションレポート」は初めてだった。雑誌の場合は流行やおしゃれに興味をもっている読者を想定してパリコレ記事をつくる。だが一般紙となると、読者層は幅広く、しかも流行に関する知識や興味も人それぞれ。何をどう書くか、私にとっては一大チャレンジだったのだ。

新聞社の人に依頼された時は、私にできるだろうかという不安が先に立ち、引き受けるのをためらった。でもそろそろ新しいことにチャレンジする時期だと後押ししてくれる人もいて、悩んだ末に書いた原稿だった。

そこに載っている私の顔写真は、怒ったような顔のもの。日本のファッション界を背負っているみたいな顔だね、と堀内さんにからかわれたのも鮮明に覚えている。

ただ、堀内さんの様子や話しぶりから少しずつ感じ、のみこめたのは、アンアンのELLE(エル)ページ担当からスタートし、スタイリストになり、ファッションジャーナリスト的な仕事もするようになっていた私のことを、堀内さんはよかったと認めてくれているようだということだった。おかげで少し自信にもつながった。

その後、パリコレには雑誌の登録ではなく「毎日新聞」や「朝日新聞」の登録で行くことになるのだが、その道すじの第一歩だったと今では考えている。

そして時がたつ程に痛感するようになったのが、堀内さんの、あの一言だった。

「アンアン・エルジャポン」創刊

私が卒業したのは慶應義塾大学の文学部仏文学科。

大学に入る前は、真剣に自分の好きなことを思い切り勉強したい。だから仏文学と思い定めていた。だが仏文科に通い出してわかったのは、とりあえずはフランス語を学ぶのが先決ということ。大学に入っていきなり学問的に研究できる文学といったら現代日本文学しかないということになぜ気づかなかったのか。自分の馬鹿さ加減にあきれつつフランス語の勉強にあけくれた。中学から選択科目で少しは勉強していたが、容易ではない。それに語学の勉強は所詮、語学の勉強。大学に入ったら好きな仏文学の話をいっぱいしたいなどという夢は簡単に裏切られてしまった。

それでもユージェーヌ・フロマンタン[*1]という、小説は『ドミニック』一作しか残さなかった作家を選んで卒論を書いた。担当教授が勧めてくれた仏文研究の原書を一年がかりでなんとか読みつつそれを参考にまとめ上げ、卒業した。

その卒論を書き上げたことで、私の仏文熱はさめてしまったようだ。そのかわり大学を卒業する頃には、もう少しフランス語をちゃんと自分のものにしたいと考えるようになっていた。それは又、常々母が言っていた「女でも、自分ひとりで生きていけるような何かを身につけなさい」という言葉にも結びついていた。一応フランス語の教職課程をとり教員免許だ

*1
ユージェーヌ・フロマンタン
1820〜76。フランスの小説家、評論家、画家。半自伝的小説『ドミニック』(63年)は心理小説の傑作とされる。

けは大学卒業時に取得していた。

今思えば、フランス語という語学を生きる術にすることなど、とんでもないとよくわかるが、当時の私は、それもわかっていなかった。というわけでほかの友人のように卒業後就職はせず、かといってすぐ結婚するのでもなく、両親にもう少し親がかりでいる許可を得た。

そして週に三日、飯田橋の日仏学院にフランス語の勉強に通い、あとの二日は鎌倉にある英文タイプの教室に通い始めた。とはいえタイプ教室の後は、鎌倉のローンテニスクラブでテニスをするという気楽な身分だった。

ただし、ほどなく翻訳というより下訳のアルバイトなどが忙しくなり、少しずつそちらの方にのめりこんでいった。

■アンアン創刊準備室

そのようにして二年半が過ぎた頃、私にまいこんだのが、当時の平凡出版[*2]（現マガジンハウス）が初めて発行する女性誌の仕事だった。日本で初めてフランスの女性週刊誌「ELLE（エル）」[*3]と提携するということで、その材料を整理する人を探しているという。知人にその話を聞き、訪れたのが東銀座にある「アンアン・エルジャポン」の創刊準備室。1969（昭和44）年12月のことだった。平凡出版の近くにあったもと飲み屋だったという仕舞屋（しもたや）ふうの一軒家、ボロ屋ともいえるたたずまいと間取りの記憶は今も鮮明だ。

最初の日に会ったのは創刊編集長になる芝崎文さん、ELLE担当と決まっていた早稲田

*2
平凡出版
1945（昭和20）年「凡人社」の社名で創立。54年より平凡出版に社名変更。83年より社名をマガジンハウスに変更。

*3
「ELLE（エル）」
1945年創刊のフランスを代表する女性週刊誌。60年代～70年代は政治経済や社会情勢、ファッション、インテリア、美容、料理など多岐にわたる内容の誌面構成だった。

大学仏文科出身の赤木洋一さん、そしてアートディレクター[*4]の堀内誠一[*5]さんだった。

その時の堀内さんの格好は、冬になると必ず着ていた、首元に編みかけのように毛糸がたれたグレーのザックリしたセーター。不思議な笑みと共にその姿が今もすぐ目に浮かぶ。ただし何を聞かれ、どんなことを話したか一切、記憶にない。ひとつだけ確かなのは、その日に採用が決まり次の週からは東銀座の仕舞屋に通い始めたということだ。

■ＥＬＬＥページ担当になる

フランスからのＥＬＬＥの荷物は、週刊誌だから週に一度、大きな航空便で届く。それとは別に個別に封筒で届く場合もある。

中に入っているのはその時点でできあがっていた、前後何号かにわたる各記事のタイプ原稿とポジフィルム[*6]、それにレイアウトをモノクロで写した大判名刺サイズくらいの紙焼き（プリント写真）だった。

たとえば料理の記事はNo.1221、ファッションはNo.1219とNo.1220、トピックスはNo.1214とNo.1215、特集記事とインタビューは……といった具合。それを赤木さんに指示されたようにキャビネットに号数と項目別に整理しておさめるのが仕事だった。だいたいの手順はすぐ覚えられたから、毎週、荷をあけるのは楽しみだった。まだ印刷されていない誰の目にもふれていないパリの最新モードのポジを、まっ先に見られるのだからワクワクしない方がおかしい。それに当時の契約では、現在のようにポジフィルムのデュープ（複製）では

＊4
アートディレクター
雑誌においては、誌面のデザインコンセプトを決定し、誌面レイアウトなどの視覚的表現を統括管理する者。

＊5
堀内誠一（ほりうち せいいち）
1932〜87。グラフィックデザイナー、エディトリアルデザイナー、絵本作家。「アンアン」創刊号から49号までのアートディレクションを担当。

＊6
ポジフィルム
雑誌など主に印刷媒体用に使われるフィルム。略称ポジ。通常の写真フィルムはネガフィルム。

なく、それぞれのカメラマンのオリジナルフィルムが送られてきた。いちばん良いものを本家のフランス版が使い、残りを当時契約していた日本を含む三ヶ国くらいにふりわけて送っていたようだ。

時々ヘルムート・ニュートン[*7]がファッションの特集を10ページ分くらい撮っていたりした。ハンス・フューラー[*8]、オットー・ステュパコフ[*9]など、それまで知らなかったカメラマンの名を知ったのもこの頃だ。なかでも印象的で、撮影ページも多かったのがピーター・ナップ[*10]。彼は当時、フランス版ELLEのアートディレクターも兼ねていた。そのレイアウトのどこが凄いか、彼が仕事を始めてからELLEのファッションページの質が上がり、雑誌の売り上げものびたこと、彼はスイス人で"Knapp"と書くので、フランス人は「クナップ」と呼ぶということなどは、折りにふれて堀内さんから聞き、興味をもつようになっていた。

当時のアンアンは日本では初の月二回刊行の雑誌だった。創刊号[*11]（70年3月20日号）には三島由紀夫も原稿を書いていた。創刊されてしばらくすると、巻頭のファッションページを中心にその誌面がカメラマンやファッションデザイナー、一部の文化人など時代の先端を行く人たちの間で注目を集め始めた。堀内さんのディレクションにより、金子功[*12]さんがアンアンのためにデザインした一点ものの服を掲載したファッションページは、それまでの日本の女性誌にはない、画期的なものだった。当時の女性誌に必ずあった洋服のつくり方ページはなく、あくまでもファッションを追求した魅力的な写真が美しくレイアウトされていた。

＊7
ヘルムート・ニュートン
1920〜2004。ドイツ出身の写真家。50年代後半から英版「VOGUE（ヴォーグ）」、仏版「VOGUE」で活躍。

＊8
ハンス・フューラー
1939年生まれ。スイス出身の写真家。

＊9
オットー・ステュパコフ
1935〜2009。ブラジル出身のファッション写真家。

＊10
ピーター・ナップ
1931年生まれ。スイス出身の写真家。70年代は仏版「ELLE」のアートディレクターとしても活躍。

ＥＬＬＥ材料の整理係から、すぐにＥＬＬＥ担当となった私の仕事は、毎号一折[*13]16ページ分のＥＬＬＥページをつくることだった。台割[*14]が決まると、それまでに届いた材料の中から早く使った方がいい旬なネタから順に選んで、堀内さんのレイアウトデスクにもっていく。

堀内さんは全体をサーッと見ると、実に素早く、これが扉[*15]、次にこのテーマ、まん中の見開き[*16]はこの写真、続いてこのテーマ、最後の1ページにこの材料を入れて、といった具合に、実際にレイアウト作業をする村松仁美さんか新谷雅弘さんに指示を出す。

週刊誌とはいえ当時のＥＬＬＥはファッションページがかなり多かったので、フランス版の1ページをそのままアンアンでも1ページにするのではなく、フランス版の4ページ分を1ページにおさめることもある。その決め方もアッという間だった。時折、インテリアや美容記事でも「メイクで大変身」といったテーマの、日本の女性誌には当時なかった斬新な材料があると、いわゆるＥＬＬＥページ以外でも使われた。それも私の仕事になった。

仕事がふえるのは全く嫌ではなく、楽しくて楽しくて仕方がなかった気がする。16ページ分のＥＬＬＥページを、レイアウトが上がると二日くらいでひとりで入稿することになっていたので必ず一晩は徹夜だったが、それも苦にならなかった。

大学を出てからアルバイトで翻訳のような仕事はしていた。でも、それはあくまでも下訳であり資料用のメモ程度のものだった。ところがここでは、レイアウト用紙に指定された文字数に合わせて雑誌に印刷される文字を書くのだ。よくまかせて下さったものだと今にして思うが、当時は緊張しつつも喜々として、その仕事をした。

＊11
創刊号（70年3月20日号）
左の写真は「アンアン・エルジャポン」創刊号表紙。フランスの女性誌「ＥＬＬＥ」との全面提携により大判・オールグラビアの新しい日本の女性誌が誕生した。

©マガジンハウス

＊12
金子功（かねこ いさお）
1939年生まれ。日本のファッションデザイナー。73年自身のブランド、ピンクハウスを設立（94年まで）。

＊13
一折16ページ
製本上の単位。通常16ページを一単位（一折）とし、雑誌や本をつくる。

それまで、私が大好きだったファッション雑誌を眺めて読むということ。その大好きなファッション誌を読む立場からそれを自分がつくる立場になった喜びは大きく、夢中で仕事をした。フランス語で届くタイプ原稿を訳すのも苦にならなかった。原稿が未着でポジだけしか届かなくても、それが良い写真なら堀内さんはすぐ使うことを決める。私はといえば、写真を見ながらなんとか言葉をひねり出し説明文を書く。洋服のデータはおろか何の情報もないのによく書いたものだと今では恐ろしい。そこでは子供時代からの雑誌好き、読書好きが役立っていたのかもしれない。

ひとつの雑誌の創刊にかかわるというエキサイティングな出来事。現在のように雑誌の数も多くなく、女性誌といえばいわゆる婦人三誌[*17]が大きな存在で、ファッション誌としては、洋裁学校を母体とした「装苑」[*18]、「ハイファッション」[*19]、「ドレスメーキング」[*20]、「服装」[*21]くらいしか見あたらなかった時代、想像を超えた興奮状態に私はまきこまれていた。加えて、フランスのELLEとの提携誌であり平凡出版が初めて出す女性誌でもあった。本格的にアートディレクターシステムを導入するのも日本初なら、ページの後半に服の製図やつくり方の載っていないファッション誌というのも画期的だった。フランス語を生かした仕事を何かしたいと漠然と考えていた私は、これこそがやりたかったことかもしれないと気づいたのだ。

フランスから送られてきたELLE材料を使ったページづくりが私の仕事だった。それも一流のカメラマンと一流の編集者の仕事による材料だ。それを堀内さんという天才アートディレ

*14
台割
台割表。雑誌や書籍などの印刷物を制作する際に全ページの構成と内容を確認するための表。

*15
扉
雑誌では特集タイトルが入るページのこと。

*16
見開き
雑誌や本を開いた左右2ページ分。

*17
婦人三誌
「主婦と生活」(主婦と生活社)、「主婦の友」(主婦の友社)、「婦人生活」(婦人生活社)。

*18
「装苑」
文化服装学院の出版部門より1936年、日本初の服装研究雑誌として創刊。

クターが自在に料理する。

最初から今のように洋服を集めて撮影する仕事ではなく、すでにある材料の処理の仕方を見よう見真似で覚えてページにする。そこからスタートしたからこそ、今までこの仕事を続けてこられたと考えている。

＊19
「ハイファッション」

１９６０年文化出版局より創刊された女性ファッション誌。２０１０年より紙媒体からＷｅｂコンテンツに移行。

＊20
「ドレスメーキング」

１９４９年、鎌倉書房より創刊（～93年）。洋裁学校のドレスメーカー女学院を創設した杉野芳子監修による洋裁雑誌。

＊21
「服装」

１９５７年、服飾学校・田中千代学園創設者の田中千代監修により婦人生活社から創刊されたファッション誌。巻末には掲載された服のつくり方が載っていた。

堀内さんの課外授業

レイアウトデスクでの仕事とは別に、堀内さんの課外授業とも呼べる時間もあった。ある時、スペインのイビサ島にロケをした「ELLE（エル）」の夏のファッションページが送られてきた。当時ヨーロッパではヒッピーの聖地としてイビサがもてはやされていた。それを受けてELLEもロケを敢行した。そのことを私はその材料を見て初めて知ったのだった。

「イビサね……」。ELLEのポジを眺めながらつぶやいた堀内さんは、しばらく考えていた。それから私に「ちょっとお使いに行ってね」とさりげなく言った。何のことかわからずポカンとしていると堀内さんは「佐藤明君[*22]が確かイビサに行ってきたはずだから写真を借りてきなさい」と説明してくれた。それからすぐに電話に向かった堀内さんが、在宅だったらしい佐藤さんと話しているのが聞こえてきた。「馬鹿じゃないから、選ばせてやって下さいね」という部分だけ今も耳に残っている。「馬鹿じゃない」――、うーんそういうことか、と人ごとのように聞いていた。そんなふうに人から言われたのは初めてだったので少し驚いたが、すぐに写真を選ぶ重大さに気づき不安な気持ちにおそわれた。

まだあまり日本人になじみのないイビサだから、ELLEのファッション写真だけでは弱い。イビサがどんな場所か読者に伝わる何かをプラスしたい、ということで佐藤さんの写真を使うことを思いついたのだろうと察した。堀内さんは佐藤さんがイビサに行っていたこと

＊22
佐藤明（さとう あきら）
1930〜2002。写真家。59年、奈良原一高らと「VIVO」結成。66年、写真批評家協会作家賞受賞。

を知っていたし、依頼の電話もいつも持っているクシャクシャのメモのような手帖を見て、ひょいと気軽にかけていた。佐藤さんの名前と作品は雑誌などで見て私も知っていたが、その時すでに大御所的なイメージのある方だった。奥さまがクニエダヤスエ[*23]さんであることも更にその感を強くした。

タクシーで代官山の佐藤邸に伺い、用意しておいて下さったポジをルーペでのぞき、三枚程選んで編集部に持ち帰った。その三枚を堀内さんはチャッチャとルーペでのぞくと一枚選び出した。後で見にいくと、それは見開きページになっていた。良いとも悪いとも何も言わないので心配していた私は、それを見てホッと一安心。馬鹿じゃなくてよかったと、つくづく思ったものだ。

何でも知っていて、でもそれをさりげなく生かして、チャッチャと可愛いページに仕上げる。それも私のような初心者を上手におだてて使いながら。堀内さんて、なんだかつくづく恐くて凄い人だなと思い始めたのは、その頃だったかもしれない。

机に向かってＥＬＬＥページに関する作業をするのも楽しかったが、時々やってきた、そんな外に出かける仕事も堀内さんの授業のひとつだったと今では思っている。

■伝説のバー「ナジャ」

編集作業にも少し慣れ、堀内さんと先にも書いた村松さん、新谷さんというふたりの堀内学校の先輩とも心やすく話せるようになった頃、もうひとつの授業が始まった。

＊23
クニエダヤスエ（くにえだやすえ）
１９３２〜２０１１。１９５６年に写真家の佐藤明と結婚。帽子デザイナーから78年にテーブルコーディネーターに転身。

当時の編集部は、だいたい昼過ぎから人が集まり始め、夜の七時か八時が忙しさのピークという印象が残っている。創刊前後はアンアン・パリ支局[*24]との連絡も頻繁で、時差の関係もあり夜中仕事が日常的だった。

レイアウトデスクの仕事が終わるのは夜中の一時か二時頃。その時、私も近くの自分の机でELLEに関する作業をしていることが多かった。

いつが初めてだったか、どうして行くようになったかは覚えていない。堀内さんが「行く?」と言いながらデスクをはなれて来たら、すぐまわりを片づけて絶対についていくことにしたのだ。アンアン以前から堀内さんと仕事をしていた村松・新谷両氏にとっては、平凡出版の前の職場アド・センター[*25]でもそうであったらしく、ごく自然な流れだった。それまでの私は大学時代の友人とたまにお酒を飲むことはあったが、いわゆる飲み歩く経験は皆無だった。家でも父が酒をたしなまなかったので、客のために用意するくらいで、それ程お酒に親しんではいなかった。

それが、堀内さんについていって飲むお酒の楽しさに目覚めてしまったのだ。というより、その時に聞く堀内さんの話題の豊富さ、面白さにはまった、という方が正しいかもしれない。それは経験したことのない時間の過ごし方だった。

何軒かの店をはしごすることが多かったが、すべての店を覚えているわけではない。

特に心に残っているのは新宿二丁目の伝説のバー「ナジャ」[*26]。店にはママのマリコさんとそのパートナー的なヨシオさんがいつもいた。最初から「ナジャ」に行くのではなく、西麻

＊24
アンアン・パリ支局
「アンアン・エルジャポン」創刊に先駆け、パリのELLE編集局に一部屋設けられた、エルジャポンの支局。

＊25
アド・センター
1957年、鳥居達也、堀内誠一らによって設立された企画・デザイン制作会社。カメラマンの立木義浩、グラフィックデザイナーの村松仁美、新谷雅弘、ファッションデザイナーの花井幸子、金子功らが入社したが、72年、堀内誠一の退社にともない閉鎖された。

＊26
ナジャ
新宿二丁目にあったバー。60年代のアンダーグラウンドシーンを代表する店で多くの文化人が通った。

布かどこかで一軒寄ってから、ということが多かった。食事はすませている時間だったから、私が注文するのはウイスキーの水割。味がどうこうというのではなく、そのお店に居るために、堀内さんの話を聞くために飲んでいたという方が正確だろう。

飲むようになってわかったのは、私は結構お酒が好きだということ。いくら飲んでも顔には出ず気持ち悪くもならないで、ひたすらぐいぐい飲んでしまうということだった。だからこそ堀内さんに誘われると嬉しくてついていったし、おかげで、堀内さんの沢山の話を聞くことができたのだ。お酒が飲めたことに感謝としか言いようがない。

「ナジャ」には詩人の高橋睦郎、画家の金子國義、人形作家の四谷シモンなど、不思議に魅力的な人々が出入りしてマリコさんとの会話を楽しんでいた。堀内さんは、そこに来るほとんどの人と知り合いだったようで、その会話を聞いたり、その人たちを眺めているだけでも決して退屈することはなかった。

加えて堀内さんの独演会ともいえる、さまざまな話。なかでも度々聞いて印象深かったのがレニ・リーフェンシュタール[*27]の映画『民族の祭典』[*28]のことだ。堀内さんは身ぶり、手ぶりをまじえて、映画に出てくる沢山の人間が並んだ構図を再現する。その時初めてレニ・リーフェンシュタールという名を聞いた私は、ともかくその名前を覚えて映画を観なくてはと心で念じつつ聞いていた。今のようにインターネットで何でもすぐ調べられるわけではないし、古い映画を観るなら名画座しかなかった時代だから必死だったのだ。レニ・リーフェンシュタールのことが女性誌でもよくとりあげられるようになったのは、それから10年以上も

＊27
レニ・リーフェンシュタール
1902〜2003。ドイツ出身の女優、映画監督、写真家。

＊28
『民族の祭典』
1938年製作の、レニ・リーフェンシュタール監督によるベルリンオリンピックの記録映画。

後のことだ。

女性画家のレオノール・フィニや写真家ジャック・アンリ・ラルティィーグ、『けんかえれじい』で有名になった映画監督の鈴木清順という存在を知ったのも、その頃、堀内さんからだった。高倉健や浅丘ルリ子を描いたポスターやイラストで話題になっていた横尾忠則さん[*30]のことから話が広がり任侠映画の話になったこともある。子供の頃は東映の時代劇も観たが、大人になってからは、もっぱら洋画、それもフランス映画（ヌーヴェルヴァーグの時代だった）にかぶれていた私にとって、任侠映画は未知のものだった。

でも堀内さんの話を聞いて一念発起。新聞の映画欄を隅から隅まで探して『昭和残侠伝』シリーズなど高倉健主演の主なものと、藤純子[*31]主演の『緋牡丹博徒』シリーズを、ほとんど観尽くした。池袋の人世坐から、横浜の小さな映画館まで、まめにあちこちまわって観て歩いた。おかげで『緋牡丹博徒』で主人公のお竜さんが仁義を切るあの有名なシーンのセリフを言えるようになったくらいだ。

自分が知らなかった世界を知り、興味をもって拡げていくことが楽しかった。

＊29
高倉健や浅丘ルリ子を描いたポスターやイラスト
グラフィックデザイナーやイラストレーターとして活躍していた横尾忠則が60年代後半に描いた高倉健主演映画のポスターや「平凡パンチ」に掲載された浅丘ルリ子の裸体画。

＊30
横尾忠則（よこお ただのり）
1936年生まれのグラフィックデザイナー、画家。

＊31
藤純子（ふじ じゅんこ）
現在の芸名は、富司純子（ふじすみこ）。

編集部、六本木へ引っ越す

この頃のことで忘れられないのが編集部の引っ越しだ。東銀座にあった仕舞屋（しもたや）ふうのアンアン創刊準備室が、私が定期的に通い出してからまもなく六本木へと移った。

表紙候補の刷り出し[＊32]を机の上に並べて堀内さんが芝崎編集長とボソボソ話していたのは、東銀座の一室。使われていた写真は、ピンクのセーターを着た「ＥＬＬＥ（エル）」の若いモデルの笑顔。バラックのような部屋との対比が鮮やかで妙に印象的だった。比較的新着のＥＬＬＥの表紙から選ばれたそれが私は好きで、創刊号の表紙になればいいなと眺めていた。

それからまもなくして引っ越した六本木の編集室で、立木義浩[＊33]さん撮影による来日したミス・ディオール[＊34]の顔のアップを使った刷り出しを囲んで編集長やスタッフが意見をかわしていた。「アンアン」のロゴがバランスよく載っていてスッキリ見えたが、私には地味に思え表紙としてはおとなしく感じた。東銀座で見たピンクのセーターの女の子の方がいいのにと心ひそかに思っていた。どういう経緯で後者に決まったのか知らないが、記念すべき創刊号の表紙はＥＬＬＥからではなく立木義浩撮影のオリジナルとなった。その方が立川ユリ[＊35]さんをメインにすえた後に続く号の表紙との流れがスムースにいくということだったのだろうか。

その創刊直前のアンアン編集部は、六本木に引っ越すとすぐに、常に人が訪れる社交場のような雰囲気になっていった。当時の六本木は最高に格好良い人種だけが集まるしゃれた街

＊32
刷り出し
雑誌の印刷時、本番の印刷に入る前に色味の確認や調整などのために行う試し刷りのこと。

＊33
立木義浩（たつきよしひろ）
１９３７年生まれの日本の写真家。１９５８年、アド・センターにカメラマンとして参加。69年よりフリーとなり広告、雑誌、出版などで活躍。「週刊平凡」のファッション写真などで堀内誠一と組んで仕事をした。

＊34
ミス・ディオール
ミス・クリスチャン・ディオールのMarita Gissy。

だったのだ。格好良い新しい雑誌をつくるには編集部も格好良い場所にある必要がある。感度のいい格好良い人たちが集まってきて出入りすることにより、編集部に活気が生まれ、それが雑誌にも反映される。そんな意図があっての引っ越しだった。

事実、六本木の編集部はいつもにぎわっていた。巻頭のファッションページの撮影があった日などは、立川ユリさん、金子功さん、立木義浩さん、ヘア&メイクアーティストといったスタッフが顔を出すことが多かった。その頃よく使われていた麻布スタジオや六本木スタジオはすぐ近くにあったから当然のなりゆきだった。そのほかにも若いカメラマン、デザイナー、モデル志望者、あらゆる種類の売りこみも含めて、実にさまざまな人が訪ねてきた。別に受付があるわけではなく、誰でも自由に出入りできる建物だったことが、そんな雰囲気をつくり上げていた。しかも六本木の駅に近い、わかりやすい場所という好立地。隣のビルの地下には、栗崎昇[*36]さんの伝説の店「西ノ木[*37]」もあった。

私自身はといえば、ELLEの仕事も面白かったし、当時の日本の、おそらく最先端と思われるファッションを沢山身近で観察できて興味は尽きなかった。

だが、その六本木編集室は二年足らずで終わり、又、東銀座へとまいもどったのだ。短い期間だっただけによけい強い印象を残している。もどらなければならなかったのは組合による抗議のせいだという。アンアンだけが特別待遇で優遇されていると見られたようだ。

編集部自体がサロンのようでもあり、仕事場然としていなかった六本木の編集部。あの時代ゆえに可能だったのだろうが、活気ある制作現場であったことは確かだ。

＊35
立川ユリ（たちかわ ゆり）
ドイツ人の父と日本人の母をもつファッションモデル。アンアン創刊号から49号まで、専属モデルを務める。夫は同じく49号までファッション・ディレクターを務めた金子功。

＊36
栗崎昇（くりさき のぼる）
1937年生まれの日本の挿花家。華道家。

＊37
西ノ木
1965年に栗崎昇が開いた六本木の会員制サロン。2001年閉店。

初めての海外旅行――憧れのパリへ

フランスから毎週届くELLE（エル）材料の編集作業を進めていく内に、私の中ではいつかパリへ行きたい、絶対に行くという気持ちが大きくふくらんでいった。

なにしろファッションページのクレジットには、ケンゾー[*38]、ソニア・リキエル[*39]、ダニエル・エシュテル[*40]といった、当時日本でも少しは知られていたブランド以外に、ドロテビス[*41]、エレス[*42]、ミックマック[*43]といった未知の名前も沢山あった。いつかパリへ行って、それらの店をすべて自分の目で確認したいと考えるようになっていたのだ。「ELLE」のファッションページでとりあげられていた服は、すべてパリに店があるブランドの品で、その所在地が巻末の住所録に載っていた。そのアドレスを控えて、いつでもパリへ飛び立てる準備を私なりに整えていた。全くあてがなかったのにもかかわらず。

だが、それが現実になる日が突然やってきた。「アンアン」41号（1971年11月20日号）の「ディスカバー・ヨーロッパ」。この特集のためにドイツとオーストリア、ハンガリーを取材する堀内さんに同行することになったのだ。

編集部でずーっとELLE材料の作業をしていた私に、少しは外の空気を吸わせてやるようにと堀内さんが新編集長となっていた木滑（きなめり）良久さんに頼んで下さったようだ。ただし写

＊38　ケンゾー
1970年にデザイナーの高田賢三が創設した自身のブランド。73年よりパリプレタポルテコレクションに参加。

＊39　ソニア・リキエル
1968年、デザイナーのソニア・リキエルがパリに創設したニットウェアを得意とするプレタポルテブランド。

＊40　ダニエル・エシュテル
1962年、デザイナーのダニエル・エシュテルが創設したパリのプレタポルテブランド。

真の整理やネームを書くのは私の仕事ということで。そして取材旅行の最後には、フィルムの現像その他のためにパリへ行くという。そう聞いただけで私の胸はいっぱいになった。

いよいよ出発の日。先発した堀内さんに言われていたのは、ドイツのフランクフルトの空港の両替所で待っているということだけ。初の海外、初の飛行機、しかも南まわりだったが、9月初めにひとりで羽田を発つ私に、何の不安もなかった。途中、給油で立ち寄るいくつかの空港では一応すべて飛行機を降りて外に出てみた。はっきり覚えているのはインドの空港でラピスラズリの数珠を見つけて思わず買ってしまったことぐらいだが。

飛行機が遅れるかもしれない。何かの不都合で空港で堀内さんに会えないかもしれない。そうなったとしても、その晩の宿泊ホテルは知らないし、取材旅行のスケジュールさえも知らされていなかった。今の私だったら考えられないことだが、当時の私は何も心配していなかった。無論、携帯電話もない時代、それでもシンプルに行動すれば何とかなると信じていた。現実にそうしてことは運んでいたようだ。

■ドイツ、オーストリア、ハンガリーをめぐる

ようやくフランクフルト空港に着き、両替をする段になって初めてドイツ語の数字とその貨幣単位ぐらい調べてくれればよかったと気づいた。何しろパリのことで頭がいっぱいで、スケジュールを何も知らないのをいいことに、ドイツやオーストリアに関する予備知識は全くゼロの状態で飛行機に乗ってしまった私だったのだ。

＊41
ドロテビス
1962年創設のパリの既製服ブランド。70年代のプレタポルテ草創期を代表するブランドのひとつ。

＊42
エレス
1968年創設のフランスのスイムウェアブランド。98年よりランジェリーラインを展開。

＊43
ミックマック
フランスのファッションブランド。

なんとか両替をすませゲイトを出ると、そこに堀内さんがいつもと変わらない感じでフラリと姿を現わした。同行していたのは、東京から堀内さんと先行していたカメラマンの秋山亮二[*44]さんと現地在住で運転やコーディネートその他諸々担当の名取美和[*45]さん。後で知ったのだが、彼女は写真家として有名だった名取洋之助[*46]さんのお嬢さんで、彼女も又写真を撮る。簡単に自己紹介をすませると、じゃ出発ということでレンタカーのベンツに乗りこみ、ヨーロッパ取材が始まった。

すでに昼時だったので、昼食をとるために、近くにあったドライヴインに入った。堀内さんが「勝手に注文して自分で払おうね」と言うのを聞き、又またドイツ語初級会話のハンドブックさえ持ってこなかった自分にあきれつつ皆にならって注文し、なんとか支払いをすませた。

車の中で皆の会話を聞いている内にわかってきたことがある。いくつかの街や美術館などハッキリした目的地はある。でもそれをスケジュールと地図に従って計画的にまわるのではなく、メルヘン街道[*47]を中心に気ままに行く旅だったのだ。ホテルも一切予約していない。夕暮時になると、ここらで良いホテルはどこかなと車の中から探し始める。当時のヨーロッパ、それも観光地としてあまりに名高いパリではなく、ドイツやオーストリア、ハンガリーの地方都市だったから可能だったのだろう。

地方都市といっても有名な所もあり、私だけが無知だったのも確かだ。ある時、車から降りてみると、どこもかしこもおみやげもの屋ばかり。店先をのぞくと、人の顔がプリントさ

*44
秋山亮二（あきやまりょうじ）1942年生まれの写真家。AP通信社、朝日新聞社写真部を経て67年からフリーランスとして活動。

*45
名取美和（なとり みわ）1946年生まれ。70年頃より日本とヨーロッパを往復しながら、通訳、コーディネーター、カメラマンとして活動。後に福祉活動家となる。

*46
名取洋之助（なとり ようのすけ）1910～62。写真家、編集者。戦前はドイツで主に報道写真家として活躍、戦後は日本で『岩波写真文庫』の創刊編集長として8年半に286冊を刊行。

れた紙で包まれた丸い小さなチョコレートの箱づめがやたら多い。聞けばそこはモーツァルトの生誕地として観光名所になっているザルツブルクだった。

　私にとっては着いてみてビックリの連続の旅だった。

　ある日などは、皆に続いて夢中で乗りこんだのは椅子も何もない二畳ぐらいのただの古いガランとした箱型の観覧車。高く上りつめた時、下を見わたすと今さっき着いたのがウィーンであることがわかってきた。ということは、これは映画『第三の男』[*48]にも登場したあの観覧車だ。「第三の男……」とつぶやくように言った私に堀内さんは小さく「そうよ」と一言だけ。ワァーッと思いながら映画のことを考えている内に、すぐに地上に着地した。あわてて降りて、次に向かった先は街の中心地で、有名な「カフェ・モーツァルト」のあるあたりだった。超有名店は避けて向かいのカフェに陣取ると、そのカフェのテラス席にレーサーの生沢徹がひとりで座っていた。確か当時、日本では騒がれていた人だが、異国のカフェでひとりゆっくりくつろぐ姿が穏やかで大人っぽかった。日本人にもこういう人がいたのかと妙に印象に残っている。ウィーンで泊まったのは、「ホテル・ロールス・ロイス」。小さいけれどしっかりきれい。でも華美ではない不思議なホテルだった。車のロールス・ロイスと関係あるのかないのかは判明せぬままだった。

　そんな感じで取材旅行は続き、ルキノ・ヴィスコンティ[*49]の映画『ルートヴィヒ』[*50]で有名になったノイシュヴァンシュタイン城も訪ねた。まだ映画は製作中の頃。観光客はそれ程多くなく、森の中に突然現われる迫力ある城の姿が印象的だった。途中の山道で出会った典型的

＊47
メルヘン街道
ドイツにある全長６００キロメートルの観光ルート。グリム兄弟生誕の地・ハーナウから『ブレーメンの音楽隊』で名高いブレーメンまでを結ぶ。

＊48
『第三の男』

１９４９年製作のキャロル・リード監督によるイギリス映画。

＊49
ルキノ・ヴィスコンティ
１９０６〜76。イタリアの映画監督。代表作に『山猫』『ベニスに死す』など。

＊50
『ルートヴィヒ』

１９７２年製作のルキノ・ヴィスコンティ監督によるイタリア・フランス・西ドイツ合作映画。

チロリアンジャケット[*51]に身を包んだ金髪の父と息子の姿も忘れ難い。

堀内さんが見つけ出す小さなホテルはどこもまるで下調べしてあったかのように快適で心地よかった。特にチロルの「鱒（ます）ホテル」はその名と共に心の隅に残っている。

■単身、パリへ

オーストリアからハンガリーへと続く旅は、皆についていくのに必死になりながら夢中になって過ぎていった。ただし二週間くらいたった頃、私のパリへ行きたい気持ちはおさえ切れなくなっていた。取材先の写真の説明文を書くという私の役目が一段落したハンガリーのブダペストで、一足早くパリへ向かうことにしてしまったのだ。それまで撮影したフィルムをあずかり、先にパリで現像しておくという仕事を引き受けて。

初めての海外旅行だったのに、大胆で豪快、気ままでさりげないそれまでの二週間の旅の経験のおかげで、私もすっかり旅慣れた人の気分になってしまったようだ。この時はまだ、その後40年近くにわたり、パリコレへ通うことになるとは想像もしていなかったが、私が海外へのひとり旅ができるようになったのは、この最初の堀内さんとの旅のおかげと言える。

同時に今でも時折、ふと残念だったと思うことがある。それは、私と別れた後、堀内さん一行が向かったルーマニアへ行かなかったこと。帰国してしばらく後のアンアンに掲載された「ルーマニアの花嫁花むこ」[*52]という特集ページの民族衣裳を見た時は刺繍の見事さ、色彩の美しさ、装い全体の豪華な可愛さに衝撃を受けた。実物を現地で見られる機会をのがすな

＊51
チロリアンジャケット
チロル（オーストリアのアルプス地方）の民族衣裳で、厚手の毛織物でできた、襟なし・金属製ボタン留めのシングルブレストジャケット。襟、袖口、ポケットの端にブレード（縁取り飾り）があるのが特徴。

＊52
「ルーマニアの花嫁花むこ」

「アンアン」1971年12月10日号の特集「ディスカバー・ヨーロッパ ルーマニアの花嫁花むこ」。

んて。ひたすら悔やまれた。

でも、あの時はともかくパリへ行きたいという熱い思いでいっぱいで、それ以外のことは頭からなくなっていた。初めてのパリで堀内さんの到着を待つ十日間くらいは朝から晩までひたすらパリの街をひとりで歩きまわった。その経験が今も行く度に役に立っている。泊まっていたのは下宿屋みたいなホテルだったのに、それすら楽しんでいた。

そのホテルはサンジェルマンのジャコブ街にある、看板も何もない二つ星ホテルだった。老夫婦が営む、お風呂は共同、部屋にはシャワーだけの簡素な宿。それでも不服はなかったが、ひとつだけ悩みというか、つらいことがあった。朝食つきでないからカフェでクロワッサンとカフェオレをと、毎朝飛び出そうとする私を老婦人が呼びとめるのだ。

これを飲んで行けと出されるのは、いかにもパリらしいボウルに入ったカフェオレ。ただし、そのカフェオレボウルの内側には沢山の傷があり茶色く変色している。何事にも動じない自信があった私だが、その変色したボウルのカフェオレばかりは気味が悪かった。それでも老婦人の気分をそこねてはと目をつぶって飲み干した。かなり水っぽくおいしくない。今日こそはコッソリ抜け出そうと試みても、必ず毎朝見つかってしまう。結局滞在中は毎朝そのカフェオレを飲むことになってしまった。

何晩目かの夜のこと。友人が紹介してくれたソルボンヌ[*53]の大学生たちと集まる機会があり、なんとかフランス語で会話をし、私が卒論に選んだユージェーヌ・フロマンタンのことなど、いろいろ話している内に夜中になってしまったことがある。メトロに乗らずにホテル

*53
ソルボンヌ
パリ第1、3、4大学の総称。

へもどれる所だったので気がゆるんでいたようだ。帰ってみると、いつもは半開きになっている木製の両開きの大きな扉がしっかり閉まっている。普通のホテルのように夜間通用口はなく、押しても扉はビクともしない。たたいても厚い木の扉は小さな音しかたてない。どうしようと、まっ青になりながら叫び続けた。何を叫んでいたか、〝マダム、マダム〟とでも言っていたのだろうか。中でゴソゴソ音がして大きな扉が開くまでの時間の長かったこと。寝巻の上にガウンを羽織ったマダムは〝東京に帰ったかと思ったよ〟と一言。今となっては懐かしい思い出だ。

「若い時は、そういうホテルも経験しておくといいのよ」とアンアン・パリ支局の山中啓子さんに言われた時には腹も立たず、なる程なあと納得した。

堀内さんがパリに到着すると、二、三軒隣にあった三つ星の小さなホテルに移った。浴室が各部屋にある小ぎれいなホテル。そのホテルがまるで天国のように感じられたのもこの時の下宿屋ホテルの経験があったからこそだろう。

堀内さんがパリに到着した後の五日間は、ひたすら仕事の日々だった。

言われた通りモンパルナスのプロ用現像屋に頼んでおいたフィルムは上がっていたのだが、それらはすべて一本のフィルムがクルリと丸まった状態だったのだ。

堀内さん、秋山さん、名取さんの三人が撮影したフィルムの量の多さに驚きながらも現像屋に持っていった際の、担当者の反応が思い出された。カウンターにフィルムケースを並べると、小さな山ができてしまったのだ。50本以上はゆうにあっただろう。すぐに本数を数えるだろうと考えている私の前で、彼は両手を上に向けて肩をすくめながら〝セ・ボー〟（きれいだね！）と言ってただ眺めているのだ。言われてみればカウンターの上に築かれた無数の黒いケースの小山は美しくも見える。真横か真上から撮影したら可愛かったかもしれないなどと考えたのは、ずっと後のことだ。一週間で絶対に上げてほしいと日取りだけは念を押していたが、どういう状態でとは伝えていなかった。当時の日本のプロラボでは現像したフィルムは一枚一枚がカードル（枠）に入れられて箱に入ってくるのが当然だったからだ。

山中さんに聞くと、フランスのプロ用の店の場合、特注しない限りは、長いままで仕上げるのが普通。フィルムを切って枠に入れてもらうなら別料金をとられるでしょうね、という答えが返ってきた。なる程と思ったものの、早速レイアウトをと考えていたはずの堀内さんも、これでは仕事にならない。そこでフランス版ＥＬＬＥの版元で、アンアン・パリ支局と同じ建物内にあったフランス・ソワール紙[*54]の写真部に頼みに行き、山中さんが手に入れてきたのがフィルムが一本ずつおさまる細長い筒状のセロファンと白い手袋三組だった。

一日目は手袋をはめて、丸まった一本のフィルムをひたすらセロファンの筒にさし入れる作業にあけくれた。単純な作業だが、コツをつかむまでは容易ではない。十日間ひとりで歩きまわったパリの街は遠くなり、アンアン・パリ支局の小さな一室で黙々と三人で作業した。

現像したポジの使用分と堀内さんがつくるラフコンテ[*55]を持ち帰るのも私の役目だった。それを日本で待つ村松・新谷両氏がレイアウトして入稿する。その〆切に間に合うようにする

＊54
フランス・ソワール紙
１９４４年フランスで創設された夕刊新聞。２０１１年に紙面発行を取りやめ、ネット配信に完全移行した。

＊55
ラフコンテ
ページの誌面構成を文字やイラストで手描きしたもの。

には数日しか残されていない。真剣にならざるを得なかった。

そうしてセロファンにおさめたフィルムを、堀内さんは縦にのばしてルーペでのぞきながら、使う分をマーカーでチェックする。そのチェック分を切りとるのは山中さんと私の仕事だ。慣れていない上に自分が不器用なのは十分承知。相手は貴重なフィルム。緊張の極致だったのは言うまでもない。それでも作業が始まると、堀内さんはいつも通りの速さで仕事を進めていく。レイアウト用紙にチョコチョコと絵を描き、フィルムを貼りつけ、指示を又、チョコッと書く。あれよあれよという間にラフコンテができ上がっていく。

というわけで、この五日間はひたすら室内作業の日々だったが、そんなある日、又とない訪問の経験もした。何日目だったか覚えていないが、ホテルを出るとすぐ「少し寄り道してから行こう」と堀内さんは言って歩き出したのだ。電話か手紙で知らせてあったのだと思うが、向かったのはサンジェルマンのサンペール通りにある家。パリは、ほとんどがアパルトマンという、日本のマンションのような共同住宅だ。扉を入ってわかったのは、そこはアパルトマンのすべてが個人宅だったこと。驚いていると、穏やかそうな老人が出てきて堀内さんと話し始めた。「モンヴェルさん」と堀内さんが紹介してくれた。私はただ、家の造りと壁に飾られている絵の数々にあっけにとられていた。ちょっと立ち寄って御挨拶して帰るという表敬訪問に近いものだった。門を出て、堀内さんの話を聞いて初めて、今訪ねたのが[*56]モーリス・ブーテ・ド・モンヴェルというフランスでも有名な絵本作家の家だったというのがわかった次第。「世界で最も美しい絵本」として堀内さんは彼の『ジャンヌ・ダルク』を

*56
モーリス・ブーテ・ド・モンヴェル
1850〜1913。フランスで19世紀末に活躍した挿絵画家、絵本作家。『ジャンヌ・ダルク』はアンアン21号「美しい絵本の特集」で紹介された。初版本は1896年全編リトグラフで限定30冊が制作された。その一冊は青山学院女子短期大学図書館に所蔵されている。

あげている。その話は聞いていたはずなのに、あの時の私は突然の個人宅訪問でまい上がってしまっていた。

『フランスの昔の歌』というモンヴェルの小さな絵本を本屋で見つけて買ったのは、90年代になってからだ。

私が会ったのは、その絵本を描いたモンヴェルの息子さんだったのだろう。堀内さんは日本での版権その他のことで旧知だったのではないか。それにしても私が大切にしている『フランスの昔の歌』に描かれている合唱している子供たちの絵の可愛いこと。一人ひとりの表情、仕草、着ている服と色すべてが愛らしくほほえましい。おまけに歌の楽譜のまわりを彩る模様のデザインと色も美しい。ページをめくるたび心がなごみ、ホンワカとしてしまう。『ジャンヌ・ダルク』を世界で最も美しいと言った堀内さんの気持ちが、そして皆にもっと知ってほしいと望んだことが、その絵本からもよく伝わってくる。

思い返してみると、堀内さんとの旅は説明なしのぶっつけ本番が多かった。私自身も、これからどこに行くのですか？　とか何をするのですか？　とかあまり尋ねない。というか尋ねる必要はないと信じていた。仕事で必要なことさえ聞いておけばいい。あとはその時々で対処すればなんとかなると考えていたから。予備知識があればもっと良い結果になったかもしれない。だが、この第一回目の海外旅行に関しては無の状態だったのが幸いしたと断言できる。すべてが印象深く強く心に残っているのだから。

澁澤龍彦邸へ原稿をとりにいく

「アンアン」創刊号から49号まで、堀内さんの名がアートディレクターとして目次にクレジットされている間には初の海外旅行もあったし沢山の記憶に残る体験がつまっている。

例えば創刊号から連載されたシャルル・ペロー[＊57]の「赤頭巾ちゃん」などの翻訳をなさっていた澁澤龍彦[＊58]さんのお宅へ伺ったこと。私の家が澁澤さんと同じ鎌倉市内にあったため、月に二度、澁澤邸への原稿とりが私の仕事となっていたのだ。〆切の日は、いつもより少し早く家を出て（といっても昼過ぎだが）、自宅のある江ノ電の腰越（こしごえ）駅から鎌倉に出る。横須賀線に乗りかえ、次の北鎌倉駅で降りて澁澤邸へ向かう。

鎌倉の山の上にある澁澤邸は白いモダンな洋風の家。書斎には金子國義さんの絵や四谷シモンさんの人形が飾られていて独特の雰囲気があった。月に二度、あの不思議な部屋に足を運ぶのは喜び以上の何かを私に与えてくれた。

おまけに何度か、夜、堀内さんと共に訪問したこともある。あれはヨーロッパ取材の後、「ルートヴィヒ」の原稿をお願いすることになった時だったかもしれない。「澁澤さん家（ち）へ久しぶりに行ってみようか」と堀内さんがつぶやき、いつの間に電話したのか四谷シモンさんも誘い、気がつけば夜の澁澤邸で皆で話し飲んでいた。

都内で飲むのと異なり時間の心配はない。だからというわけではないが、澁澤さんの歌う

＊57
シャルル・ペロー
1628〜1703。フランスの詩人、童話作家。「赤ずきん」「長靴をはいた猫」「眠れる森の美女」「シンデレラ」などの民間伝承をおさめた『ペロー童話集』を編んだ。

＊58
澁澤龍彦（しぶさわ たつひこ）
1928〜87。本名龍雄。日本のフランス文学者、小説家、評論家。堀内誠一とは生涯にわたる友人。68年創刊の澁澤龍彦責任編集『血と薔薇』では堀内誠一が題字と共に編集美術を担当した。

アンアン　創刊号　1970年3月20日号
シンシアは、ちっともチャーミングな女のコじゃなかったけど

「シンシアは、ちっともチャーミングな女のコじゃなかったけど」というタイトルと共に忘れられない変身ページ。この後「アンアン」でも日本人の普通の女の子の変身ページが始まる、そのきっかけとなった「ＥＬＬＥ」のページ。見事なディートリッヒふうメイクに驚き、西洋人の化粧映えする顔に初めて衝撃を受けた企画。写真はサシャだった。

まだ「ＥＬＬＥ ＤＥＣＯ（エル デコ）」が独立してなかった時代のインテリアページは興味深いものが多かった。伊丹十三さんに原稿を書いていただいた「男の部屋」のインテリアは、若き日のカール・ラガーフェルドの部屋だったと記憶している。

アンアン　1971年2月5日号
ＥＬＬＥ／'71エル調インテリア特集　男の部屋

軍歌に驚いたり、次々に飛び出すヴィスコンティやフェリーニ[*59]の映画に始まり、世界中のさまざまな話題に夢中になっている内に、夜が明けていたこともある。澁澤邸には子供の時から憧れていたディヴァン（片方だけ背のある長椅子）があり、そこで寝てしまっていたのだ。朝いちばんに奥さまが出してくださったうどんのおいしかったこと。皆でいただき、朝帰りした。

そんな時、嬉々としてもどってきた娘の話を明治生まれの父は黙って聞き、少しニンマリしていた気がする。信用してくれているんだなと嬉しかった。父も若い時、宇野千代[*60]さんの雑誌「スタイル」[*61]の仕事をしていた話はよく聞かされていたので、雑誌の仕事を面白いと感じ始めている私に共感してくれているのだと勝手に想像した。

ある時、フランスから届いたELLE（エル）のインテリアのポジを眺めつつ「これは原稿がいいな」というようなことを堀内さんがつぶやいた。しばらく考えてから、いつものクシャクシャの手帖を手に電話をかけている。伊丹十三[*62]、富岡多恵子[*63]、小池一子[*64]の三氏にインテリア写真のカットにつける原稿をそれぞれ依頼していたのだ。ELLEのインテリア写真がどんなものかは電話口で説明し、原稿の内容はおまかせします、ということだったようだ。〆切の日、私は三人の住所を聞き、原稿をとりに伺った。

後にファッションの仕事でよくお目にかかるようになった小池さんとは、その時が初対面だった。富岡さんは詩人ということぐらいしか知らなかったのだが、ご自宅は画家のアトリ

＊59
フェリーニ
フェデリコ・フェリーニ。1920〜93。イタリアの映画監督。代表作に『道』『甘い生活』など。

＊60
宇野千代（うの ちよ）
1897〜1996。作家。36年に実業家としてスタイル社を設立。

＊61
「スタイル」
作家の宇野千代が1936年にスタイル社より発行・編集した日本初のファッション雑誌。59年スタイル社の倒産にともない終刊。

＊62
伊丹十三（いたみ じゅうぞう）
1933〜97。俳優、映画監督、エッセイスト。68年刊行の著書『女たちよ！』がベストセラーに。俳優として『北京の55日』『ロード・ジム』など外国映画にも出演。

エふうで、待つ時間、向かいの部屋を背の高い男の人が通り過ぎていくのが見えた。ああ、あれが堀内さんの言っていた版画家の池田満寿夫さんか、と思いつつポカンと眺めていた。

　伊丹十三さんの場合は『女たちよ！』や『ヨーロッパ退屈日記』などの著作に心酔し、『北京の55日』ではスクリーンの伊丹さんを観ていたので、ご自宅に伺った時は、さすがにドキドキした。お茶を出して下さったのは、奥さまで女優の宮本信子さん。伊丹さんは当時、雑誌「ミセス」[*65]にイラストつきの連載をもっていて、そのページは私もファンだったが、丁度ルイ・ヴィトン[*66]のバッグで下駄の爪皮をつくるという回のイラストを仕上げたばかりの時だった。そのイラストを見せて下さり、あまりの上手さにビックリしつつ、よその雑誌用の作品を先に見てはいけない気がしてドギマギしながらも、のぞきこんでしまった。

　アンアンのために書いて下さった三氏の原稿はどれもそれぞれ読みごたえがあり、フランスのインテリアの写真だけを載せて、ただいいわねと眺めるより数段興味深いページになっていた。そこで又、どうして堀内さんは、こういうことを思いついてしまうんだろうと感心するばかりだった。

＊63
富岡多恵子（とみおか たえこ）
1935年生まれ。詩人、小説家。版画家の池田満寿夫（1934～97）とこの時期同居していた。

＊64
小池一子（こいけ かずこ）
1936年生まれ。クリエイティブディレクター。西武百貨店、パルコなどの広告戦略に参加。76年にキチンを設立。

＊65
「ミセス」
1961年、文化服装学院出版局（現・文化出版局）より創刊された30代向け婦人誌。

＊66
ルイ・ヴィトン
1854年にルイ・ヴィトンが創設したパリの鞄ブランド。モノグラム柄が有名。

アンアン　1971年7月20日号　ELLE／若者の島イビサ

上の「若者の島イビサ」のページで使われたメイン写真は、「ELLE」のカメラマンではなく佐藤明さんによるもの。イビサ島で撮影したファッションのカメラマンは、普段のELLEではあまり見かけない名前だった。よく見ると写真もいつも程勢いがなく、イビサの雰囲気が十分に出ているとは言い難い。堀内さんとしては大きく使う気になれず、佐藤明さんの写真が必要だったのかもしれない。

下は、初の海外取材の号。雑誌の旅ページというと徹底してガイド的なものが多いが、この時の「アンアン」は写真重視のおおらかなもの。

アンアン　1971年11月20日号

ディスカバー・ヨーロッパI
城と森のメルヘン
ドイツ・オーストリアの旅

アンアン　1970年7月20日号　ELLE／東洋調ってモザイクによく似合う

妖しいムードや奇抜な風情にあふれたこれらのドレスはパリのいくつかのブティックから、パリジェンヌの夏の夜の外出や、ホステスドレスとして選ばれたものですが、ロングの着こなし、薄地プリントのあつかい、色の組み合わせ、ヘア、アクセサリーのつけ方など、見ているだけでも夢をさそってくれます。今年の夏は、思い切りファンタスチックなドレスを作って、避暑地の夜や自分ひとりの時間を、ゴージャスな気分で楽しんでみたら………

ELLEページの担当だった頃に見た印象的な写真は多いが、このページもそのひとつ。このページに使われているモザイクでおおわれた家は、当時フランスでは話題だったようで、いくつかの雑誌がロケしていた。なかでもELLEのモザイクをバックにあえてプリントの服をぶつけたこのページが秀逸だった。モデルも当時のスターモデル、リタという豪華版。

堀内さん、「アンアン」を去る

アートディレクター堀内さんの「アンアン」での仕事が終わると知ったのがいつだったか、堀内さんが編集部を去る時にどのような会話をかわしたのかも、今では記憶がない。ただ、覚えたばかりの仕事に夢中だった私には全くわからないというか、気がつきもしていなかったことだが、当時ファッション関係者や出版業界の人たちの間では注目の的であったといっても、現実には、アンアンはあまり売れていなかった。経費がかかりすぎて赤字もふくらむばかりだったという。

丁度フランスでは、それまでモードの中心だったオートクチュール[*67]に替わり、「プレタポルテ」、いわゆる高級既製服の勢いがまし、その結果としてフランス版「ＥＬＬＥ（エル）」のファッションページも充実し、影響力をもつようになっていた時代だ。

日本ではまだそれ程ではないにせよ、銀座のソニービルにあったマミーナ[*68]、鈴屋[*69]、ベルブードア[*70]、三愛[*71]、ROPE[*72]といった、従来とは異なる若者向けの既製服ブランドや店ができ始めていた。同時に川久保玲によるコム デ ギャルソン、山本耀司のワイズ、ミルク、一つ目小僧といった個性的ブランドが次々に誕生していた。でもアンアンに出ていたのは、金子功さんがモデルの立川ユリさんのためにつくった撮影用の一点ものの服。だからこそ美しく夢がある。加えて写真とレイアウトが美しければ、ページをめくるたびに溜息が出る。こんな雑誌

＊67
オートクチュール
クチュールは「仕立て」のことで、高級注文服、又はパリクチュール組合に所属する高級メゾン（衣裳店）をさす。1960年代にプレタポルテが台頭するまで、モードの主流だった。

＊68
マミーナ
1964年設立の婦人服専門店。72年当時、銀座ソニービルに出店していた。

＊69
鈴屋（すずや）
1954年より「SUZUYA」ブランドをスタート。カジュアルファッションを中心に70年代、婦人服専門店大手として全国へ店舗展開。

を待っていたんだという思いの人も多かったに違いない。

しかし、多くの人にとって買えない服、自分が着られない服が出ている雑誌では物足りない。現在なら海外版のＥＬＬＥや「VOGUE（ヴォーグ）」[*73]に出ている服やバッグのほとんどが日本でも手に入る。だが、あの時代はそうではなかった。いわゆる一般大衆向けではないという結論が出たようなのだ。

というわけで、もっと売れる雑誌にするためにアンアンは思い切り方向転換することになった。それは、平凡出版が「月刊平凡」や「平凡パンチ」などで培ってきた売れる雑誌づくりの手法を生かすためだったのかもしれない。

それが私にとってはひとつの転機となった。

＊70
ベルブードア
「鈴屋ベルブードア」。若い女性向けのブティックで銀座に店舗があった。

＊71
三愛（さんあい）
１９６６年よりアパレル部門スタート。若い女性向けファッションや水着などを販売。

＊72
ROPÉ（ロペ）
メンズファッションを扱っていたＪＵＮ（ジュン）が１９６８年に始めたレディースファッションブランド。

＊73
「VOGUE（ヴォーグ）」
１８９２年、米国で創刊された老舗女性ファッション誌。

アンアン　1970年8月5日号　ELLE／今年の夏は〝青の時代〟

上は、70年代調の代表的ファッションともいえるブルージーンズのヒッピースタイル。ヘルムート・ニュートンの写真にもよく登場する大人顔のモデルがくずし過ぎずに着ていて、シャープに美しく感じられた。日本版の印刷で、きれいな深いブルーが出たのも忘れ難い。ニューヨーク在住のカメラマンから、自分の写真がきれいに印刷されていると聞いたから「アンアン」を送ってくれと、連絡を受けたことがあるくらいだった。

下のポンチョの後ろ姿の写真を見た時、すぐに浮かんだのは当時話題だったクリント・イーストウッド主演のマカロニ・ウエスタン『夕陽のガンマン』だった。左ページのように、「アンアン」ELLEページの扉には必ずELLEのロゴが使われた。

1970年11月20日号　モード・アン・リベルテ！

1971年1月20日号
モード・アン・リベルテ！　2

1971年10月20日号
エルが選んだプレタ・ポルテ

1972年2月5日号
冬将軍とデート

1972年3月20日号＆4月5日号
パリコレクション春・夏1972／
プレタポルテ　サン・ローラン

CHAPITRE 2

雑誌スタイリストになる

スタイリスト初仕事

50号を境に堀内誠一さんがアートディレクターをはずれ「アンアン」が方向転換する。一体どんな変わり方をするのかわからない中で、いつも通りＥＬＬＥ（エル）ページの仕事をしていた時のことだ。木滑編集長が、ごく気軽に「今度からアンアンでファッションの仕事もやってみないか」と声をかけて下さったのだ。「ＥＬＬＥページでの仕事ぶりを見ているとファッションが好きそうだし」とも。その仕事をすれば東京に部屋を借りる家賃ぐらいにはなるかもしれないとつけ加えて。

二週間に一度、一折16ページ分のＥＬＬＥページ、時にはそれプラス何ページかをひとりで入稿するのは結構大変だった。入稿前はいつも徹夜作業で、帰りは深夜になる。それ以外に堀内さんと一緒に飲んだ日も、深夜帰宅になることが多かった。鎌倉（腰越（こしごえ））の家に夜中に帰り着き、昼頃まで寝て又飛び起きて東京の編集部へ向かう。そんな日々が続き、いつも終電の時間を気にする生活が嫌になりつつあった。ちょうどその頃、タクシー代も値上がりした。ＥＬＬＥページの仕事で遅くなる時は、編集部の経費で無線タクシーを使えた。友人と遊んで深夜になり、自前でタクシーに乗っても腰越まで一万円以下で帰れていた。ところがその値上がりで一万円を超えるようになってしまったのだ。家賃なしの気楽な身でも自分の稼ぐお金とのアンバランスが気になり出していた時だった。

ファッションページをつくってみたい気持ちは十分過ぎる程あった上に編集長からの家賃云々の後押しもあり、後先のことは一切考えずに、ともかくすぐに「やらせて下さい」と答えていた。

思えばその時から、今日まで続けている私のスタイリストとしての仕事がスタートしたということになる。

簡単な打ち合わせがあり、私が担当することになったのは、モノクロ6ページの連載企画。テーマは「おはなしファッション[*1]」。若い女性の生活のワンシーンを切りとり、それをモノクロのファッション写真と文章で構成する。私は編集、スタイリスト、ライター、その他諸々をすべてひとりでやる。なんと大胆でむこうみずだったと思うばかりだが、当時は恐いもの知らず。やる気になり、やれるものと信じていた。

記念すべき第一回のテーマは「引っ越し」。丁度都内で部屋を借りるために不動産屋まわりに精を出し、なんとかここならという部屋を見つけたところだった。「それならあなたの引っ越しを、そのままページにしてしまいなさい」とキャップの中谷規子さんに言われて、それもそうかと決まったテーマだった。

だが実際に動き出してみると、スタイリストというのは想像していた以上に大変な仕事だとわかってきた。

ELLEページの仕事の合間、洋服屋さんに貸し出し依頼の電話をする。といっても当時

*1 おはなしファッション
編集部のスタッフが打ち合わせの際に使っていた呼び名。雑誌で連載タイトルとして記載していたわけではない。

は現在のようにプレス部門[*2]のあるメーカーや店はほとんどなかった。直接、店に下見に行き、店員さんに雑誌の撮影用に貸して下さいと頼むことも多かった。その際、返事を待っていると、奥の方でどう対応するか、責任者を誰にするかモメているのが見えてしまうということが度々あった。又、広告取りに間違えられたこともある。

この仕事をすると決まった時、私としては初めての名刺を与えられた。「アンアン編集部」という肩書きつきのそれを使ってはいたが、ことは簡単に運ばなかった。それまでのアンアンはファッションページはあっても既製服はほとんど扱っていなかったので、雑誌そのものを知らない店やメーカーも多かった。ほかのファッション誌も、洋服のつくり方つきのデザイナーに依頼した服が中心で、既製服を紹介するファッションページをまだ本格的につくってはいなかったという背景もある。

JUN[*3]のような比較的早い時期から体制の整っていた会社でも、いきなり電話して「アンアン」と名乗っても通じず、何度も聞き返されてしまう。耳慣れない誌名は聞きとりにくかったようだ。私自身も話すのは苦手で、通らない声にコンプレックスがあったのでよけいそう感じたのかもしれないが。

ファッションページ制作のスタートは、まず電話からという時代だったが、その一発目の電話がなんとも勇気がいった。電話をかけた時の相手のけげんそうな反応に加え、一ヶ月以上先に発売される雑誌のために、二週間後に設定した撮影日の前に洋服を借りたいということちらの意図を相手に理解してもらえるように説明する。

＊2
プレス
アタッシェ・ドゥ・プレス。販促や広報担当のこと。

＊3
JUN（ジュン）
1958年創業のファッションメーカー。同名のメンズブランドからスタートし、後にレディースブランドのROPÉ（ロペ）、J&Rなどを設立。

気をつかいながら行う交渉の煩雑さは、苦い記憶として残り、後々まで長く尾を引いた。今では初めて依頼する会社でもプレス係に、誌名、発売日、テーマ、撮影日を伝えればスムースにことが運ぶのがあたりまえになっているが、あの頃は容易ではなかった。

なんとか四組の衣裳を手配し終えた「引っ越し」の撮影当日、私は鎌倉の自宅で待機することになった。なにしろこの撮影準備といつものＥＬＬＥページの仕事とに追われて、自分自身の引っ越し準備は全くできていなかったのだ。前日は、編集アルバイトのＡ子さんに撮影用の衣裳の説明をして早めに帰宅した。少ない荷物とはいえ、本を束ねたり、食器を包んだりと一晩奮闘し、ほとんど寝ずに、朝、アンアンの撮影隊を家にむかえた。まだロケバス[＊4]もなかった時代、松竹ハイヤー[＊5]で社員カメラマン、モデルの田中明子さん[＊6]、バイトのＡ子さんの三人と撮影用衣裳が到着した。

このテーマはつくりこまずにルポルタージュふうにやりなさい、という中谷キャップの意向で、モデルのヘア&メイクはなし。どんな写真を撮るのかも決めていなかった。鎌倉の家の縁側と室内、裏木戸の外に停めた小型トラックに積んだ荷物と一緒にと、都合3カットくらいを撮ったが、その際自分が何をどうしたか、一切記憶にない。ただ、今改めてそのトラックのカットを見ると、当時家に住みこんでいた植木屋のじいちゃんと、お勤めの日だったのに手伝いに来てくれた大学時代のボーイフレンドが一緒に写っているので、そういえばそうだったなあと感慨にふけるばかりだ。

＊4
ロケバス
ファッション誌などの撮影のためにロケ地までモデルや撮影スタッフ、撮影用の機材などを運ぶ専用の車両。現在は、ロケバス会社が複数ある。

＊5
松竹ハイヤー
東銀座の平凡出版本社近くにあり、芸能誌「月刊平凡」や「週刊平凡」の取材などによく利用されていたことから「アンアン」でも利用することが多かった。

＊6
田中明子（たなか あきこ）
ファッションモデル。1960年代後半から70年代初期は「ドレスメーキング」（鎌倉書房）、「装苑」（文化出版局）などで活躍。

そこから新居となる乃木坂下のアパートまで行くのに、自分はトラックの助手席に乗ったのか、それとも松竹ハイヤーに乗ったのか、それも記憶にない。なにしろすべてが無我夢中だった。

乃木坂に着いてからは自分でも荷物を運びつつ、モデルさんが運びこむ様子を1カット。引っ越しには、とりあえず引っ越しそばだということになり、そばの出前を頼み、それを食べる風景も1カット。いつどうやって終わり、その夜自分がどう寝たかも覚えてない。

考えてみれば、若い女のひとり暮らし用の荷物がいかに少ないとはいえ、生まれて初めての引っ越しは、やはり一大事だ。加えて、初めてのファッション撮影という仕事。このふたつを同時進行するなどというのは無謀以外の何ものでもない。とりあえずページにすることができたのは、カメラマンが超ベテランだったこと、又モデルさんともなじみであり、彼女も超プロだったおかげといえる。

引っ越しの次の日、メーカーや店に洋服を返却しに行った。数日後には写真選びやレイアウトまわし[*7]に立ち会った。思っていた以上に多い文字量に驚き、若い女性の日常を連想させるエッセイふうの原稿に仕上げるため四苦八苦した。句読点が少なく、ダラダラ長く続き過ぎると注意されて何度か書き直した。

それでも雑誌の中に自分のページを見た時は、反省点はいっぱいあっても嬉しかった。すでに次の号を撮り終えていたが、なんとなく、この仕事、続けたいなという気持ちが芽ばえ

＊7
レイアウトまわし
雑誌の誌面に載せる写真や材料をデザイナーに渡すこと。デザインまわし、デザイン入れともいう。

ていたようだ。

それもひとえに、引っ越しという自分にとっての大事業とスタイリスト初仕事を同時に進行しなければならなかった大変さを、最初に経験してしまった強味が大きいと考えている。

その後、さまざまな意味で大変な撮影は限りなく沢山経験することになるが、この時程、せっぱつまった経験はない。編集、ライター、スタイリストをひとりでやるのが当然のことと思ってなんとかやりとげた経験は、貴重だった。後にスタイリストだけをするようになっても、ほかの役目の人が考えることを察せられたからだ。それが時にはブレーキになったのも確かだが。

モノクロの、このルポルタージュ的なページだけをやっていたのは大して長い期間ではないが、いわゆるファッションページに対する思い入れを育てるには十分だった。

純粋なファッションページをつくる際の構成や服の選び方を周到に準備する心がまえができた気がする。

コットンの服を持って、初めての海外ロケへ

その仕事は、突然やってきた。「アンアン」76号、1973（昭和48）年5月20日号のファッション特集のための、海外ロケの仕事だ。

コットンの服を持ってアメリカ南部のコットンフィールド[*8]でロケをするという仕事が甘糟編集長[*9]から与えられた。突然の海外ロケ。この時以来ずーっと実感しているが、仕事というのは、特に私のようなフリーランスの立場でスタイリストとなると、常に突然やってくる。さて、どうするかなどとじっくり考えている余裕はない。すぐに動き出しつつ頭をめぐらせて形にしていくよりほかはない。

実は、このアメリカロケは大々的なタイアップ[*10]撮影の走りでもあった。スポンサーはJCC[*11]（日本コットンセンター）。

当時、世界的にテトロンコットン[*12]がブームになり、特に夏服の素材が市場を席巻し始めていた。ノーアイロンですみ、洗えばすぐ乾くホンコンシャツ[*13]もブームになっていた。このままでは木綿素材が廃れてしまうという危機感から、JCCは若い人に人気のファッション誌として注目を集め始めていたアンアンに、コットンの服特集を提案したというわけだ。

＊8
コットンフィールド
18世紀前半に、アメリカ南部に開墾された綿花栽培のための畑のこと。

＊9
甘糟編集長
甘糟章（あまかす あきら）。1973年より「アンアン」編集長となる。

＊10
タイアップ
双方利益のために企業同士などが協力・提携すること。

＊11
JCC（日本コットンセンター）
1963年、日本紡績協会加盟の綿紡績137社により結成されたコットン（木綿）のPR活動を行う組織。

＊12
テトロンコットン
テトロンとコットンの混紡素材。テトロンは、繊維メーカーの帝人（テイジン）と東レ

「アゴアシつき」[*14]という言葉を知ったのもこの時だ。ＪＣＣの純広[*15]は、特集ページの最初と最後に1ページずつ入るだけ。あとはひたすらコットンの服を使ったファッションページを編集部がつくる。ただし、スタッフの食費、ホテル代、移動費用はＪＣＣがもつという条件だった。

　甘糟さんに言われた次の日から、さっそくメーカーまわりを始めた。

　総ページ28ページの特集だったから、いくつかのテーマに区切るにせよ、まずはどんな服があるか当りをつける必要がある。その頃の私はすでに展示会[*16]まわりをしていたが、目標は１０１点と言われていたので、これは大変だという思いも強かった。少しまわってみて、すぐに判明したのは、コットン１００％の生地で服をつくっているメーカーはごく稀だということだ。イッセイ・ミヤケ[*17]、コム デ ギャルソン[*18]、カンサイ・ヤマモト[*19]、ハナエ・モリ[*20]、ミルク[*21]、一つ目小僧[*22]ではコットン１００％の服が見つかったが、あとの、いわゆる大手といわれるメーカーでは、５％から15％くらいテトロン混紡のテトロンコットンが「コットン」として通用していた。１００％コットンを１０１点なんて、とうてい無理。すぐに甘糟さんに報告し、それでは５％までＯＫということになったが、５％でも数が集まらず、結局、最終的には15％までに落ち着いた。それでも１０１点は達成できず、表紙[*23]には「コットンの服83点」と刷られることになった。

　まだ個人的なアシスタントはいなかったこの頃、どうやってこれだけの服をロケ前にひとりで集められたのか？　今考えると不思議というか謎である。だが本当に大変なのはロケそ

の共同による、ポリエステル繊維の商標名。

＊13
ホンコンシャツ
テトロンコットンを使用した半袖のワイシャツ。

＊14
アゴアシつき
ロケなどで、アゴ（食事代）とアシ（交通費または交通手段）を依頼側（クライアント）が負担すること。

＊15
純広
純広告。広告主が広告原稿をつくり、広告料を支払って雑誌などに掲載する広告のこと。

＊16
展示会
ファッションメーカーや卸売業者が、シーズンに先駆け商品を展示して販売契約や販売促進を行うこと。

のものということが、まだ私にはわかっていなかった。

このアメリカロケで私はアメリカ大嫌い人間になってしまった。良い思い出よりも、つらかったこと、大変なこと満載の国アメリカというイメージができてしまったのだ。それがくつがえったのは、22年後。95年のアメリカ再訪までの時が必要だった。それに私自身、もともとフランス好きだったことに加え、この二年前のフランス滞在の経験でパリ大好き人間になってしまっていたから、しょうがないことではあった。

洋服の数もさることながら、この時のロケは、モデルを四人も日本から同行した。社員カメラマンがふたり。編集者はひとり、アシスタントなしのヘア&メイクとスタイリスト各ひとりの総勢九名のスタッフだった。

今でもすぐ思い浮かぶのは、アメリカ南部のホテルの広い部屋の片隅で、必死で洋服にアイロンをかけている自分の姿だ。コットンフィールドの本場ということでロケ地に選ばれたアメリカ南部での撮影は、ダラス、メンフィス、ニューオーリンズといった主要都市をいくつかまわることになっていた。その時、初めて体感したアメリカの広大さ。ちょっと、となりの町へ移動するくらいのつもりで地図を見ていたとしても、実際には飛行機で二時間から四時間の距離がある。ということは、その度にトランクに衣裳をつめこむことになる。しわになりにくいテトロンコットンも多少は含まれているとはいえ、トランクにつめこんだ衣裳を撮影するにはアイロンがけが必要だ。

＊17
イッセイ・ミヤケ
デザイナーの三宅一生のブランド。1971年ニューヨークでコレクションを発表。73年からパリコレに参加。

＊18
コム デ ギャルソン
1969年にデザイナーの川久保玲が立ち上げたブランド。73年に同名の会社を設立。

＊19
カンサイ・ヤマモト
デザイナーの山本寛斎のブランド。1971年、日本人として初めてロンドンコレクションに参加。

＊20
ハナエ・モリ
デザイナーの森英恵が1963年より始めた日本のプレタポルテブランド。65年、ニューヨークで初の海外コレクションを発表。後に森英恵はパリのオートクチュールコレクションに参加する唯一の日本

ホテルへ着くと、まずアイロン台を手配して、次の日撮影予定の服にアイロンをかける。といってもロケハンをしつつ撮影、ということも多かったから、とりあえず予備も含めて多めにアイロンをかけておかねばならない。そんな時、取材写真を撮る予定で同行したカメラマンの予定が変わり、メインカメラマンのアシスタントをつとめることに。その彼が、夜ひとりでアイロンかけをしている私を見かねて時々手伝ってくれた。そのありがたさはずっと心の隅に残っている。彼とは今もカメラマンとして仕事をするし、友人でもある。時々、当時の思い出話に花が咲くこともある。

撮影が三分の一くらい進んだ頃、夜のアイロンかけの時間に、モデルさんたちが個別に訪ねてくるようになった。それぞれが自分が次の日、どんな服を着るのか知りたがるのだ。お気に入りの服を見つけて、これが着たいとアピールする人もいる。誰に何を着せるかは、その時の編集担当者がまだファッションの経験が浅かったこともあり、ほぼ私の裁量で決めていた。でもカメラマンの意向もあるし、ロケ現場へ着いてからの雰囲気、その他諸々の要素もあり、簡単に請けあうことはできない。年令的にもそんなに差のないモデルさんたちを適当にあしらうことなどできなかった私にとって、結構つらい時間でもあった。

加えて、部屋に来たついでに恋の話や悩みを語っていく人もいる。今のように携帯電話もなく国際電話もそう簡単でなかった時代、十日間も日本を離れ、恋人をほっておいてきた者にとって心配の種は尽きないようだった。何度も話を聞いている内に、その内のふたりがつきあっているのは、どうも同じ人らしいということがわかってきて、私自身ドギマギしてし

人となる。

＊21
ミルク
デザイナーの大川ひとみが1970年に原宿セントラルアパートの一角にブティック「MILK（ミルク）」を開店。

＊22
一つ目小僧
デザイナーの山路妙によるブランド。1960年代後半に原宿にブティックを開店。

＊23
表紙
「アンアン」76号（1973年5月20日号）表紙。モデルは、ミルクのワンピースを着た秋川リサ。

©マガジンハウス

まったことがある。どちらにも告げず、その後も私の胸の内にしまっている間に記憶の彼方に去ってしまったが。そういった打ちあけ話を聞くのも私は苦手だった。相手の気持ちを考えると、誰にも言うことはできず、自分の胸ばかりふくらんで憂鬱がます。どんとまかせないと大見得を切ったり適切な忠告などできない質の自分が、つくづく情けなかった。スタイリストという仕事をスムースに進めるには、こういったことの対処も含むと知ったのはこの時だ。以来、自分はスタイリストに向いていない、やめた方がいいのだろうかと悩んだ時、必ず、この時の経験がチラと頭をかすめることになる。

当時は現在から考えると嘘のような話だが、アメリカといえども、日本と同じでロケ用のバスなどなかった。現地在住の日本人がコーディネーターについて下さり、毎日大型の黒い普通車二台で出発した。

ロケ場所が決まると、まず私がしなければならないのは、車の窓に新聞紙を貼って目隠しすることだった。南部では撮影が珍しかったのか、通りかかる人たちが車をのぞきこんでいく。白人もいれば黒人もいる。大人から子供まで皆好奇のまなざしで撮影風景を眺めていた。まだ若いモデルたちは、不安そうだった。そこで年上の私がたじろいではならじと、できるだけ冷静に、しかも素早く狭い車内で着替えてもらうことに専念した。ひたすら無我夢中でやっていた。そしてホテルに帰れば、その日撮影したものを整理して、翌日のためのアイロンをかける。そうでなければ移動のためのトランクづめという毎日だったので、アメリカそのものの記憶はほとんどない。

ロケ中に昼食をどうしたかも、ほとんど覚えていない。夕食も一度行ったチャイニーズレストランが最悪で、地方だからしょうがないのかもしれないが、それにしてもこれがアメリカかと思ってしまったのだ。唯一ホテルの朝食だけは、いわゆるコンティネンタルブレックファストで、まあまあの味だったので救われた。

ちょっとラッキーだったかもしれないのは、メンフィスでエルヴィス・プレスリー[*24]邸の門の前で撮影できたこと。あの音符が飾られた白い柵の前で撮った写真は、1ページに6カットおさめられた小さな写真のひとつに使われているだけだが。その写真を撮っている間に、コーディネーターが話しておいてくれたのか、写真撮影をしないならと留守番の人が邸内を案内してくれた。プレスリー自身が留守だったから実現したことだが、なんだか大きな家をただ見てまわっただけという感じ。私自身、当時はプレスリーの凄さを実感していなかった。それに、まだその日の撮影が終わったわけでもなく、心ここにあらずの落ち着かなさで見学してしまったのは、残念としか言いようがない。

もうひとつの良い記憶はニューオーリンズに行けたこと。「ニューオーリンズ」は仏語のよみでヌーボーオルレアン。かつてフランスの植民地だったこともあり、アメリカの中ではフランス色の濃い街として名高い。有名なアイアンレースのはりめぐらされた街は、ヨーロッパ的だ。丁度フランスの「ＥＬＬＥ（エル）」誌で、ニューオーリンズロケの可愛い写真を見たばかりでもあった。

*24
エルヴィス・プレスリー
1935〜77。米国のロック歌手。56年に発売した「ハートブレイクホテル」が全米ナンバーワンになり一世を風靡した。

でも実際のロケでは思い通りにいかず、アイアンレースにピッタリのコットンの服とは言い難く心残りだった。映画『欲望という名の電車』[*25]の舞台であることにも興味があったが、"A Streetcar Named Desire" という看板をつけた電車が街の中央にデンと飾られていたのは、興ざめだった。

アメリカロケが終了した時はホッとしながらも、もうこの国には来たくないなと本気で考えていた。南部をほんの一部、しかも駆け足で見ただけで結論づけるのは早急過ぎるし傲慢としか言いようがないのは承知だった。

このアメリカロケの場合は、初の海外ロケ。撮影する衣裳の多さ。モデルも四名。もともとアメリカにさほど興味をもっていなかったなどの素地があった上に、日程にも気持ちにも余裕がないままにロケを終えた。だからアメリカが嫌いになってしまったと考えていた。だが、その後いくつかの国へロケするたびに、もう二度とその国へ行きたいとは思わなくなってしまうことに気がついた。

例外は、何度か訪ねていて気持ちにゆとりのあるパリとロンドンだけだ。

ロケ地に着いてまず行うのは、トランクをあけて、衣裳を分類しアイロンをかけること。この作業は、ある時期からアシスタントにまかせるようになった。その間にカメラマン、編集者とロケハンということになる。

撮影したい絵になる場所の判断はカメラマンにまかせるにしろ、そこでどの洋服を撮影す

＊25
『欲望という名の電車』
テネシー・ウィリアムズ原作のニューオーリンズを舞台にした戯曲をエリア・カザン監督により1951年に映画化（ヴィヴィアン・リー主演）。

るのが一番いいかは、洋服をすべて把握しているスタイリストの判断が重要だ。ロケハンをしている間、自分が選んできた沢山の洋服を頭に浮かべ、モデルに着せて立ったり歩いたりするさまを想像する。後になって、あそこで撮影したほうがよかったということがないように真剣に考える。加えて自分なりに気になる場所もチェックし、目印を覚えたりもする。というわけでロケハンの時から緊張し、結局すべての撮影が終わるまで、緊張がとけることはない。どんなに美しい場所でロケをしていても、じっくり眺める気持ちの余裕もない。ロケを終えて日本に帰り着くと、もう行きたくないという気持ちになっている。

この時は、その後に向かうパリのことで、私の頭はいっぱいだった。アメリカロケの後、パリコレのケンゾーのショーに出演することが決まっていた秋川リサ[*26]を、ニューヨーク経由でパリまで送るという仕事が私に与えられていたのだ。彼女はまだ十代だったので、保護者がわり、というわけだ。

ほかのスタッフと別れて、カメラマンとリサ、そして私の三人はパリへ向かった。リサを無事ホテルまで送り届けたら、初めてのパリプレタポルテショーを取材するという、もうひとつの任務が待ちどおしかった。

あれだけの撮影をした後にパリコレ取材へ直行。間に休みはなし。当時は体力的にキツイなどという思いはみじんもなく、まさに喜び勇んでという表現がぴったりの心境だった。

＊26
秋川リサ（あきかわ りさ）
1952年生まれ。「アンアン」10号に初登場し、以後70年代前半の「アンアン」の中心的モデルのひとりとして活躍。

初めてのパリコレ

いよいよ初のパリコレ[*27]取材。いつかは行きたい、見てみたいと望んでいたものの、こんなに早く実現するとは想像すらしていなかった。

ニューヨークは危険で物騒な街という風評ばかりが聞こえてきた時代だったので、トランジットで立ち寄ったニューヨークの空港で待つ間も、ガチガチに緊張していた。トランクから貴重品がぬかれていたとか、布製のトランクが引き裂かれていたとの噂も多く、どうぞ私たちの荷物が無事パリ便へ積み替えられますようにと祈っていた。

そうして着いたパリ。二度目だったこともあり、又来られたという安堵に似た気持ちもあった。1973(昭和48年)年3月のことだ。ただし、それから40年近く、延々と年に数回通うことになるとは夢にも思っていなかった。本当に。

秋川リサを無事、四つ星のホテル「スクリブ」に送った後、私とカメラマンはアンアン・パリ支局の山中さんが用意してくれた左岸の安いホテルに落ち着いた。左岸は確かなのだが、どのあたりのホテルだったか全く記憶にない。毎日、取材に出かける際、メトロに乗るにしろ、タクシーを拾うにしろ、その度に不便だなと不満だった。二度とは泊まらないだろうということで記憶から抹消してしまったようだ。

初めてパリを訪れた時は、最初にひとりで泊まった下宿屋に近い安ホテルも、ルーマニア

＊27 パリコレ
パリコレクションの略称。パリで行われるオートクチュールやプレタポルテのコレクションのこと。

取材を終えた堀内さんと合流した後に移ったホテルも、どちらもサンジェルマン（左岸）のジャコブ街にあり、高級ではないが便利で快適だった。そのことを山中さんに尋ねると、パリコレの時期はホテルはどこも満室。左岸のあのあたりにとれただけでも感謝するべきなのよと言われ、そういうことかと納得した。

一週間以上の滞在となる旅先での、ホテルの選択は重要だ。どんなホテルだったかで旅の印象はガラリと変わってしまう。そのことを最初に痛感したのがこの時で、以後の私のパリホテル探索のきっかけにもなっている。

「ELLE（エル）」編集部の一角にあるアンアン・パリ支局室を訪ね、私とカメラマン宛のコレクションの招待状を受けとった。事前に山中さんが「アンアン・エルジャポン」[*28]として登録しておいて下さった結果だ。

当時のパリコレのショースケジュールは、現在のように過密ではなく、一日に数件という優雅なものだった。ただしサンディカ[*29]がまだきちんと組織化されていなかったので、ショーの会場はマチマチ。あちこち飛びまわらなければならなかった。私に招待状を手渡しながら山中さんは「あなたはフランス語を勉強したんだから、場所は地図で確認して、カメラマンと一緒にまわってね」と言った。冷たく聞こえるかもしれないが、この山中流、過保護ではない待遇には感謝あるのみだ。

初めてパリを訪れた時、メトロの乗り方、地図の見方、初めての店へ入る時の挨拶の仕

＊28
「アンアン・エルジャポン」として登録
パリコレを見るためには、当時はパリコレ主催団体（サンディカ）に雑誌や新聞の媒体名で記者登録し招待状をもらう必要があった。

＊29
サンディカ
Chambre Syndicale de la Couture Parisiennes（パリ・クチュール組合）の通称。パリコレクションを主催している団体。

方、レストランでの対処法などをひと通り教わり、おかげでひとりで思う存分歩きまわれた。訪ねたいと思っていたブティックや美術館へも行けた。今度はショーの会場を同じように調べればいいのだ。なにしろパリは番地がわかっていれば、初めてだって絶対に目的地へ行きつける都市計画のしっかりした街なのだから。東京とは違う。

現在は進んだ老眼、体力の衰え、その他諸々で、地図を片手に初めての場所へ行くのは苦手になってしまったが、当時は地図を調べること自体が楽しく、なんの苦痛もなかった。キチンと自分で調べることで通りの名前やメトロに関する基礎知識も頭に入り、行動範囲も拡がっていった。

同行したパリコレ初取材のカメラマンは、いろいろ大変だったようだ。アメリカ好きかフランス好きか、どちらかに分類するなら、明らかにアメリカ派。よくフレンドリーと表現されるアメリカ人と比べれば、フランス人はキッチリ個人主義で、余計なおせっかいはしない。メトロを乗り継いでコレクション会場へ着いても、そう簡単にカメラ位置にたどり着けないし、だいたいどこが最良の場所かもわからない。当時は、私たちが初めてで不慣れなせいと考えていた。だが、そうではなく誰もがパリコレのプレタポルテショー[*30]取材自体初めてに近い状態で、試行錯誤していたのだ。フランス人だろうとアメリカ人だろうと、他人のことなどかまっていられない。皆がコレクション取材でどう写真を撮るか模索していた時だったのだ。

＊30
プレタポルテショー
1973年に「プレタポルテ組合」が設立。パリコレにプレタポルテコレクションのショーが含まれるようになったのも73年から。

同行のカメラマンにしてみれば、東京ではアシスタントに持たせる機材も自分で持たなければならず、その上、案内役は頼りない私。モデルたちのウォーキングが極端に速いショーでは、なぜか私もカメラの横に陣取って、わけもわからず、でも言われるままに新しいフィルムを次々と渡した記憶もある。

この時の取材を細部まで覚えているのは、なんといっても初めてのパリコレだったこと。そしてそれ以上に、目にしたコレクションの素晴しさ、印象の強さということに尽きる気がする。クロエ[*31]、キャシャレル[*32]、クリスチャン・オジャール[*33]、ダニエル・エシュテル、ドロテビス、ミックマックといった、いかにもパリプレタポルテらしいブランドに元気があった。日本では知られていないブランドも多かったが、それらのブランドが発する新しさと、同時にリアリティのある美しさが忘れられない。

また、ニットの女王としてソニア・リキエルが話題を集めつつあり、グルネル通りのブティックで日に数回開かれたコレクションは、すし詰め状態だった。その頃彼女のイメージモデルであり、後にELLE誌のスタイリストとして活躍したベトナム系フランス人のフランソワ・ア・ヴァンが着て見せるパンタクール[*34]とセーターの組み合わせは、その色使いとバランスの見事さが今も目に焼きついている。

イッセイ・ミヤケのパリでの初コレクションは、キャメルと赤を配したニットが強い印象を残し、同じグループでショーをしたイギリス人ジーン・ミュアー[*35]のギャザーいっぱいのド

*31
クロエ
1952年創業の、プレタポルテの先駆けとされるパリの既製服ブランド。65年から83年までカール・ラガーフェルドがデザインを担当した。

*32
キャシャレル
1958年設立のパリの既製服ブランド。当時は写真家サラ・ムーンによる広告でよく知られていた。

*33
クリスチャン・オジャール
1968年、クリスチャン・オジャールが創立したパリのアパレルブランド。

*34
パンタクール
パンタロンの変形の一種で裾が広い6分丈ズボン。パンタロンが流行した後、70年代に登場した。

レスも、広い会場と共に頭の中に残っている。

そして、日本からは秋川リサ、その頃ロンドン在住だったティナ・チャウ[36]も出ていたのがケンゾーのショーだ。元パリ証券取引場の丸い舞台を、大勢で駆けぬけていくモデルたちは皆、「ＥＬＬＥ」や「VOGUE」「marie claire（マリ・クレール）」[37]の表紙やメインページでいつも目にしている顔ばかり。そう、ショーにはショーモデルという、それまでの常識を破り、スチールモデルを最初にショーで使って話題を呼んだのがケンゾーだったのだ。

ケンゾーのショーは大盛況で、ルーマニアのペザントルック[38]に身を包んだモデルたちは皆、一様に楽しそう。無論、洋服は最高に魅力的に見える。

この時のパリコレクションで洋服を見たことが、私のスタイリストという職業に対する迷いを消し、続けようという決心に結びついたと言えるだろう。こんなに楽しく美しい、今までに見たことのなかったもの。こういう服を、雑誌という型の中で、ひとりでも多くの人に知らせたいという望みをもってしまったのだ。

だが次シーズンからは、皆が平等に見られるようにと、編集部のメンバーが交代で取材に行くことが決まった。その結果として、毎年二回、パリコレシーズンは仕事を休んで自費で見に行く決心をするということにもなった。

それともうひとつ、この時代、まだ日本からの取材はほとんどなく、新聞社や出版社などのパリ支局[39]の人が大半を占めていた。そんな中で、「アンアン」は「エルジャポン」というサブタイトルでフランスのＥＬＬＥと契約していたこともあり、フランスのＥＬＬＥと同じ

＊35
ジーン・ミュアー
１９２８〜95。英国を代表するファッションデザイナー。

＊36
ティナ・チャウ
１９５１〜92。モデル。60年代後半からティナ・ラッツの名前で「装苑」などの雑誌や資生堂のＣＭなどで活躍。73年に結婚しティナ・チャウに。

＊37
「marie claire（マリ・クレール）」
１９３７年創刊のフランスを代表する月刊女性誌のひとつ。

＊38
ペザントルック
ヨーロッパの農民の服装をイメージさせる素朴なファッション。

＊39
パリ支局
当時、朝日新聞、文化出版局などがパリに支局を開設していた。

所に席があった。椅子の背に雑誌名と名前が明記された紙が貼られていたのだ。初めて自分の名が書かれた紙を見つけた時の感激は、ひとしおどころのものではなかった。現在ではベンチシートも多く、シート部分に数字と名前ということもあるが、当時は人数がそんなに多くなかったこともあり、狭い会場でも、たいてい背もたれつきの椅子で、そこに比較的大きな紙が貼られていた。

パリコレ初体験だった私は無論、ショーの開始が30分以上遅れるのはあたりまえということなど知らなかったから、かなり早めに会場へ着いた。そして誰もいないスペースに並べられた椅子の中から自分の名前を探す。そうすると、いつもＥＬＬＥのファッションページに〝レアリザッシオン（構成）〟[*40]とクレジットされているファッション編集者の名前が見つかる。その頃の私はＥＬＬＥのページを見ながら、このカメラマンとこの編集者の組み合わせだとこんな感じのページになる、というだいたいのイメージがつかめるようになっていた。アンアンに使う、使わないという仕事的な判断とは別に、自分が好きだなと直感するページをつくる人の名は覚えていた。

今でもすぐ頭に浮かぶのはニコール・クラッサ、ブリジット・ランジュバン、後に編集長になったカトリーヌ・ルッソの三名だ。ここに座るのがその人かと待ちかまえていると、なる程と、その人のページを彷彿とさせる雰囲気と服装の人が来てそこに座る。彼女がつくったページに使われていたスタイリングをそのまま着ているというようなことは決してなく、醸し出すムードが、なんとなく今まで見てきたその人のページを彷彿とさせるのだ。

＊40
レアリザッシオン
réalisation。フランス語で実現、成就の意味。転じて、ファッション誌の「構成」の意。

彼女たちは、実際に服を集めてコーディネートしてモデルに着せる仕事——今ではスタイリストの仕事と考えられている——もすべて自身でやっていた。

そのことは当時の私には衝撃的だった。写真を撮っているのはカメラマンであり、モデルが着ているのはケンゾーやキャシャレルなどデザイナーがつくった服。でも選ばれた服と写真全体の雰囲気を見ると、そこから、その編集者の意志やセンスが伺える。〝レアリザッシオン〟とクレジットされる理由があり、それに値する仕事がある。

当時の日本には、まだ明確にファッション編集者といえる人は少なかった。ベテラン編集者でファッションを巧みにこなしている人がいたというのが正確だろう。もし、ある雑誌のファッション担当になったとしても、次の異動で読み物や映画、美容担当になる可能性もある。日本の会社組織では、専門性を高めるより、多くのことを経験させて育てるのがその人のためになると考えられていた時代だ。

スタイリストという仕事の漠然とした部分に不安を抱き、何ができるのだろうかという疑問が、この時ひとつ解けた気がする。

一回目のこの取材で、フランス版ＥＬＬＥの気になっていた編集者の顔と名前は、ほぼ一致した。

当時のアンアンは、ふたつあったファッション班によりクレジットにスタイリストの名前を入れる場合と、そうでない場合とに分かれていたが、クレジットが入るなら、それに恥じない仕事をせねばという思いを強くしたのは、いうまでもない。

社員への誘い

なぜ私はあの時、社員になる試験を受けなかったのだろうかと、今でも時々、ふと自問することがある。

還暦も超えた最近では、いつまでスタイリストの仕事を続けられるだろうか、老後は一体どうなる？　といった不安もあり、以前より頻繁に自問しているかもしれない。その後すぐに、フリーでいたからこそ、好きで選んだ道を何とか今日まで続けてこられたのだと思い直すのもいつものことだ。

あれは「アンアン」創刊から二年がたち、スタイリストの仕事を始めて数ヶ月が過ぎた頃だったと思う。

当時編集部には、平凡出版の別の編集部からアンアン編集部に異動してきた人々のほかに、アルバイト的に仕事をしている女子編集者が五〜六名いた。ほかの出版社の編集部やデザイン室にいた人、違う職種から編集をやりたくて移ってきた人などさまざまで、皆、正式な試験を受けていなかった。その処遇が組合で問題になったとかで、希望する人は社員にするから試験を受けるようにと、会社から要請があったのだ。

それは、あくまでも全員を社員にするための試験であり、アンアンで働き続けるための手続きと単純に考えればすむことだった。ところが当時の私は考えこんでしまった。

社員という身分は確かに魅力的だった。小学校時代の作文に、将来の夢を「サラリーマンの奥さん」と書いたことがある。父の職業を聞かれたら「著述業」と答えるようにと教えられていた。父の肩書には「服飾評論家」というのもあり、新聞や雑誌のコラムや記事執筆による原稿料が我が家の主な収入源だった。家作などからのものも多少あることは後に知った。

子供時代の記憶では、鎌倉の山の上の大きな家に住み、使用人も数人いるお大尽と周囲からは思われていた。だが現金収入はそんなに多いわけではなく、母がなにかとやりくりしているのが子供心にも察せられた。かといって、衣食住に不自由したわけではなく、むしろ手をかけ心をかけ何不自由なく大切に育ててくれたことに感謝するばかりだ。それでも学校でボーナスが話題になったりすると、なぜ家にはないんだろうと不満だった。丁度、自家用車が普及し始めた頃でもあり、友だちの父親が買ったという話を聞いても、家には無縁のものと思っていた。父が旅行嫌いなせいもあり家族旅行の経験もなかった。

そんな環境で育った私も、社員になればボーナスというものを手にすることができるかもしれない。しかも当時の平凡出版という会社は組合の力が強く、ボーナスの袋が立つという噂があったほどだ。振込ではなく現金で渡される時代ならではのエピソードだが。

だが社員になるということは、ほかの雑誌の編集部、又は広告、営業、総務、電話交換その他、どの部署にも配属される可能性がある。当時は、アンアン以外には女性誌もなく、ほかの雑誌といえば「月刊平凡」[*41]、「週刊平凡」[*42]、「平凡パンチ」[*43]などが主な出版物だった。もしアンアンに残れたとしても、ファッションページの仕事を続けられるかどうかも確かではな

＊41
「月刊平凡」
1945年に平凡出版の前身、凡人社創立とともに創刊された芸能誌。87年に休刊。

＊42
「週刊平凡」
1959年、平凡出版より創刊された芸能週刊誌。60年代には発行部数が100万部を超えた。

＊43
「平凡パンチ」
1964年に平凡出版より創刊された男性週刊誌。

い。ＥＬＬＥページの仕事の契約をしていたくらいなのだから、そこまで心配する必要はなかったと、今ではよくわかるのだが、当時の私はそうはいかなかったのだ。

加えてその時は、いろいろ迷いはあったものの、スタイリストという仕事の面白さに目覚め、できることならファッションのプロになりたいという切実な希望が芽生え始めた頃だったことが大きい。

結局、子供の頃、あれ程憧れたサラリーマンになれたかもしれないその試験を、私は受けなかった。その選択をしたのは、私と、後にパリに行きイラストレーターになった友人のふたりだけだった。

ボーナスというものを知らぬまま終わることになるのは今でも残念だが、結果としては良かったと思っている。ファッションのプロになりたいという心構えがはっきりして、腹をくくったといえばいいのだろうか。社員にならなかったことを後悔したくないという気持ちから、真摯にファッションに取り組まざるを得なくなったのだから。

「アンアン」、「婦人公論」、コム デ ギャルソン

■本当のスタイリスト初仕事は、きものの仕事だった

スタイリストとして最初にかかわった仕事は「アンアン」50号のモノクロページということになっている。

でも本当のスタイリスト初仕事といえば、アンアン15号[*44]、1970（昭和45）年10月20日号の秋川リサの表紙と言えるだろう。

ある日、当時の表紙担当だった中谷キャップに私は呼ばれた。次号の表紙はリサで、きものにしようということになったようで、

「あなた、日本舞踊を習ってたと言ってたから、きものを持っているでしょ。リサに着せたいから、適当に持ってきてみて」

と言われたのだ。日頃ELLE（エル）ページの作業をしながら、かたわらで展開されている表紙やファッションページの撮影の様子には興味津々だった私だ。なんとかなるだろうと、家に帰り母に相談した。私の銘仙[*45]の稽古着と友禅[*46]のよそゆき二組では心もとない。そこで近所に住む踊りの先輩弟子のきものを何枚かお借りした。

撮影当日は、それこそ昔の呉服屋さんのように、きものを包んだ大風呂敷をかつぐようにして横須賀線に乗り、麻布スタジオまで運びこんだ。カメラマンは大倉舜二[*47]さん。広げたき

＊44
「アンアン」15号
本当の意味でのスタイリング初仕事は、「アンアン」15号（1970年10月20日号）の表紙。

©マガジンハウス

＊45
銘仙（めいせん）
平織りの絹織物の一種。大正から昭和初期にかけ、女性の気軽なおしゃれ着として大流行した。大胆な色使いや柄が特徴。

ものをサーッと見渡して、パッと選んだのは紫地に絣の銘仙のきもの。伯母が若い時着ていたものを譲り受け、私の稽古着に仕立て直したものだった。いちばん素朴で普段着っぽいきものだったので意外だった。

きものが決まれば私の仕事は終わりと考えていたが、とんでもなかった。

「このきものだったら栗の枝がほしい。いがつきの栗が」とカメラマンは言い、私が探しに行くことになってしまったのだ。丁度、鎌倉の家の裏山で栗に実がつき始めたのを前の日曜日に見つけたばかりだったので、前もってわかっていればと残念だった。

とにかくタクシーに乗って新宿タカノ、千疋屋といった大きな果物屋をまわったが、いがつきの栗の枝は見つからない。なかった場合は鞠（まり）を使いたいと言われていたので、最終的には河田町の備後屋で、きものの絣の色に合う黄色の鞠を買ってスタジオにもどった。

あせっていたので、自分では結構時間がかかった気がしたが、もどってみるとヘアとメイクが終わり、きものの着付けが始まったばかりというところだった。考えてみれば、これが本当のスタイリスト初仕事だったことになる。

■婦人公論の連載

アンアンで本格的にスタイリストとしての仕事をスタートさせた少し後の1973（昭和48）年、私にまいこんだのが「婦人公論」[*48]の巻頭グラビアのファッションページの仕事だ。当時、まだ小型サイズだった婦人公論にファッションページはなかった。過去にはあった

*46
友禅（ゆうぜん）
友禅染。きものの染色技法のひとつ。型染め技術を用いた精密で色鮮やかな柄や模様が特徴。加賀友禅、京友禅などがある。

*47
大倉舜二（おおくらしゅんじ）
1937年生まれの写真家。60年代から70年代はファッションカメラマンとして活躍。後に物撮りや料理写真など活動の幅を広げる。

*48
婦人公論
1916（大正5）年、総合雑誌「中央公論」の女性版として中央公論社（現・中央公論新社）より創刊。70年代の判型はA5判だった。

が、その頃は読み物中心、それも読者の手記が評判となり部数がのび出した時期でもあった。金子國義さん[＊49]による表紙は私も好きだった。そんな時、十年ぶりにファッションページを復活させることになり、人を探していたところに私がいたということになる。

アンアンでの仕事が少しずつ軌道に乗り、職業としてのスタイリストが認知され出したのはありがたかったが、個人的にはもう少し大人の女のファッションも手がけたいと考え始めていた時だ。

サイズはアンアンより小さかったが、自分が婦人公論のファッションページを担当できると思うとワクワクした。一応アンアンの甘糟編集長に打診し、ＥＬＬＥページとアンアンの仕事に支障をきたさないなら、という条件でＯＫをいただいた。これは社員では不可能なことなので、フリーでやっていくという自分の選択が正しかったと自信をもてたのも事実だ。

この時の婦人公論の担当編集者は、ファッションページは未経験なのでテーマそのほかすべてを私にまかせて下さるという。というわけで、まずは一年の通しテーマ、各号のテーマを自分で考えて提案した。モデルの手配、時間連絡その他事務的なことは彼女が仕切ったが、モデルのリストアップやロケ場所選び、スタッフの選定なども含め、いっさいをまかせて下さったのでありがたかった。責任も重いけれどやりがいがあった。

婦人公論では私のクレジットを「スタイリスト」ではなく「構成」にしていただいた。フランス版「ＥＬＬＥ」や「marie claire（マリ・クレール）」のファッションページで目にする編集者のクレジット″レアリザッシオン″は、日本語に訳すと「構成・監修」といった意味になる。私もＥＬＬＥ

＊49
金子國義さんによる表紙
左は「婦人公論」１９７４年2月号表紙。

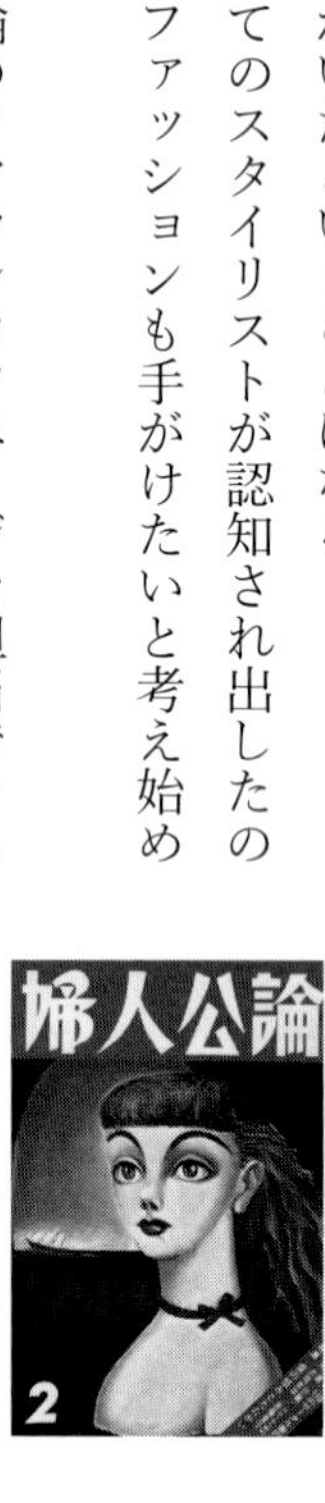

©中央公論新社

の編集者と同じようなスタイルで仕事をしたいと考えていた。

アンアンでは少し若い読者を想定し、スタイリングする。編集会議で決まったテーマは時に不本意なのもあるが、なんとか自分らしくまとめ上げようと頑張る。

婦人公論は大人の女のために、自分が考えたテーマを小さな誌面で効果的に5ページにまとめ上げる。撮影は月に一回、土曜か日曜に行うことが多かったが、つらいと思ったことはなく、ふたつの媒体の違いを考えることで、自分のやりたいことがハッキリ見えてきた気がする。

■鯨岡阿美子さんに教わったこと

婦人公論の仕事がもたらしてくれた財産のひとつに、鯨岡阿美子[*50]さんとの出会いがある。確か仕事を始めて四年目くらいの頃だったと思うが、婦人公論の担当者から鯨岡阿美子という人があなたに会いたがっていると告げられた。鯨岡さんは婦人公論で私のファッションページが始まった時から見ていて下さり、是非にということだった。その名前は私も知っていた。その少し前まで「サンデー毎日」[*51]に連載されていた「アミコの目」[*52]は一読者として私もファンだった。

実は、アミコ・ファッションズ[*53]でアルバイト的な仕事をしたこともあった。友人のお姉さんがアミコ・ファッションズで働いていて、フランスの新聞に出ているオートクチュールの

＊50
鯨岡阿美子（くじらおか あみこ）
1922〜88。服飾評論家。42年、毎日新聞社政治部記者となり、53年、日本テレビに移籍。64年、アミコ・ファッションズ設立。67年、ザ・ファッショングループ日本支部を開設。

＊51
「サンデー毎日」
毎日新聞社が発行する週刊誌。1922（大正11）年創刊。

＊52
「アミコの目」
「サンデー毎日」に鯨岡阿美子が四年間連載したファッションレポート。

＊53
アミコ・ファッションズ
1964年、立体裁断の技術教育機関として鯨岡阿美子が設立。

パリコレ記事の直訳を頼まれたのだ。当時は、アミコ・ファッションズが何をするところかも知らないまま、その友人を介して、パリコレ記事の直訳をアルバイトで引き受けていたのだった。

渋谷のアミコ・ファッションズのオフィスを訪ねたのは、お正月があけてすぐの頃だったろうか。担当者に紹介されて顔を上げると、特徴のあるラフなヘアスタイルが印象的で、一目でスケールが大きい人とわかるオーラを発している鯨岡さんが居た。

私の婦人公論のページが、今までの婦人誌にはない魅力があって良いとほめて下さったのだけは覚えている。テーマ、モデル、写真、すべてがいつもうまくいくわけではなく、迷いや悩みがいっぱいあった時だけに嬉しかった。方向性は間違っていないと確信できた。

加えて、これからは日本の女性も世界に出て行く時代だから国際会議に出席しても恥ずかしくないスーツ姿も提案したら、と言われてハッとした覚えがある。

その後は雑談というか、さまざまなファッションの話に花が咲いた。アミコ・ファッションズにはパタンナー養成のための立体裁断の学校があることやニューヨークに本部がある「ザ・ファッショングループ」という集まりの日本代表が鯨岡さんであることを知ったのも、この時だった。

以後、折りにふれ呼び出して下さり、いろいろな話を伺った。段々とわかってきたのは、鯨岡さんのキャリアは「毎日新聞」政治部記者からスタートしたこと。そして黎明期の日本テレビのディレクターになり、テレビ初のファッション番組を企画されたという。

このテレビディレクター時代は職場できもの姿を通されたということで、その事実だけでも驚きだった。又、その頃のきものにまつわるさまざまなエピソードには、黒い半襟[*54]をしたことや花柳章太郎[*55]との羽織談義など、印象深いものが沢山ある。ご主人も同じく毎日新聞出身で、エッセイストでもあった古波蔵保好[*56]氏で、おふたりと共に食事しながらということも何度かあった。

そんなある時、鯨岡さんが、

「あなたは今、パリコレを見ていて楽しくてしょうがないんでしょ？　それを誰かに伝えようとは思わない？」

と私に尋ねた。

鯨岡さんもニューヨークのショーや、パリのオートクチュールなどの取材経験があることは知っていた。当時もニューヨークの通信社から世界のコレクション情報のスライドを買い、パタンナーを目指す生徒さんたちに御自身で解説して見せていらしたようだ。

「私もさすがに疲れてきて、以前のようにコレクションの最新情報すべてに興味がわかないの。だから、あなたにかわりにやってほしいの」

とも言われた。

「あなたは、パリコレの服がすべてきれいとか美しいとは思っていないでしょ。バランスが悪いとか、おかしいとか思っているのもあるはず。そういうことを全部、生徒たちに伝えてほしいの。パタンナーを目指すような人たちは真面目過ぎて、パリコレに出てくる服なら

＊54
黒い半襟
半襟といえば白や淡い色があたりまえだった時代で、黒いかけ襟はあっても、黒い半襟をしている人はいなかった。鯨岡阿美子が黒を好んだのは「顔がしまるから」という理由だった。

＊55
花柳章太郎（はなやぎ しょうたろう）
1894〜1965。新派の俳優。

＊56
古波蔵保好（こはぐら ほこう）
1910〜2001。沖縄日日新聞社、毎日新聞社、毎日グラフを経てエッセイスト、評論家として活動。

すべて素晴しいと信じてしまうようなところがあるから」

そう聞きながら、私にできるかしらとボーッと考えていた。

「自分に何かができるということは、人に教えられるということなの。人にちゃんと伝えられないのなら、できるとはいえないのよ」

この一言がきいた。

どのくらい続けたか覚えていないが、年二回アミコ・ファッションズに通い、授業でパリコレの話を生徒たちにした。ニューヨークの通信社から送られてくるスライドのテーマやトレンドの分類に合点がいかない場合は、自分でスライドの分類を編集し直した。パリコレデビュー直後のコム デ ギャルソンやヨウジヤマモト[*57]のコレクションはきちんと見てほしくて、両社にスライドを貸していただき教材にして話したこともある。

鯨岡さんが教室の後ろに立って私の話を聞いていたのは初回だけ。二回目以降は姿を見せなかったので合格したのだと勝手に判断した。


鯨岡さんとのおつきあいは、私が忙しかったりでいつの間にか疎遠になり、初めて自宅に伺ったのがお通夜になってしまったのが悔やまれた。

それからしばらくして、古波蔵さんと食事しながら、鯨岡さんの話を伺う機会がめぐってきた。そこで古波蔵さんの故郷である沖縄の若い染織家たちに心を寄せ、育てることに力をそそいだ鯨岡さんの晩年を知ることになった。

＊57
ヨウジヤマモト
デザイナーの山本耀司によるプレタポルテブランド。1981年パリコレクションに参加。84年、同名の会社を設立。

そして鯨岡さんが亡くなって数年経た頃、古波蔵さんから鯨岡さんが遺されたきもののいくつかを譲られた。母のものと異なり、鯨岡さんらしい個性的なきものは私に着こなせるか不安もあった。譲っていただく時、一枚一枚、古波蔵さんがこれはあなたに似合うからと念を押しながら渡して下さったことを思い出し、自信を持って着るようにしている。まだ全部ではないが、少しずつ仕立て直して着ている。

2010年には鯨岡さんと親交のあった中野のきもの屋さんで「ぬぬ市、鯨岡阿美子が愛した沖縄の染織家たち」という展示会が開催され、同時に「鯨岡阿美子きものコレクション」も展示された。この時には私が譲られたきものも出展し、多くの方に見ていただいた。鯨岡さんの遺したことを伝えるお手伝いが、少しはできたかもしれない。

それともうひとつ、91年から「毎日ファッション大賞」[*58]の選考委員を務めているが、ここには「鯨岡阿美子賞」[*59]という賞がある。初代選考委員長が鯨岡さんだった経緯もあり、鯨岡さんが亡くなられた二年後の90年、選考委員の合議で創設された賞だ。

選考委員の中で現実に鯨岡さんを知っているのは、もはや私ひとりしかいない。教えていただいたことを、ちゃんと生かせているか、ふと立ち止まって考えることがある。

■ひとりのカメラマンとの仕事を通して追求した、私のスタイル

「婦人公論」の仕事のおかげといえる大切なことが、もうひとつある。

ひとりのカメラマンと継続してひとつの仕事を続けることで、私らしいスタイリングを追

*58
毎日ファッション大賞
毎日新聞社が新聞創刊110周年を記念して、1983年に創設。大賞はファッションという文化活動で成果をあげた人（デザイナー、経営者など）や企業、団体に与えられる。

*59
鯨岡阿美子賞
毎日ファッション大賞第一回から五回の選考委員長を務め、1988年に急逝した故人の功績をたたえ、第八回（90年）に創設された賞。ファッション界において長くその発展に寄与し、功績のあった人（グループ）に与えられる。

求して考えることができたことだ。結果として、はっきりスタイルとは言い切れないまでも「原さんらしいページですね」と言われる何かをつかむことができた気がしている。

婦人公論のカメラマンを誰に頼むか？　担当者と何度も打ち合わせをした末にたどりついたのは、当時私が頻度高く仕事をしていた平凡出版の社員カメラマン、和泉繁さん[*60]だった。私の選んできた服を最も適格に写真に仕上げてくれる人として信頼していた。これから始める連載ページのイメージを確立するために、できればスタッフを固定したかった。他社の社員だから無理とあきらめかけたが、担当者が打診するとスンナリＯＫが出た。

ただし、会社の仕事がない休日に撮影する、クレジットは友人の名前にする、原稿料はあらゆる意味で負担にならない程度のもの、というのが条件だった。

もしフリーランスの人に頼んでいたら、カメラマンその人の作風というかスタイルが強く出てしまったかもしれない。あの頃の私は、ファッションのテーマを考えるのに精一杯で、後はカメラマンにおまかせということになっていたかもしれない。だが、和泉さんは担当者の話を聞いて理解してくれ、あくまでも選ばれた服を素直にストレートに、格好良く撮ることに徹しようと言ってくれたのだ。自分はフリーではないから、写真のスタイルよりファッション自体を主役に割り切って撮影できるとも言ってくれた。当時の婦人公論は「中央公論」や「小説新潮」と同じ小型の判型だったので、あまり背景に凝るとページがうるさくなるばかりだった。できるだけシンプルに撮ることも重要だった。

その時の編集担当者はレイアウトも自分でしていた。ある意味手作業、手仕事に近いペー

＊60
和泉繁（いずみ しげる）
平凡出版（現マガジンハウス）の社員カメラマン。著者との初仕事は「アンアン」50号で初めてスタイリストの仕事をした「引っ越し」のロケ。

＊61
吉田大朋（よしだ だいほう）
１９３４年生まれのファッション写真家。

＊62
島村龍太郎（しまむら りゅうたろう）
１９５２年生まれのファッション写真家。

＊63
操上和美（くりがみ かずみ）
１９３６年生まれの写真家。広告写真を中心に活動。

ジづくり。ポラロイドカメラもなかった時代、カメラマンが撮っている位置とレンズを見ながら、写っている服を思い描き、もう少しモデルに寄るべきか否かも考えて相談する。そんな撮影体験をひとりのカメラマンとひとつの連載で持続してできたことは貴重だった。後には編集担当者、フリーのカメラマンを含む、さまざまなスタッフと一期一会で仕事するようになるわけだが、自分のするべきことがぶれないでいられるのは、この経験に負うところが大きい。

この形での仕事は、和泉さんの社での立場が変わるまで10年近く続いた。その後はフリーの吉田大朋[*61]さん、島村龍太郎[*62]さんへと引き継がれた。婦人公論の仕事自体は、私がタイム・アシェット社の「エル・ジャポン」を引き受けるまで続けた。

■コム デ ギャルソンのイメージカタログ

アンアン、婦人公論の仕事と並行して定期化したのが、1975(昭和50)年から始まったコム デ ギャルソンのイメージカタログの仕事だ。初期のコム デ ギャルソンは、雑誌では可愛らしくとりあげられることが多かった。それを大人っぽい雰囲気にしたいと始まったのが、モノクロ8ページの月一回発行の冊子だった。カメラマンは操上和美[*63]、吉田大朋、与田弘志[*64]、沢渡朔[*65]、小暮徹[*66]、細谷秀樹等々、さまざまな方にその都度、お願いした。

デザイナーの川久保玲[*68]さんが今回はこのあたりでと指示した服を私がコーディネートし、それからカメラマンとアートディレクターとの打ち合わせで撮影の方向性が決まっていく。

＊64
与田弘志（よだ ひろし）
1942年生まれのファッション写真家。

＊65
沢渡朔（さわたり はじめ）
1940年生まれの写真家。ファッションや広告写真、女性のポートレートを中心に活動。

＊66
小暮徹（こぐれ とおる）
1946年生まれの写真家。ファッション写真などで活動。

＊67
細谷秀樹（ほそや ひでき）
1948年生まれのファッション写真家。

＊68
川久保玲（かわくぼ れい）
ファッションデザイナー。69年に自身のブランド・コム デ ギャルソンを立ち上げ、73年、同名の会社を設立。

私が雑誌の仕事で心がけていた読者が着られる組み合わせや着方を提案するというより、雰囲気と写真そのものの力を重視する仕事。これはこれで大いに学ぶことばかり。又、雑誌の仕事では機会のなかった多くのカメラマンと仕事をすることもでき、ひたすら良い経験をさせていただいたと感謝している。

今でも驚きをもって思い返すのは、この当時、イメージカタログのようなものは皆無で、一号目をつくる時は手さぐり状態。モノクロ8ページの構成で川久保さんのイメージをいかに具現化するかが課題だった。あの時代に純広を出すより効果的なイメージ発信をということで、冊子をつくると決めた川久保さんの先見性に改めて思いあたる。この仕事はコム デギャルソンがパリコレデビューする82年まで続けた。

こう考えてみると、私のスタイリスト初期は、全く違う三つの仕事を定期的に並行してやっていたわけで、無我夢中だったのは当然で、おかげで慣れたり、マンネリになる余裕など全くなかったと言っていい。

アンアンの場合は私の提案したテーマが採用されることもあるが、上から決められたテーマもある。どちらにせよ、その頃、注目を集め始めていたコム デ ギャルソン、ワイズ[*69]、ミルク、一つ目小僧、加えてビギ[*70]やニコル[*71]といったブランドを、生活感は気にせずに、若い人が着てみたいと思えるような組み合わせにして提案した。ベストの重ね着、シャツの裾を出してベルトをする着方などは、この頃、街でもよく目にするようになっていた着こなしだ。

*69
ワイズ
1972年、デザイナーの山本耀司が設立したファッションブランド。

*70
ビギ
1970年デザイナーの菊池武夫と稲葉賀恵が友人と共に設立したレディースブランド。

*71
ニコル
1967年デザイナーの松田光弘により設立されたファッションブランド。

婦人公論の仕事は、アンアンよりも読者の年齢層が高いので、私が頭に描いていた大人の女のための、シンプルで格好良い装いの実現を心がけた。こちらはアンアンでは使う機会の少なかったイッセイ・ミヤケを始め、値段の高さからやはりアンアンでは使いにくかった輸入ブランドを積極的にとりあげた。ケンゾー、ソニア・リキエル、サンローラン・リヴゴーシュなどがその代表格だろうか。加えて、テーマによってはアンアンの常連だった若手ブランドもとりあげた。意識してアンアンより大人っぽくサラリと見えるように心がけながら。又、この頃からずっとこだわっているのが、新しいけれどすぐに古くはならない装い。何年か後に見ても、どこか気になる魅力のある組み合わせを追求することだった。

自分がテーマを決めるには常にアンテナをはりめぐらす必要がある。パリコレ、東京のコレクションショー、国内外のブランドの展示会の順序で、そのシーズンの服を見進めていく。その流れの中から、今までなかったもの、あったけれど変化したもの、特に目立つもの、多いもの、少ないけれど気になるもの、一般的な美しさとは異なるが無視できないもの、定番ではあるが、良い意味で進化しているもの、といった感じで判断して集約し、それぞれの媒体でとりあげるのにふさわしいテーマと服をつきつめて考える。その習慣が身についたのは婦人公論の仕事を続けた結果だ。

加えてコム デ ギャルソンのカタログ誌では、イメージ重視の写真でいかに洋服を魅力的に見せるかという課題があった。この三つの全く方向性が違う媒体でファッションを考えることが、いつも新鮮な気持ちで真剣に仕事に向き合えた大きな理由という気がする。

*72
サンローラン・リヴゴーシュ
イヴ・サンローラン・リヴゴーシュ。1962年にオートクチュールから出発したフランスのブランド、イヴ・サンローランが66年にスタートしたプレタポルテライン。

初めての広告の仕事は、ユニチカのカレンダー

コマーシャルはやらないんですか？　と時々尋ねられることがある。やってみたいと思うこともあるが、こればかりはお声がかからない限りしょうがない。嫌っているわけではないし、何度か経験もあるが、いつからともなく遠ざかってしまった。それもこれも、初めてのコマーシャルの仕事に遠因があるかもしれないと考えている。

その話を最初にいただいたのは、スタイリストを始めて数年がたった1975（昭和50）年のこと。繊維メーカー、ユニチカのカレンダーの仕事だった。モデルはその年のユニチカマスコットガール[*73]、手塚さとみさん[*74]だった。彼女を連れてベルギーのブルージュを中心にオランダあたりまで足をのばし、10日間くらいかけてヨーロッパロケを行うという。最初にパリへ行き、蚤の市などで衣裳を数点調達するという、私にとって願ってもない仕事だった。

話を聞いて、まず頭に浮かんだのは、なぜ私が選ばれたのかということだった。広告代理店の担当者の説明によると、ユニチカの広告部の人たちが「アンアン」をずっと見ていて下さり、私のページを評価して下さっているからだという。それを聞くとなんだか嬉しくなり、最初の疑問や不安はどこへやら、単純な私は、やれるものならやってみたいと望んだ。

アンアン編集部を通しての依頼で、最初は編集長に打診があった。甘糟編集長は、ちょっと考えて、その時期ならいいでしょうと簡単にＯＫしてくれた。ロケのスケジュールは、8

＊73
ユニチカマスコットガール
企業イメージのアップを図るため、１９７４年よりマスコットガールを採用（マスコットガールという言葉は、ユニチカ発案の造語）。初代マスコットガールは風吹ジュン。

＊74
手塚さとみ（てづかさとみ）
１９７４年、中学一年生の時、二代目ユニチカマスコットガールに選ばれ芸能界デビュー。75年～78年までマスコットガールを務める。その後、女優として活躍。２０１２年現在の表記は、手塚理美。

月15日をはさんだ約十日間。中学生だった手塚さんの夏休みを考慮してのことだったが、その時期はアンアン編集部も丁度、交代で夏休みに入る予定だった。私が夏休みなしでいいのなら、どうぞ御自由にということだったのだ。

せっかくフリーランスの道を選んだのだから、という意気込みもどこかにあったのだろう。というわけで、あっさり決まった初コマーシャルの仕事だったが、いざ始まってみると、初めてとはいえ、想定外のことがいろいろと待ち受けていた。

いちばんの驚きは、写真を撮るのが今回に限りプロのカメラマンではないということ。74年度のカレンダーは、少女たちの淡いイメージの写真で当時ブームの中にあったデヴィッド・ハミルトン[*75]が撮影した。その後も、話題のカメラマンが選ばれて撮影していた。だがこの時は、それらの仕事を近くで見つめてきた広告部の部長が、是非一度、自分も撮ってみたいのでチャレンジするという。そこでスタイリストも、今までとは違うものが求められて、私が探し出されたという経緯もあった。プロのカメラマンがアシスタントとして同行するということだった。その時は、そういうこともあるのか、と思っただけだったが……。

■慣れないヘア&メイクに悪戦苦闘

もうひとつ、大胆だったなと今更ながら思うのが、少女だった手塚さんの自然な可愛さや美しさを最大限に生かすために、ヘア&メイクはつけないというスタッフ構成を聞かされても別に驚かず、引き受けてしまったこと。

＊75
デヴィッド・ハミルトン
１９３３年生まれの英国人写真家。スウェーデンの中学生数人を撮った少女写真で70年代初頭にフランスで注目を集めた。初代ユニチカマスコットガール・風吹ジュンの74年度版カレンダーは、デヴィッド・ハミルトンによって撮影された。

髪やメイクは原さんが整えて下さいと言われていたので、ロケ出発前に、チーク、口紅、ファンデーションなどを適当に買い揃えた。考えてみれば自分のお化粧もへたなほう。というより、あまりメイクに興味がなかった私なのだ。自分の髪は手がかからないストレートのボブで、のびてきたら後ろで結ぶ。のび過ぎてしまったら適当に切るといった繰り返し。不器用なことも手伝い、自分でアップに結い上げることなど試したこともなかった。

それでもファッションを仕事とするようになり、プロのヘア&メイクの手際を目近に見る機会もふえていた頃だったが、プロはやっぱりプロだなと感心して眺めるばかり。ただし時々、スッピンのモデルさんの顔は好きだったのに、メイクができあがってみるとファッション写真としては申し分ないが、モデルの素顔の良さをもう少し生かせていたら、と思うこともあった。だから手塚さんの自然な魅力を生かすためにヘア&メイクはつけない、という意向もよく理解できた。

できあがったカレンダーを見てみると、手塚さん自身の可愛さと肌の美しさのおかげで、私の入れたチークや薄い口紅が邪魔をしていることはなかったので、胸をなでおろした記憶がある。しかし、実際の撮影現場ではヒヤヒヤドキドキの繰り返しだった。

ある日のことだ。クラシックな木の窓枠の前に手塚さんが立つ。背をこちらに向け、顔だけ少しふりかえる。窓からはブルージュの木もれ日がふりそそいでいる。やわらかなコットンの白いキャミソール姿でそこに立った手塚さんを見ていると「原さん、髪をまとめてみて」というカメラマンの指示が入った。その時のドキドキは忘れられない。手塚さんの長い髪はボリュームがあり直毛でサラサラ。それまでの撮影で、前髪だけ上げたり、ひとつに束ねるのはなんとかなるが、これをアップにするのは難しいなと気づいていた矢先だった。

上げても上げてもサラサラと落ちてしまう髪を、なんとかまとめ上げるのに何本のピンを使ったことか。ずいぶんと長い時間がかかった気がする。普段はあまり汗をかかない体質なのに、終わってふと気づくとシャツがぐっしょり濡れていた。ポラ[*76]もない時代、この写真の上がりが特に心配だったが、できあがったカレンダーの写真は逆光のおかげで、ごく自然なみだれ髪ふうアップに見えた。幸いピンも写ってはいなかった。ようやく胸をなでおろしたわけだが、この数十分間ほど、自分がヘア&メイクまで引き受けた軽率さを後悔したことはない。

■クリニアンクールの蚤の市で衣裳探し

当時、すでにパリコレ通いを始めていた私は、時間のある時はクリニアンクールの蚤の市に出かけ、掘出物探しの楽しさも経験していた。だから、いつもとは違う夏の季節、目的をもったクリニアンクールでの買い物は、この仕事の中で唯一、楽しめたことといえるかもしれない。日本では良いものが見つからなかったアンティークの花柄のクラシックなシルクのワンピース、それに合う小ぶりな少女向きのキャノチエ[*77]、手持ちの黒いコットンのワンピースにつけるための白いバテンレース[*78]の替え襟などを購入した。

そして一台の車に乗りこんで、今度はパリからベルギーへと移動した。

*76
ポラ
ポラロイドカメラの略。

*77
キャノチエ
頭の部分とつばが平らな形をした麦わら帽子の一種。西洋発祥で、キャノチエはフランス語。日本ではカンカン帽とも呼ばれる。

*78
バテンレース
バッテンバーグ・レース。英国伝統の技法によるレースでテープとテープをかがり、針と糸で柄をつくっていく。

■雑誌と広告の違いにとまどう

さて、その写真はというと、二ヶ月一枚の六枚ものと大判サイズで一枚ものの国際版を撮るのが課題だった。季節感というより、手塚さんの魅力がヨーロッパの風景の中で思い切り表現されていればよく、それ以上の制約はない。この仕事で制約のないことがかえって難しいのだということを初めて知ることになった。

通常、雑誌のスタイリングでは、ある決められた枠の中で服選びをする。まず、テーマとページ数が決まる。その中で、1ページ1カットか1ページに2カットかが決まる。時には1ページに4カット、10カットということもある。季節感も大事だ。それをどう見せるかでロケかスタジオ撮影かを決め、小道具や背景を考える。レイアウトには基本的に、タイトルのほかに小見出し[*79]やたらし[*80]、洋服の説明文やいわゆるクレジットが入るので、写真を撮る段階でそれらのことを考慮しなければならない。大切なのは、テーマに合った洋服をテーマにピッタリのモデルが着て、テーマにふさわしいポーズや背景の中で撮るということだ。ともかく沢山の制約の中で、いつもは撮影をしているのだ。

ところがこの時は、手塚さんに似合う服を着せて、手塚さんのイメージにぴったりと思われる背景を見つけて写真を撮るというシンプルなもの。あまりにもゆるやかで恵まれた条件下では、もっとモデルを可愛く魅力的にしなければいけないのではないだろうか、と逆に不安を感じてしまう。

しかもプロのカメラマンではないので、撮影中「よし！」とか「決まった！」という言葉

＊79
小見出し
雑誌などの誌面で大きな見出しのわきに補足的につける小さな字の見出し。

＊80
たらし
雑誌の誌面において、写真や本文の間に入れるアイキャッチ的な文字のこと。

も聞こえてこない。「なんとなく、これでいいみたい」という感じでロケは進行していく。ファッション撮影が目的ではなく、手塚さんのありのままの美しさを切りとるのが第一と思うと、洋服のやり過ぎは避けたい。でも見た人がほのぼのする何かを感じる姿にはしたい。そう思うと、自分では彼女に似合って可愛いと考えて着せたはずの服も、本当にこの服がふさわしいのかと心配になる。しかも前にも述べたように当時はポラもなく、その場で確認は一切できなかった。

ヨーロッパの風景は美しく、カメラの前に自然体で立つ魅力的な手塚さんが居たのだから、気楽に旅を楽しみつつ、洋服のことを考えていればよかったのだろう。今ならそう思えるが、当時の若い私はそうはいかなかった。すべての撮影が終わっても達成感はなく、むしろこれで大丈夫なのかという疑問のほうが大きかった。カレンダーができあがり、クライアントからよかったですよと言われて、初めて安堵した。だが、この体験でコマーシャルは自分に向いていないのではないかと自信をなくしたのも事実だ。特殊な例だったのかもしれないが、この自信をもてないまま撮影を終えた時の気持ちは長く尾をひいた。

先日、久々にその時のユニチカのカレンダーを見つけて、じっくり眺めてしまった。手塚さんは魅力的だし、洋服も結構可愛らしい。苦労したまとめ髪も、さまになっている。あんなに思い悩んだのが信じられない。そう考える自分に驚いている。

「クロワッサン」創刊

気がついてみたら、40年以上も雑誌の仕事にこだわって続けていた。その裏には特別には意識しないまま、さまざまな雑誌の「創刊」にかかわれたということが大きい気がする。

私が「アンアン」に参加した時は、すでに創刊号づくりが始まっていた。ところが、「クロワッサン」の場合は少し事情が違う。アンアン創刊から数年がたち、「アンノン族」[*81]という言葉も生まれる程のブームが起き、着実に読者を獲得し安定していた頃、新しい雑誌が出るらしいという話が聞こえてきた。それは平凡出版としての次なる女性誌で、アンアンと共に育ち年令を重ねてきた人たちをターゲットにしたものらしいということも伝わってきた。

ある日アンアンの編集部に行くと、別室でなんだかミーティングのようなものが始まる気配がした。甘糟さんに原さんも入ったらと言われた。この時には、すでに甘糟さんが新雑誌の編集長と決まっていたのだろうが、私は、そんなこともハッキリ認識しないまま、最初はなんだか面白そうぐらいの軽い気持ちで参加した。

そこにはアンアンの副編集長やキャップクラスの人がいて、決まったテーマがあるわけではなく、当時の世相や時代背景、さまざまな世代の人たちが今、何をしたいか、何を望んでいるか、そんな漠然としたことが、とめどなく話し合われていた気がする。

これが「ブレーンストーミング」というものと知ったのは、何回か参加してからのこと。

*81
アンノン族
1970年に「アンアン」、71年に「ノンノ」が相次いで創刊。両誌の影響を受けた女性読者層を指し、若い女性たちが旅行の特集号を片手に全国各地の観光地に押しかける現象から生まれた言葉とされる。若い女性の旅行ブームを牽引した。

新雑誌が出るとわかれば興味津々。参加できる時は常にそのミーティングに出席した。何週間も続いた気もするが、あるいはのべ10日間ぐらいだったのかもしれない。夕方近くなるとビールを飲みながらということもあった。大部分は、甘糟さんの語る、さまざまな話に皆が耳を傾けていた。

時折、まわりの人たちが質問、反論、疑問を投げかけることもあったが、頭に残っているのは熱心に持論を展開する甘糟さんの姿だ。そうやって話しながら、甘糟さんは自分の中にある新雑誌の漠としたイメージを少しずつ具体化していったのだと今にしてわかる。

そこでの私は、ごくまれにファッションについての質問に答えるだけだったが、皆の話を聞いているのは苦痛ではなかった。というより、その場にいることを大いに楽しんでいた。話を聞いている内に、その頃使われ出した「ニュー・ファミリー」[＊82]向けの雑誌に興味がわき、自分も何らかの形で是非かかわりたいと思うようになっていたのだから。

タイトルは「クロワッサン」[＊83]、サブタイトルには「ファミリー（家族）」を表わすフランス語〝ファミーユ〟を使った「アンアン・ファミーユ」という、当時としては意表をつく雑誌名が決定し、発表された。この雑誌名にも、最初の内は、電話で相手に通じるまで苦労させられた。アンアンと同じように終わりが「ン」であること、加えて現在のようにクロワッサンというパンが一般化していなかったため、聞きとりにくかったようだ。

創刊されたのは、1977（昭和52）年。

アンアンではあたりまえになったモデルを使ったファッションページを変えようという考

＊82
ニュー・ファミリー
第二次大戦後のベビーブーム期（昭和30年代）以降に生まれた若い夫婦とその子供による家庭のことで、1970年代半ば頃からマーケティング用語として使われ出した。

＊83
「クロワッサン」創刊号（1977年5月号）表紙。

©マガジンハウス

え も、 甘糟さんの中にはあった。 もっとファッションを読者にとって身近なものにするという狙いだったのだろう。 今でこそ、 読者モデルのページは普通のことだが、 当時は想像以上に大変だった。

創刊号では、 主婦モデルを募集して、 彼女たちを使ってファッションショーをするという企画もあった。 モデル選びに始まり、 ショーで使う大量の服の貸し出しもある。 ショーとなるとリハーサルと本番があるので、 衣裳の貸し出し期間も長くなる。 そして、 素人モデルさんにランウェイを歩いてもらうというのも、 大変なことだ。 演出を担当した木村茂[*84]さんが大奮闘した当時の姿が今も目に浮かぶ。

そして、 借りた洋服を読者に見せるためにショーの様子をわかりやすく雑誌に掲載しなければならない。 その作業も私の仕事だった。

この仕事を、 私は長い間、 自分の中に封印していた。 苦労した割に、 できあがったページは美しいとは言い難かったからだ。 二兎を追うものは一兎をも得ずどころではなく、 あまりにも多くのものをつめこみ過ぎた企画だったのだ。

月刊でスタートしたクロワッサンは、 波乱含みだった。

イラストを使った表紙も思惑とは違ってしまった。 また、 キッチンスタジオまで完備して万全を期したはずの、 料理の制作過程を完全ルポルタージュしたページも、 読者にはその思いが通じなかったようだ。

＊84
木村茂（きむら しげる）
１９４４年東京生まれ。 スタイリストを経て日本のファッションショー演出のパイオニアとなる。

そんなこんなで、13号から、クロワッサンは月二回刊行の「女の新聞」としてリニューアルし、成功した。この[*85]リニューアル第二号の表紙は、映画『ジュリア』に主演したジェーン・フォンダのスチール写真を配した画期的なもの。この号から、少しずつ時代に合わせて変化はしているものの、今につながるクロワッサンの流れが始まった気がする。

*85
リニューアル第二号の表紙
クロワッサン14号（1978年6月10日号）、ジェーン・フォンダのスチール写真を使用した表紙。

©マガジンハウス

映画衣裳のスタイリング

やらなかった後悔より、やった後悔の方がいい。いつからだったかそう心に決めて、新しいことに挑戦する時のためらいをなくすようにした。

フリーランスのスタイリストという仕事。自分ではあくまでも、ずっと好きだった雑誌の仕事をメインにしようと思ってはいたが、拡がりをもたなければ先のことが不安でもあったからだ。

そんな私にまいこんだのが、1979(昭和54)年の映画衣裳の仕事[*86]だ。最初に松竹の担当者から話を聞いた時は夢のようだった。子供の頃から映画は大好き。特にオードリー・ヘップバーンの映画[*87]や、ヒッチコック映画のヒロインの衣裳[*88]から受けた影響は大きかった。映画を観る楽しみのひとつは、ズバリ衣裳と言えた時期もある。

自分が映画の衣裳にかかわることができる。そんなことが現実になるなんて。嬉しかったが、仕事となれば喜んでばかりはいられないことは、わかっていた。事実、詳しく話を伺っている内に、いろいろな困難が待ちかまえていることが目に見えてきた。それでも今、このチャンスをのがすことはない。そう後押ししてくれる人もいて勇気を出してふみきった。

30年あまりたった今、ふりかえってみると、やはりあの時やってよかったと考えている。しかし、できあがった作品の、自分がかかわった衣裳に対しては、不満だらけ。後悔と反省

＊86 映画衣裳の仕事
野村芳太郎監督による1979年製作の松竹映画『配達されない三通の手紙』。同年秋公開。

＊87 オードリー・ヘップバーンの映画
『パリの恋人』、『ティファニーで朝食を』、『シャレード』の衣裳をジバンシィが手がけたことでも有名。映画の中のオードリーファッションについては、著者が文章を書いた『写真集　オードリー・ファッション物語』(講談社、2003)に詳しい。

＊88 ヒッチコック映画のヒロインの衣裳
『鳥』のティッピー・ヘドレンのエレガントな衣裳が代表的。

の産物でもある。それでもあの時の私としては精一杯、やれるだけのことはすべてやったという思いもある。あの時代の、あの年令だからこそ、めぐってきた仕事。だからこそ体力的にも精神的にも可能だったという思いも大きい。

▮日本初、スタイリストを映画に起用した作品

当時、スタイリストという職業が注目されていたこともあり、映画の衣裳にスタイリストがかかわることが話題づくりのひとつでもあったようだ。

衣裳担当といっても、私が実際に手がけるのは栗原小巻、松坂慶子、小川真由美[*89]、竹下景子、神崎愛の主演女優の五人分だけ。それも一から製作するのではなく、既製服から探し出すという仕事だった。しかも、当時栗原さんが広告キャラクターをつとめていた三越百貨店でできるだけ探し借り受ける。三越が衣裳の貸し出しをするということだったのだ。

まず、必要と思われる衣裳を、脚本を読みながら考えて書き出していく。その作業と撮影は夏のことだったが、ストーリーは夏ばかりではない。おまけに、さまざまなタイプの境遇も違う女性の服を五人分も、いかに百貨店とはいえ、ひとつの店ですべて調達するのは不可能だった。

そこで当時、よく雑誌の仕事でお世話になっていた既製服会社の社長に事情を説明にいき、バーゲン品を保管している倉庫の中から安く譲っていただく交渉をした。限られた女優さんの分だけだったが、ずいぶんと助かった。

*89
小川真由美（おがわ まゆみ）
現在は、小川眞由美と表記。

大変なことを引き受けてしまったことに気づきながらも準備は進み、松竹の大船撮影所にも足繁く通った。衣裳部の人とも親しくなり、段々と事情がのみこめてきた。衣裳部の人の話では「寅さんシリーズ」[*90]のさくらさんのように、ブラウス、スカート、エプロン程度のものなら、今までの経験でなんとかなる。でも今度みたいに女優が一度に五人。それもお金持ちだったり、はすっぱだったりと性格もタイプもバラバラ。配役は豪華でも予算は限られている。特注して衣裳を製作する費用はない。これはお手上げということで、外部のスタイリストに頼むという案が浮上したようだ。

多分、日本映画の黄金時代には、女優の衣裳はすべて特別注文でつくらせていたのだろう。事実、この作品でも男優たちは個々に必要な背広を誂えていた。ベテランの女優さんもひとり、きものを二枚、前もって衣裳部の人と相談しながら仕立てていたことを知ったのは、だいぶ後になってからのことだ。

あまり高くはなかった契約料のこともあってか、私の契約書に拘束時間は明記されていなかった。ある日、大船に行ってみると、メインの宣伝ポスターの撮影がたった今終わったところ、ということがあった。このポスター、ある女優さんの衣裳はまだ決めていなかったため、私服を着て撮影をすませていた。スチール撮影にこそこだわりたかった私にとっては、痛恨の極みだった。ポスター撮影がその日にあることを私は知らされていなかったのだ。

いざ、撮影が始まり立ち会ってみると、この女の人が好きになる男の人が、こういう服を

＊90
寅さんシリーズ
山田洋次監督による映画『男はつらいよ』シリーズの通称。1969年第一作公開から95年までに全48作品が公開された。この時撮影していたのは、79年公開のシリーズ23作か24作あたりか。

着るだろうか？　上流階級の一家の長が、こんな格好で家にいる？　などと、私にとっては疑問符ばかり。

おまけに女優さんの靴とバッグは小道具扱いということで、小道具係がどこからか持ってくる。その中には私の選んだ衣裳とは全く不似合いなものもある。あまりのことに見かねて、ある女優さんのメイク係のバッグを借り、その場で持たせてしまったことがある。その結果、勝手なことをしてと助監督にこっぴどく叱られた。この後も北海道ロケまで場面が続くのに、どうするつもりだと問いつめられ、メイク係の人にお願いして、そのバッグを北海道ロケの間もお借りする交渉をし、なんとかしのいだこともあった。

それからは心配になり、私の個人アシスタントに毎日、大船撮影所につめてもらうことにした。しかし、しっかり者で気の強い彼女が、はっきりとは言わないが段々と落ちこんでいくのを見て、つらい立場に立たせてしまった申し訳なさがつのるばかりだった。古い体質の撮影所では、新参者のスタイリストとそのアシスタントは邪魔者でしかないようだった。特に小道具係や結髪係[*91]といった人たちにとっては、自分のテリトリーをおかす敵のような存在に思えたのかもしれない。今回、この人はこういう立場で参加しますからと、一言、監督が言って下さると考えていた私が甘かったのだ。

そんな中で唯一、味方になってくれたのは衣裳部の青年だ。彼は私のアシスタントがひとりで泣きそうになっていると、なぐさめながら、寅さんシリーズを撮影している隣の山田組のスタジオを時々のぞかせてくれたそうだ。そこで展開されていたのは「とらや」のいつも

＊91
結髪（けっぱつ）係
映画スタッフの一員で、ヘアメイクの担当者。

のなごやかな場面。「原さん、山田組は楽しそうですよ」としみじみ言ったアシスタントの言葉は今も耳に残っている。

私の参加した作品も、撮影自体はスムースで出演者同士も仲がいい。私だけが、あまりに思い入れたっぷりに参加したために、女優の衣裳だけに集中するとスッパリ割り切れずにあれこれ勝手に悩んでしまったということなのだろう。

■小川真由美さんの衣裳と、渡瀬恒彦さんのネクタイ選び

だが、もちろん良い思い出もある。そのひとつは、小川真由美さんの衣裳のことだ。

打ち合わせのために初めて顔を合わせた日、映画会社の説明をひと通り聞いた後、小川さんは「あなたの今、着ている服、そんな感じがいいわ」と一言おっしゃった。それで彼女の衣裳の大筋は決まってしまった。

その日私が着ていたのは、当時の私の定番服、麻[*92]キャンバスのシャツドレスとTシャツの重ね着に、パリのイザドラ製の大きなネックレスだったと思う。その同じシャツドレスの色違いを三枚持っていたので、次の打ち合わせに、その三枚全部とほかの私服も数枚持参した。小川さんが着てみるとサイズも問題なく、結局それをアクセサリーも含めてそのまま使うことになった。

小川さんの役柄は、スナックのママ。権威主義の父に反発し、地位も金も捨てて家を出た自由奔放で自立した女性像に、私の私服がはまったのだ。ほかの女優さんたちのように新品

＊92
麻キャンバスのシャツドレス
著者が、パリで買ったドロテビス製のオーバーシャツ。

の借りものではなく、何度も水をくぐった服だけに、なじみ具合は申し分ない。その点だけでも私には心安らぐことだった。

男優さんに関しては、——佐分利信、渡瀬恒彦、片岡孝夫[*93]といった方たちだが——、個々に衣裳部と打ち合わせをして背広をつくっていたことは知っていたから、現場では気にしないようにしていた。それがクランクインの日だったか記憶にないが、ある時、渡瀬恒彦さんが、ちょっと相談がある、と声をかけて下さった。

御自分のネクタイを数本持参されていて、どれが合うでしょうかと尋ねられた。衣裳用の背広に私ならこれをと思うものはあったが、どれも見るからに上質で高級とわかる、良いネクタイだった。地方検事という役柄を考えると、日常的にそれをするのは不自然に思えたので、ごく普通のどこにでもあるようなレジメンタルタイ[*94]がいいのではと伝えた。衣裳部の人に頼み、小道具としてストックされていたネクタイを持ってきてもらい、そこから数本選び、使っていただくことにした。

例えば観客としての私は、役者さんがアップになり胸元がバッチリ映ると、無論ネクタイにも目がいく。それが色や素材のとびきり際立ったものだと、何か特別な意味が？　と考えてしまう。だから、たかがネクタイかもしれないが、渡瀬さんが私にわざわざ相談して下さったことが素直に嬉しかった。スタイリストとして自分がそこにいる意味が実感できたからだ。

それにしても、やはり一口に衣裳といっても、登場人物のキャラクター設定にもとづいた

＊93
片岡孝夫（かたおか たかお）１９４４年生まれの歌舞伎俳優。98年、十五代目片岡仁左衛門を襲名。

＊94
レジメンタルタイ
レジメンタルストライプ（英国の連隊旗の配色から生まれた縞柄）のネクタイのこと。

衣食住すべてにこだわらないと、説得力あるリアリティは生まれないと信じている。あの時、あの頃は丁度、日本映画も、日本の撮影所システムも過渡期にあった。変化する前のざわついた時だったのだろう。

先に書いたように、当時の私の契約では撮影自体に立ち会う義務はあまりなかったが、製作発表の記者会見と初日の舞台挨拶に出ることは、はっきり明記してあった。

製作発表では、恐れ多くも脚本の新藤兼人[*95]さんや撮影の川又昻[*96]さんと横並びの席だった。無我夢中で「一生懸命やります。ともかく映画の衣裳から夢をもらって育ちましたから」というようなことを言った気がする。初日挨拶の劇場は、東銀座の松竹セントラル。音楽の芥川也寸志[*97]さん、主演の松坂慶子さんと共に舞台に立った。大勢の人を前に、よくもあのような大それたことをする度胸があったものだと、ひたすら自分にあきれるばかり。穴があったら入りたかったと今更言ってもしょうがないのは、わかっているが。

舞台挨拶が終わって劇場から出ると、ファンらしき人たちが待っていた。女優さん待ちだろうと通り過ぎた時、ひとりの女の人が近づいてきて、「衣裳、素晴しかったです」と一言。ちょっとだけホッとして嬉しい気持ちになったのは、一瞬のこと。自分のした仕事に対する不満も最高潮に達していた時だけに、その後すぐ複雑で割り切れない気持ちになって落ちこんでしまったのも、今では懐かしい。それにしても、なぜもう少し楽しんで、余裕をもってできなかったのだろう。それがいちばんの後悔かもしれない。

＊95
新藤兼人（しんどう かねと）
1912〜2012。日本を代表する映画監督・脚本家のひとり。

＊96
川又昻（かわまた たかし）
1926年生まれ。日本を代表する映画カメラマンのひとり。

＊97
芥川也寸志（あくたがわ やすし）
1925〜89。作曲家、指揮者。作家・芥川龍之介の三男。

ユニチカ　カレンダー　1977年度版

アンアン　1972年4月20日号　引っ越し

引っ越し
Photo by Shigeru IZUMI model Akiko TANAKA

プレスルームなど、なかった時代。連載第一回の「引っ越し」に使用した服は、どれも店頭から借りたものばかり。雑誌が出る一ヶ月後に商品があるかないか判然としないものばかりだったが、季節感がずれないようにと必死に探し出した。斜め格子のコートは森英恵さんのお店から。

左ページの模様編みのセーターは、ＪＵＮのＪ＆Ｒ。モノクロページということを意識しての選択だった。

この時鎌倉の家から持ち出した母からの朱塗りの姿見は今も寝室の隅に。小さなトラック一台分の荷物だったのに、いつの間にか物をためこみ持ち過ぎていた。２００９年、事務所を閉めるにあたり物を処分し整理した際、考えさせられた。初のスタイリスト仕事であると同時に、自分史の記録としても感慨深い写真だ。

都心から30分以内。板の床、8畳以上のワンルーム。3万以内。電話、バス付き。まえからずっと思ってた。引っ越して女ひとりで住んでみたい。でもなかなか決心がつかなくて……心に決めて部屋捜し。無理を承知でやってみる。現実はきびしくて……3か月の部屋捜しの結果、鎌倉から越してきた先は？見てくださいな。夢と希望はいっぱい。

普通にお嫁に行く前、つまり結婚生活というものをする前にぜひ、女のひとり暮らしがしてみたかった。両親のいる家から、そのまま嫁入りなんて、どうも柄に合わない。

一般的お勤めと違い、時間が不規則な仕事なので（バーのホステスでも、もちろんマダムでもないけれど）、2年間ははりきって通ったものの、疲れはでてくるし、なんたって往復4時間のロスがもったいない。それにもっと映画も見たけりゃ、いろんなお店ものぞきたい、夜ののんびりとチョッピリだけどお酒も飲みたい。そこにもってきてタクシーの値上げ、断固、引っ越すことにした。

それから始まった部屋捜し。新聞の貸間欄はもちろん、紹介してもらったのから自分で飛びこんだのも含めて、世話になった不動産屋さんは計6軒、見た部屋は数知れず。そしてヨークわかった。前の条件の部屋なんてないということが。洋間のワンフロアはとくに高く、ひとり住まいは高くつくということも。まわりのひとは誰かと一緒に住めと言ったけど……

結局越した部屋、家賃はぎりぎり妥協して3万5000、場所は乃木坂の下、8畳の日本間と4畳半の台所にバス電話付き。かなりいい線いってるかもねェー。

引っ越そうなんて考えるよりずっと前から、ガラクタの食器、輸出用の白地に藍の模様の洋食器、それに益子焼のを少おしだけ集めて持ってた。今度こそそれが使えると大喜び。あと、引っ越しの時に運ぼうと思ったもの、母から譲ってもらった古い姿見、鎌倉の鳥居屋で買ったでっかい洋服ダンス、横浜の元町で買った籐椅子、家に昔からあった小ひきだし、それにスターチスと貝殻草のドライフラワーを絶対。

ほんとのこと言うと、物心ついたら鎌倉の家に住んでたから引っ越しにはあこがれていた。一度はやってみたいものだと。

ところがいざ日が決まり、ダンボールの箱も集まり、好きな本と雑誌はヴァンタン、ヴォーグ、マリー・クレールそれにアンアン全部を持って行くと決めても荷物はさっぱりまとまらない。よくもまあ、引っ越しの朝までにあれだけかっこがついたものと今考えると不思議！

手編セーター¥2900 パンタロン¥7800 マミーナ銀座店 サボ¥1300 銀座ワシントン靴店

鍋、釜、冷蔵庫、洗濯機その他所帯道具いっさいなしの引っ越しで、トラックの運転手さんはらくだらくだと喜ぶことしきり。こちらは一度でもうこりごり。片づける気力もなく、まだ荷物を散らかし放題の部屋で、TVもラジオもなく早めにふとんにはいる。引っ越しの日の夜7時。こんなに早く寝るの何年ぶり？

あこがれの引っ越しをし、あこがれの女ひとりの東京生活が始まる。鎌倉と東京、そんなに離れてないかもしれないけど、東京は乃木坂、赤坂と六本木と青山のちょうどまん中あたりに陣どって、自分じゃかなりいい気分。翌朝、まだやかんなしでパンだけの朝食、その日は気に入ったやかんを求めてデパートめぐり。夜、おふろにはいり髪を洗おうと思い立ち、手桶がないのに気づく。家で買っといたバケツと洗面器でなんとか……まっ大変そうだけど独立の味も悪くないって感じ、いまんとこ。

アンアン　1972年7月5日号　鈍行列車に乗る　伯備線に惹（ひ）かれて――

「アンノン族」という言葉と共に、若い女性の旅が話題になる少し前だったろうか。定例のモノクロでも鈍行列車の旅に行ってみたらということに。新幹線で岡山まで行き伯備線に乗り換えて、気になる駅があると降りて撮影というドキュメンタリー。スタッフはカメラマンと私とモデルのヤッコこと山佳泰子さんの三人。ヤッコのサバサバした性格のおかげで、汽車や駅の狭いトイレで着替える難条件をクリア。突然D51が走ってきた駅で、着替えもソコソコにとりあえずホームを走ってもらったのが、この写真。この後、止まっていたD51の機関車に乗る幸運も。予定カットを撮り終えた後は岡山まで戻り、その日の内に東京へという日帰り旅だった。

アンアン　１９７２年７月20日号　庭球をする

「引っ越し」と同じく、あなたがテニスするならそれをページにしてみなさいと言われて実現したページ。まだ自分も会員だった鎌倉のローンテニスクラブにお願いし、実際に下手な私の相手をよくして下さっていたふたりの長老に出演を快諾していただけたのが嬉しかった。まだテニスウェアは「白」と決まっていた時代、シンプルなウェアが好きだったのでそれをページで表現した。テニスは経験なしという若い外国人モデルだったけれど素直な可愛い人で、初心者らしく真剣に習ってくれたので動きのある写真が撮れた次第。この時はヘア＆メイクなし。ロケバスもまだなく、例によって松竹ハイヤーで衣裳と共に鎌倉まで出かけた。お弁当も用意して。

ねむれない夜の白いねまき
■モデル——アデール・ラッツ
98
99

モノクロ連載ページ「ねむれない夜の白いねまき」のロケ地は、鎌倉の実家の裏山。このシリーズの「散歩する」も家の横に広がっていた野原でロケをした。撮影許可をとらずにすむのが何よりありがたかった。この時はねまきというテーマだったのでモデルはノーメイク。髪は美容師経験のある母に三つ編みにまとめてもらった。ジャンヌ・モロー主演の映画『恋人たち』をイメージに疑似夜景で撮影した。モデルは、ティナ・チャウ（ラッツ）のお姉さんのアデール・ラッツ。金子功さんのファッションページで見て以来、一度出てほしかった憧れの人だった。

おはなしファッション
雨の日に遊ぶ
カメラ＝和泉　繁　モデル＝マギー・ミネンコ／アビー

「雨の日に遊ぶ」は変則的おはなしファッションで、雨にまつわるエピソードをプロのライターがまとめた原稿ページも。撮影したのは当時芝浦にあった平凡出版のスタジオ前の、人も車もあまり通らない道路。スタジオから引いたホースでカメラマンのアシスタントがどしゃ降りに近い雨を懸命に降らせて実現したページ。上右の黒いエナメルはソニア・リキエル。上左と下右はサンヨーのサンローラン。下左はバーバリー。『雨に唄えば』のジーン・ケリーを思い出しながら、雨の中、モデルさんに唄い踊ってもらった。

雨の日に泣くと涙が見えない
から損ですね。

雨が降ってきたら
猫を捨てに行く。でも
もう1匹拾って
2匹連れて帰った。

コットンのすべて
ペイザン・ルック
ペイザンて、フランス語でお百姓さんのこと。

ペイザン・ルックは、コットンの中でも素朴で、土のにおいのする、手織りふうの布地で作ったフォーク調のよそおい。

日焼けした小麦色のはだと、素足が、プレーンなサボがピッタリの、自然と仲よしになる服。

ジーンズやシャツドレスばかり着ている女の子が、時々ペイザン・ルックにはやがわりすると、ハッとするように印象が変わる。

だって今年のペイザン・ルックは、少し長めのスカートに、よおく見るとすごく凝った縫かなしぼうがふちにしてあるような、女の子らしさがどこかに残っている服だから。

コットンのペイザン・ルックに麦わら帽子をかぶり、都会でもいいから、胸をはって、明るい太陽の下をハツラツと歩きたいのが今年の夏。

刈り入れあとの綿畑

黒くさびたポーチの椅子
白い家に、白いひだの服

ことしの流行が決まりました。'73秋冬パリプレタポルテ・ショー

〝パリコレ〟が、流行のリーダーとして、世間をさわがせ、注目を浴びていたのは、10年前のこと。いまやプレタポルテ・ショーが流行を決める時代なのです。去年の秋の、'73年春夏プレタポルテ・ショーで、この春の〝パリコレ〟の傾向も決められたようなもの。高田賢三をはじめミス・ディオール、ミックマック、ウンガロ、ランバンなど約60の一流店が、3月26日から4月6日まで、パリでショーを開きました。

このショーに出品された新しいファッションが、この秋からの日本の流行も決定するのです。

人気No.1　JAPのショー

プレタポルテの中心は、なんたってケンゾーのJAPの店。こんどは、日本から秋川リサも出場とあって、ここばかりは、ショーの始まる1時間前に広い証券取引所の会場は超満員——。

今度のショーで、人気を集めたのは、ウエディング・ドレス、それに、チロルやアフガニスタン調の民族衣装でした。去年にひきつづいて、ケンゾーさんは、2年連続人気No.1の地位を確保しました！

pret à porter show

1■赤地プリントが可憐なアンサンブルは、チロルふうの着こなし。

2■花模様のウエディングドレス。花婿のモスグリーンが花嫁さんをひきたてて。

3■色あざやかなニットはアフガニスタンふう。

4■1のバリエーションだけど、ツィードのベストと上着で小粋な感じに。

5■これも1のバリエーション。裾のフリルがかわいい短めの上着。

アンアン　1973年5月20日号　'73秋冬パリプレタポルテ・ショー

忘れられない初のパリコレ取材。なかでも印象的だったケンゾーのショー。翌日、高田賢三さんの取材があったので会場の証券取引所には一時間以上前に到着した。そこではまだリハーサルが行われ、出演予定のティナ・チャウが客席で本を読む姿もあった。ショーが始まると、円形の舞台をはじけるように笑いながら駆けぬけていくモデルたちのスピード感に驚いた。白いレースのついたペチコートに重ねられた花柄のたっぷりしたスカートに、短い上着の組み合わせがいくつかあり印象的だった。当時のケンゾーの常連男性モデルだったサンチャゴの、グリーンのビロードの花婿スタイルも目に焼きついている。秋川リサの可憐さも周囲に溶けこんでいた。

アンアン　1973年10月5日号　上／表紙　下／この秋の話題　ビッグファッション　ラップジャケットを粋に

1973年に渋谷パルコの一階にオープンしたカフェ・ド・ラペ。いつかパリみたいなカフェでロケをするのが夢だった。パリコレで見たばかりのラップジャケットを使った撮影をさっそくそこで。表紙モデルのマーサ・カーに着せたチェックのシャツは、ビエラのような少し厚い布地にしたかったのに見つからず、写真の薄地コットン。今も見るたびに気になってしまう。

左ページの「白いコットンの夏」は、この年の夏八丈島にオープンしたてのホテルで。

左ページ下の「木綿の散歩服」のロケは、その後、自分のスタジオのように通うことになる代々木公園で。

この秋の話題
BIG FASHION
ラップジャケットを粋に

アンアン　1975年7月5日号　白いコットンの夏

探検にも食事にも旅行着にもいい服。
25

アンアン　1975年9月5日号　初秋です・さわやかな木綿の散歩服

婦人公論　連載・COLOR IN FASHION　上右／1974年1月号　緑　上中／1974年8月号　橙（だいだい）　上左／1974年2月号　白
下右／1974年5月号　ピンク　下中／1974年3月号　グレー　下左／1974年11月号　えんじ

「婦人公論」での初仕事「COLOR IN FASHION（カラー・イン・ファッション）」の扉ページは、どうしたら色を印象的に表現できるか考慮した。「緑」のキャシャレルのセーター、「白」と「えんじ」のソニア・リキエルの服が思い出深い。

左ページ上の「Fashion Today（ファッション・トゥディ）」では、イッセイのショーのために来日した黒人マヌカンを「婦人公論」でも。

左ページ下のニットを撮影したのは、札の辻の陸橋（港区）。現在は塗り替えられてしまったが、当時の橋の色は「ELLE」でよく目にしていたロケ場所を思い出させ、冬のコートや厚地の素材との相性がいい気がして、よく通ったロケ場所のひとつだった。

婦人公論 連載・Fashion Today 上／1976年5月号 シンプル・三宅一生の服 下／1976年12月号 厚地のニット

クロワッサン　1978年9月25日号　風をはらんで秋のコート

ファッション誌ではない「クロワッサン」では、台割の関係でモノクロならファッションページがとれることが何度かあった。そんな時、甘糟編集長に言われてつくったページ。秋の初めのコートをとりあげられたのが嬉しかった。いつも悩む見開きのページが無理なく自然に撮影できたので心に残っている。何度か来日し、コム デ ギャルソンのイメージカタログや「婦人公論」でも採用したインド系モデルのダイナミックな動きが効果的だった。ロケ地は芝浦の倉庫街にあった引きこみ線と海に面した湾岸で。真夏だったが秋の感じに仕上がった。

時折「ELLE」に使えそうな材料が見つかると「クロワッサン」にも。丁度、伝記を出した頃だったと思うがローレン・バコールのページがあり、ELLEではボディに着せて彼女の映画衣裳を再現して見せていた。クロワッサンでは外国人モデルを使い撮影した。ニューヨークコレクションが日本で初めて話題になった頃、編集長の指示でいち早くラルフ・ローレンやカルバン・クラインをとりあげたのが下のページ。丸の内をニューヨークに見立てて以後数回続くシリーズがスタートした。

クロワッサン　1979年4月25日号　ローレン・バコール復活

1979年10月10日
原由美子の秋のニューヨーク・ファッション

CHAPITRE 3

服飾評論家だった父

父の書斎は、雑誌の宝庫だった

スタイリストを始めてどのくらいたった頃だったか確かな記憶はないが、自分がまさにスタイリストになるべき環境で育ったというか、なるべくしてなったのだという思いにかられたことがある。

現在は、編集者や出版社を志望して就職活動する人も大勢いる。でも学生だった私には、将来のことを考えても雑誌や編集の仕事をするということは、全くといっていいくらい頭に浮かばなかった。

ところがフランス語を生かすという名目で働き始めた編集部で、俄然、雑誌の仕事というものが輝き始めたのだ。その仕事により集中し、更にスタイリストとしての仕事を始めるために、東京でのひとり暮らしを決心した。

このことを父に話すにあたり、私としては明治生まれの人だから絶対に反対するに違いない、気長に説得しようと勝手に覚悟していた。ところが父はあっさりＯＫしてくれた。母が「お父さまも雑誌の仕事をなさっていたし。あなたのこと信用しているのよ」と言うのを聞いて、何だか拍子抜けしてしまった。当時の父は、服飾評論家として「男子専科」[*1]を始めとする雑誌や、「読売新聞」[*2]などに男のおしゃれや男の服装の基本やエスプリ、加えてエチケット

＊１
「男子専科」
１９５０年、スタイル社より創刊の男性ファッション誌。

＊２
「読売新聞」
１８７４（明治７）年創刊の全国紙。著者の父は原奎一郎のペンネームで１９５６（昭和31）〜59年頃までコラムを連載した。

やマナーについての原稿を書いていた。

その頃には宇野千代さん主催の「スタイル」はもう廃刊になっていたが、発行されていた頃は定期的に執筆していたようで、母はそのことを指していたのだ。


父は自分の書斎に人が勝手に入ったり物を動かしたりされるのを嫌がった。物書きとは皆、そういうものだろう。でも留守の時、キチンとすべてを元通りにするなら何を見てもいいというお許しが出た。多分、私が中学生になった頃だ。当時、父は週に三日、銀座にある喫茶店で編集者と会い、原稿依頼や打ち合わせ、原稿の受け渡しをする習慣があった。それからは、月、水、金の週三日、父が上京する日の午後、学校が早く終わると父の書斎へしのびこんだ。そこは、家のいちばんはじにある床の間つきの八畳間。茶の間からは、両親の寝室である十畳間の前の縁側をコの字に進み、更に少し薄暗い廊下を歩いてたどり着く離れのような部屋だった。

小さい頃いたずらをして、夜、その薄暗い廊下に立たされたことがあるが、何の音もしないシンと静まり返ったそこは本当におばけが出てきそうで恐かった。すぐに泣き出してしまい、もう決してしませんということで許してもらった覚えがある。中学生になると薄暗い廊下への恐怖心は消え、むしろ普段の生活とは隔離した異空間へ行くときめきを感じるようになった。

そこで、例えば今日は映画雑誌の「スクリーン」[*3]を二年分と決めて集中して見る。そんな

*3
「スクリーン」
近代映画社より1946年に創刊された洋画専門誌。

ふうにして、父の書斎にある雑誌のバックナンバーすべてに目を通した。宇野千代さんのスタイルも創刊号から終刊号まで見届けた。スタイルに載っているファッションや読み物のすべてが興味深く、少しずつ丁寧に大切に見た。お気に入りの号は何度繰り返して見ても、あきることがなかった。

父は「GQ」[＊4]もとりよせていたようで、英語の男性誌だったが写真を眺めるだけでも楽しく、隅から隅まで目を通した。

そんなふうに書斎の雑誌を熱心に見ている私のことを母から聞いたのか、15歳になった頃から月に一度、銀座のイエナ書店[＊5]でアメリカの「Seventeen（セブンティーン）」[＊6]を買って来てくれるようになった。これは本当に待ちどおしかった。

大判の誌面に鮮やかな写真は、今思い返すとアメリカそのもの。粋というより、活気に満ちた豊かで健康な時代のアメリカの明るく若いファッションがあふれていた。その影響で、その頃は結構アメリカに憧れて、ギンガム格子のボタンダウンのシャツドレスなどを、Seventeenを参考に母につくってもらったこともあった。

でも17歳になった時、父はもうSeventeenでもないだろうと、フランスの「20ans（ヴァンタン）」[＊7]、時には「jardin des modes（ジャルダン・デ・モード）」[＊8]を買ってきてくれるようになった。これらは、Seventeenのように大判でもカラフルでもなく、小さいサイズでモノクロページも多かったが、少しずつパリっぽい粋なファッションやライフスタイルに対する憧れも芽生えていた頃で、すぐに夢

＊4
「GQ（ジーキュー）」
1957年、米国で創刊された男性誌。

＊5
イエナ書店
洋書 イエナ。1950年創業の洋書専門店。銀座4丁目交差点近く近藤書店の上階にあったが、2002年に閉店。

＊6
「Seventeen（セブンティーン）」
10代の女の子を対象とした米国の女性誌。1944年創刊。

＊7
「20ans（ヴァンタン）」
20代女性を対象としたフランスの女性誌。1961年創刊。

＊8
「jardin des modes（ジャルダン・デ・モード）」
1922年創刊のフランスを代表する雑誌。直訳すると「モードの庭」で、モード雑誌の先駆け的存在だった。

中になった。選択科目で中学からフランス語を勉強していたこともあり、ファッション雑誌程度のフランス語を読むのは、むしろ楽しくはげみになったようだ。

父は、ファッションというのは自分の実年令より少し上のものを見て憧れることで身についていく、ということを雑誌を通して教えてくれていたのだろうか、と今になってふと考えたりする。当時の20ansは、今でいうシックなマダムふうファッションがメインだった。若き日のカトリーヌ・ドヌーヴ[*9]が表紙になっていた一冊は、特に思い出深い。

■捨てられないスクラップブック

実はこの頃につくったと思われるスクラップブックが今も手元に五冊程ある。子供じみていて恥ずかしいからと処分しかけたことも一度や二度ではない。でも、ページをくると懐かしさがよみがえり、結局持ち続けている。そこに貼ってあるのは主に週刊誌と新聞の切り抜きだ。Seventeenや20ansを切り抜くなど論外だった。これらの雑誌は何十年も大切に保管していたが、90年代の事務所の引っ越しにともない、まとめて寄贈した。

当時は、父の元に送られてくる父の執筆した掲載誌や「ミセス」「装苑」といった雑誌も雑誌の形のまま残すのが当然と考えていた。だが当時、創刊されたばかりだった「週刊女性」[*10]や「女性自身」[*11]などの週刊誌は、さすがにある程度たまると処分することになる。スクラップブックは主にそこから切り抜いたものだ。

例えば『太陽がいっぱい』[*12]のマリー・ラフォレ[*13]が来日してデパートで下駄を買っているス

＊9
カトリーヌ・ドヌーヴ
1943年生まれ。フランスの女優。

＊10
「週刊女性」
1957創刊。女性週刊誌の草分け。河出書房新社より創刊後休刊、同年8月に主婦と生活社に発行元が移る。

＊11
「女性自身」
1958年光文社より創刊した女性週刊誌。創刊時は米国の「Seventeen」と提携。

＊12
『太陽がいっぱい』
1960年公開。監督はルネ・クレマン。アラン・ドロン主演の仏・伊の合作映画。

＊13
マリー・ラフォレ
フランスの女優、歌手。映画『太陽がいっぱい』、『赤と黒のブルース』で知られる。

ナップ。フランソワーズ・アルヌール[*14]が黒澤明[*15]と三船敏郎を『用心棒』[*16]撮影中のスタジオに川喜多長政[*17]氏と共に訪ねた際のスナップなどもある。

その中に、当時の日本の週刊誌としては珍しく、可愛く生き生きしたファッション写真が沢山ある。モデルの部分のみ切りとっていて、説明文は一切残していないので、何の雑誌のページかすっかり忘れていた。これが実は、「アンアン」創刊前、アド・センター時代の堀内誠一さんがアートディレクターとして企画したページだったのだ。媒体は「週刊平凡」、その中の「ウィークリーファッション」[*18]というタイトルのファッションページだ。日本橋三越の正面玄関にあるライオン像にまたがった、可愛いコートの写真。芦ノ湖の遊覧船で海賊ふうに撮ったものもある。このことを私が知ったのは、堀内さんがアンアンのアートディレクターをやめてからのことだ。撮影は立木義浩さんが多かったようだ。そうだったのか。初期のアンアンに登場する立川ユリさんをモデルにした沢山の印象的な写真。金子功さんのつくる今でもすぐ目に浮かぶ忘れられない洋服たち。あれらのページをディレクションする前に、堀内さんはすでに日常的でありながら限りなく魅力的なページづくりをほかの雑誌で実践していたのだ。何も知らずに、ただ可愛くて残しておきたいと思っていたそれらの写真の秘密があかされた気がして、なんだかしんみり嬉しくなった記憶がある。

今でもそのスクラップブックを時々眺めることがある。決してあきることなく、心なごむ時間になる。同時に堀内さんの、あの一言に思いあたることになる。

＊14
フランソワーズ・アルヌール
1950年代のフランス女優。

＊15
黒澤明（くろさわ あきら）
1990〜98。日本を代表する映画監督。

＊16
『用心棒』
1961年公開の日本映画。黒澤明監督、三船敏郎主演。

＊17
川喜多長政（かわきた ながまさ）
1903（明治36）〜81年。28年東和商事設立、ヨーロッパ映画の輸入・配給事業を始める。

＊18
「ウィークリーファッション」
「週刊平凡」に1959年の創刊号から毎号掲載されたファッションページ。堀内誠一のアートディレクションにより100余号続いた。

捨てられないスクラップブック

父の身だしなみ

1970年代後半、「クロワッサン」に連載した「あの男(ひと)をこう変えたい」の出演者たちの多くから「おしゃれは男の恥として育つ」という言葉を聞く度に、私は若い時に英国留学し、10年程日本を離れて暮らした父のことを思い出していた。記憶にある限り、父はおしゃれに気を配り、いかに他人にはさとられずに身だしなみを整えるかに心をくだいていたのを知っていたからだ。「服飾評論家」という肩書だったたから、あたりまえといえばあたりまえだが、それは日本の一般家庭のお父さんの装いに対する気持ちや心がけとは全く違っていたということを改めて思い知らされたと言っていいだろう。

■カチカチのワイシャツとよれよれのコート

子供の頃の記憶に、父と母とのクリーニングに関する言い争いがいくつかある。いちばん頻繁に繰り返されたのは、ワイシャツの糊づけに関するもの。白洋舎[*19]に頼んでいたのだが、どうしても父の望み通りに糊づけのシャツが仕上がらないのだ。確か、あまり堅過ぎない程々の糊づけという単純なものだったたが、その程々が難しい。純白のドレスシャツ[*20]ではなく、グレーの背広やツイード[*21]の上着の下に着る刷け目[*22]のブルーのシャツが、カチカチの糊づけというのでは許せない。やりなおしを父は要求する。そう言われれば担当者はひたすらあ

＊19
白洋舎
1906（明治39）年創業。日本で初めてドライクリーニングを開発した一般家庭向けの衣類クリーニングチェーンの最大手。

＊20
ドレスシャツ
本来は男性の礼装（タキシードや燕尾服、モーニング）用シャツだが、日本でいうワイシャツと同義で、ネクタイを締めて着ることを前提としたシャツの総称でもある。

＊21
ツイード
本来は英国スコットランドの毛織物の一種で、厚手でざっくりとした素材感が特徴。

やまり、持って帰るのだが、再びできあがると又、カチカチ。間に入った母がホトホト困り、クリーニングの集配が来る日は憂鬱になっていた。家の近くに、昔からなじみだった人が小さな店を開き、真摯に注文を聞いてくれるようになり、解決するまでその言い争いは続いたのだ。

一方、父は、レインコート[*23]のようなものは、できるだけ身についてやわらかく、よれた感じを好んだ。目につくようなシミやドロはねがなければよしとしていたようだ。

英国製のお気に入りのレインコートはいつも廊下の隅にかかっていた。真夏と真冬以外、よほど晴れた日以外は背広の上にコートを羽織って鎌倉から銀座へ向かうのが父のスタイルだった。コートの汚れが気になった母が「そろそろクリーニングに出しましょうか」と父に尋ねると、その度に、父は「とんでもない」と答えていた。それからだいぶたった頃、父の留守に母が無断でそのコートをクリーニングに出したことがある。憤慨した父は、クリーニングしたてのまっさらに仕上がったコートに袖を通す度、しばらく機嫌が悪かった。以後母はコート類のクリーニングには必要以上に慎重になったようだ。

そのだいぶ後、『刑事コロンボ』[*24]というテレビドラマが放映された。よれよれのコートがコロンボ刑事のトレードマークで、始まった頃は、私もまだ鎌倉の家に居て父と一緒に見ていたが、コートのことは話題にものぼらなかった。クリーニング事件のことを覚えていたのは私だけらしいと気づき、何だかおかしかった。

おしゃれをするというのは我慢することも含んでいると、身をもって教えてくれたのも父

＊22
刷け目
刷毛目縞（はけめじま）のこと。濃淡の糸を縦横に織り込んだ、ちょうど刷毛（はけ）ではいた筋のようにみえる細かい織り柄のこと。

＊23
レインコート
雨天用コートのことで、防水素材・撥水加工の素材などが用いられる。19世紀前半に英国で登場。マッキントッシュのゴム引きコートやバーバリーの防水コートが有名。

＊24
『刑事コロンボ』
ピーター・フォーク主演による米NBCのテレビのドラマシリーズ（第一作は1968年放送）。日本では72年よりNHK総合で放送された。

だ。現在のように温暖化が進んでいなかったとはいえ、昔も夏は暑かった。だが記憶にある父は、真夏でも必ず麻の背広の下に白のワイシャツとネクタイをしていた。家を出て銀座まで行き、又家に帰り着くまで、決して上着を脱がなかった。

玄関口で父を迎えた母が上着をとると、シャツの背中が汗でグッショリ。「身体に悪いからお脱ぎになればいいのに」と言う母の言葉を何度聞いただろうか。本当につらくなった時、父は仕事のために上京するのをやめてしまったようだ。

反対に冬は、家でも決してズボン下をはかなかった。すき間風がふいて決してポカポカには暖まらない日本家屋で寒くはなかったのだろうか。子供の頃は、大人の男はそういうものと眺めていた。自分が大人になり、更に当時の父の年令に近づいてみると、寒さに強かったのか、慣れてしまえば平気だったのか、寒がりの自分と比較して尊敬すらしてしまう。

■両親から教わった、服とのつきあい方

ひとり暮しを始め、東京で自分ひとりで決断して何かを買うようになった時、痛感したことがある。

父も母も、たかが女の子の服ではなく、洋服地を選び型を決めるに際して、実に真剣に私につきあっていてくれたということだ。それは洋服に付属するボタンやブレード、さらにはバッグや靴に関しても同じで、買う時にはほしいものを定めて、なるべく目的に近いもの、ただし許される予算の内で時間の許す限り、理想に近いものを探して求めた。

そうして求めたものには愛着もわき、大切にする。結果、長持ちする。そういったことが知らず知らずの内に身についた。父や母と一緒にさまざまな買い物をしていたので、ひとりで買い物に行っても気おくれなく自分のほしいものを見つけ出し買うことができたようだ。

それは洋服に限らず、生活で必要なあらゆるものにも通じていた。あなたのところは親離れ、子離れがしっかりできていると幼なじみの友人に言われると、それもこれも、親がかりの時代の親の面倒見が完璧だった故と感謝するばかりだった。

▌父の仕事に感謝

又、ひとり暮しを始め、自分で「ELLE」のネームや説明文を原稿として書くような時、今度は父の仕事に大いに感謝することになった。

フランスから届くファッションページのタイプ原稿でわからないファッション用語が出てくると、まずはフランス語の辞書を引く。それから今度は日本のファッション用語辞典を見る。それでも、雑誌に書くには今ひとつ自分が理解できていない気がして不安な時がある。

そんなある時、そうだ父は服飾評論家だったんだ、と気づいた。父は、徹夜で原稿を書いた次の日などに、食事の席で、日本で使われ出したばかりのファッション[*25]に関するカタカナ言葉についてよく話していたのを思い出したのだ。以来、父に問い合わせの電話をするようになった。

当時の父は仕事量も減り、家に居ることが多かった。母から電話を替わった父に、これこ

*25
ファッションに関するカタカナ言葉
ブレザー、ステンカラーコート、プリンセスライン、ダッフルコートのトッグルなど。

れの言葉がわからない、フランス語ではこうだったと説明する。すると、ああ、それはと、その場ですぐ答えてくれることもある。そうでなければ調べてかけなおすよと言ってくれる。そしてものの10分もたたない内に、父の書斎の仏英辞典と、いくつかある服飾関連の厚い辞書を調べた結果らしい答えが返ってくる。それは私がやっている雑誌の仕事をわかった上で、又自分も若い時、雑誌で服飾に関する原稿を書いた経験のある父ならではの的を射たものでありがたかった。

父が身体を悪くするまで、私のこの質問電話は続いた。早朝や深夜にはかけなかったので、いつもきげんよく応対してくれた。

実は父は電話が苦手で、難聴になり病院通いをしていたのも知っていただけに、ありがたさが身にしみた。といっても電話の最後に「ありがとうございました」とささやくように言うだけ。正月に実家にもどって顔を合わせても、「いつも突然いろいろありがとうございます」と訳のわからぬ挨拶ですませていたのが悔やまれる。

CHAPITRE 4

スタイリストブーム到来

「クロワッサン別冊　原由美子の世界」

13号でのリニューアルを経て「クロワッサン」でもELLEページを使ったり、外国人モデルによるモノクロファッションページを提案したり、変化に富んだページづくりができるようになっていった。

同時に、私自身が登場するページも少しずつふえていった気がする。それは、プライベートファッションの紹介から仕事に関する取材まで、多岐にわたっていた。

実は、自分が写真を撮られるのは嫌い。というか顔にもスタイルにもコンプレックスがあり、自分の写真が好きではない私にとって、つらいものがあった。いくら笑えと言われても子供の頃のように素直にニッコリ笑えない。良く撮られた方がいいのは百も承知なのに、いざカメラの前に立つと思うようにはいかない。

だが本人の意思とは関係なく、この頃、スタイリストという仕事が注目され始めたこともあり、なにかと誌面[*1]に登場させられていた。

その決定版というような号があった。1979（昭和54）年9月10日号のクロワッサンの特集「秋、原由美子の世界」[*2]だ。そんな特集ありなのかと半信半疑のまま、半ばひらきなおって取材を受けていた。丁度、初めての映画衣裳の仕事を受けた時と重なり、目のまわるような忙しさの中で、テニスをしたり、向田邦子[*3]さんと「ままや」[*4]で記念撮影をしたりと、どん

＊1
誌面に登場
左は「クロワッサン」18号（1978年8月10日号）特集「仕事に魅せられた3人の女性たち」の取材ページ。私服や持ち物取材なども多かった。

©マガジンハウス

＊2
「秋、原由美子の世界」
「クロワッサン」44号（1979年9月10日号）表紙にも、本人が登場。

©マガジンハウス

なページになるか私自身は見当もつかないまま、取材と撮影は進行していった。この時、「愛用品図鑑」というタイトルつきで、さまざまな日用品まで公開している。でき上がった雑誌を見て驚いたのは、こんな方にまでと思う程沢山の人に私に対するコメントを取材していたことだ。

「原由美子の10日間」という密着取材のページまであり、なんだか裸にされたような気分。しばらくは本屋の前を通るのが苦痛だった。こんな特集の雑誌、売れるはずがないと心底、考えていた。ところが、これが売れたのだという。

編集長の甘糟さんに呼ばれたのは、その半年後ぐらいだったろうか。あの特集が好評だったから別冊にして「原由美子の世界」という特別号を出そうと考えているのだがどうですか、という相談だった。少し考えてからだったと思うが、やってみますと返事をした。

特集の時の体験から、自分の取材に関してはどこまで我慢してキチンと対応できるか不安はあった。でも「丸ごと一冊、原さんの好きなファッションページをつくっていいですよ」という甘糟さんの一言が決め手になった。フリーのスタイリストという身には又とないチャンスなのだ。それまでの経験で、そんなこと一生できないだろうと思っていたことだ。

ただし、いざ始まってみると、一冊すべてに自分がかかわるというのは並大抵のことではなかった。しかも当時は組合との問題もあり、社員編集者の参加は一名だけしか認められなかった。その号は、カメラデスク[*5]全員が編集も兼ねて携わることになり、あとはフリーのライターというスタッフ構成だった。しかも会社が夏休みに入る8月15日前後の三週間で一冊

＊3
向田邦子（むこうだくにこ）
１９２９～81。ラジオ・テレビの脚本家、作家。70年代半ば頃から「アンアン」や「クロワッサン」にエッセイの連載などをしていた。

＊4
ままや
作家の向田邦子が、妹の向田和子と１９７８年に赤坂に開店した総菜とお酒の店。

＊5
カメラデスク
クロワッサン編集部に設けられたカメラマン班のこと。

つくるという強行スケジュールだった。人間、一生に一度は極限の忙しさに身を置くことがあると誰かに言われたが、まさに、あの時がそうだった。

毎日、ひたすらファッション撮影を繰り返す。冷夏だったとはいえ、真夏の東京で秋冬物のコートのロケもした。アシスタントは当時ひとりだけ。いつ洋服を借りてきて、どうやって返したのか。ネームや原稿は、いつ書いたのか。その間にも、私個人の取材や撮影もある。いつ寝ていたのだろうという忙しさがどのくらい続いただろう。

それでも何とかすべてを終えて一冊ができあがった。思い通りのファッションページをつくりたい一心で引き受けた自分に、ほとほとあきれ、もうこれっきりと心に誓った。


雑誌や本を出す前に、その発行部数を決める部数会議というものが、出版社にはある。フリーの私は無論出たことはない。だが、「別冊 原由美子の世界」の部数会議の際、広告部か宣伝部の偉い人が、「山口百恵じゃあるまいし。こんな本、本当に売れるんですか」というような発言をしたという話を社員の人から聞き、さもありなんと思ってしまった私だ。

ファッションページも自分の取材も、やるからにはキチンとしようという思いで全力投球したのは確かだ。できるだけ沢山の人に見てほしいと願ってもいたが、それがどれだけ一般的に通じるか、自信がなかったのも事実だ。

会議の結果、控えめな数字が出されたのだろう。それがよかったのか、とりあえずその年の秋に出た「クロワッサン別冊　原由美子の世界　'80－'81秋・冬編」は完売したようだ。当時なじみになっていた青山の本屋さんを発売一週間後くらいにのぞいた時、早く追加分が届くように原さんからも頼んで下さいよと、そこのご主人に言われたのを覚えている。苦労が報われた気がして嬉しかった。どんなものができあがるか全く見当もつかないのに、快く洋服を貸して下さったデザイナーやメーカーに対しても肩の荷がおりたようで、ようやく心が安らいだ。

だから図に乗ったというわけではなく、売れたということは、こういうページを見たいと思う人がいた、言い換えれば私の気持ちが少しは読者にも通じているということ。そう思うと、嬉しく楽しく、この仕事をやっていてよかったと、しみじみと感慨にふけってしまった。そうして、もう二度と、こんな大変なことはしないと心に誓っていたはずなのに、別冊をあと二冊、計三冊の「原由美子の世界」にかかわってしまった。

二度とはないだろうという思いで、計三冊。

自分の名前がタイトルになった雑誌を三冊も。又とない経験としか言いようがない。

それからしばらくして、アンアンのサブタイトルから「エルジャポン」が切りはなされ、独立した雑誌として創刊されることが決まった。後で聞いたのだが、あのクロワッサン別冊号は、後の二冊は一冊目のようには売れなかったらしいが、アンアンやクロワッサンとは異なるファッションを望んでいる読者層、同時に広告主もいるという確証のようなものをつかむ端緒になったのだという。あの別冊は、新雑誌創刊リサーチのためでもあったのかと思うと少しは気が楽になった。それにしては大変な仕事だったが……。

ともあれ「エルジャポン」が創刊されると知った時は、アンアン創刊時からＥＬＬＥにかかわってきただけに感激もひとしおだった。又また創刊という心おどる瞬間に立ち会えるかもしれないのだという思いに胸がいっぱいになった。

「エルジャポン」創刊

アルバイトや単発の下訳仕事ではなく、私にとって初めて本格的に仕事を始めたのが「アンアン」の中のELLEページの仕事だった。それだけに私の中では平凡出版の新雑誌「エルジャポン」の創刊は、ファッションを仕事とするという覚悟を新たにする契機にもなった。この時初めて、雑誌のスタッフページに「ファッションディレクター[*6]」と記される経験をした。

エルジャポン[*7]は、月刊誌として創刊された。当時のアンアンは、月二回刊行。月刊でスタートした「クロワッサン」も、すぐに月二回になった。週刊誌とは異なる、この月二回の〆切にすっかり慣れていた私にとって、月刊誌は重みのあるというか、読者が手元に置く期間が長いのだからという点で緊張を新たにした記憶がある。

エルジャポンは、平凡出版としては初めてモードとしてのファッションを扱うということで、アンアンやクロワッサンとは違い、着られる着られないより、新しいモードをいかに格好良く見せるかに専念してもいい雑誌のはずだった。とはいっても限度がある。

私がアンアンでELLEページを担当しながらずっと感じていたこと。それはフランス版「ELLE」のファッションページでは、新しいモードといえるファッションをとりあげながらも、決してとっつきにくく自分とは無関係と思うことはなく、いいな、素敵だな、可愛

＊6
ファッションディレクター
ここでは雑誌のファッションページに関するすべての指揮・監督をする人の意で、ファッション編集者のトップ、ファッション編集長の役割を指す。

＊7
エルジャポン
エルジャポン創刊号（1982年5月号）表紙。

©マガジンハウス

いな、私も着てみたいなと感じさせるページになっていたことだ。

それは、当時のELLEが、シーズン初めのトレンド紹介のページなどを別にすれば、スタジオ撮影より、ロケが多かったことにも起因しているだろう。又、フランス版ELLEというのは、あくまでも女性週刊誌であり、ファッション誌ではない。ただ、そのファッションページの質が高く常に読者に支持されたから、ELLEで紹介されるファッションが国内外の業界人たちの間でも高く評価されていた。

■「エルジャポン」ファッションディレクター

月刊エルジャポンのファッションをディレクションするにあたり、フランス版ELLEのエスプリは忘れたくなかった。加えて日本の読者の気持ちもある。80年代初頭というあの時代、ファッションに興味をもち、おしゃれが最大の関心事である人は確実にふえていた。でも一部の業界人を別にすれば、まだまだ最新ファッションをとりいれるのを躊躇(ちゅうちょ)する人、自分に似合う服の見極めに悩んでいる人、周囲の目を気にして冒険できない人も多かった。そういう人たちにも無関係と感じさせず、興味をもってもらえるページにしたかった。

パリコレ取材でパリへ行く度に、コレクション会場以外で、街行く人のこなれたおしゃれを目にしながら感じていたことがある。この人たちは、なんて自由に洋服を着ることを楽しんでいるのだろう。それが見る人をも楽しませ、パリの街の魅力にもなっている。日本人も、こういうふうに服を着ればいいのに、と。今の日本では皆自由に、というか若い人は自由過ぎる程に着ているが。

　エルジャポンでのファッションディレクターとしての仕事は、毎号のファッションページ全体のテーマと方向性を決めることだった。

　自分がスタイリングを担当するファッションページ以外に、若いスタイリストにまかせるページもあり、集めた物に対して指示や再考を促したりした。又、「原由美子の世界」というタイトルで私自身の情報発信のような定例ページを受けもった。フランスのＥＬＬＥページには、パリコレデビュー[*8]したばかりのコム デ ギャルソンやヨウジヤマモト、イッセイ・ミヤケの服が良い感じで度々登場していて、それをエルジャポンでも紹介した。

　エルジャポンでは、パリコレクションと東京のショーと展示会をできるだけ多く見てテーマを決め、ページをつくっていた。

　80年代のファッションでひとつ心残りなことがある。アヴァンギャルドが好きかコンサバが好きかと問われれば、当時の私は躊躇なくアヴァンギャルドが好き、というか興味をもっていると答えただろう。仕事のスタイリングというか服選びでは、きっとこういう新しさに興味をもつ人がいるに違いないと、積極的にとりあげていた。ただし私なりの基準で、普通の人が着るならここまでかなと思えるものを、モデルのプロポーションと写真の撮り方で、さりげなく、大袈裟に見えないようにして。

　読者をだますのではなく、着るなら、そんな感じに見えるように着てほしかったのだ。結果として、あまり過激な服はとりあげていない。それが自分の限界だなと感じたりもした。

＊8
パリコレデビューしたばかりのコム デ ギャルソンやヨウジヤマモト
コム デ ギャルソンとヨウジヤマモトがパリコレデビューしたのが１９８１年。「黒の衝撃」と称され、パリのファッション界を騒がせたのが82年のコレクション発表である。

ただしこの80年代の肩パッドが強調された服だけは、すべてではないが後で見るとあまりにも時代性が顕著なものもあり、古臭く感じられるようになった。

自分自身の服も、この時の肩パッドのものだけは袖を通さなくなったものがいくつかある。極端な流行は避けていたつもりだったが、この時ばかりは仕方なかったのだ。

時を経ても魅力を失わない装いの提案を理想としてきたが、80年代の肩パッドだけは思い通りにはならなかった例外といえる。

■「エルジャポン」別冊

エルジャポンでのファッションディレクターとしての仕事は、創刊から一年後の83年、編集長の交代と共に降りることにした。そのかわり一スタイリストとして、猛烈にページづくりに専念する日が待っていた。

特に忘れ難いのが「エルジャポン別冊」のモード特集だ。「'84-'85秋冬」編と「'85春夏」編の二冊だ。この別冊号で、私はファッションページの大部分のスタイリングをまかされたのだ。

秋冬編はパリロケと東京のスタジオ撮影。春夏編はモロッコロケとニューカレドニアのオールロケ号だった。タイアップページもかなりあった。

ファッションが元気、雑誌が元気な時代だったのだと改めて感じている。この春・夏編のモロッコロケのページ数と洋服の数は膨大で、今、思い返してみても、よくぞあれだけ撮影したものと、あきれるばかり。気力と体力があり、スタイリストとして全力を尽くす熱意ばかりが先走っていた面もあるが。

この頃から、スタイリストとしての現場仕事が自分には一番向いている、プロの職人といえるようなスタイリストにならねばという思いを強くするようになった。

▌パリロケの連載

もうひとつエルジャポンの仕事で印象深いのは、84年9月号から始まったパリロケによる連載ページのスタイリングだ。公園、ホテル、カフェ、橋、駅の五回だったと思うが、毎号、パリの代表的な公園やホテルをそれぞれ五ヶ所選んでファッション撮影をした。片側はパリ在住のライターによる文章と小さい風景カット、対向ページが私のスタイリングによるファッションページという、10ページ構成の企画だった。

ホテルやカフェでの撮影は時間を指定されるので、一日に一ヶ所か二ヶ所が限度。5カットの撮影でも、月刊だから洋服の季節のこともあり、一回のロケで常に二号分撮るのは不可能だった。先に書いた別冊号の撮影もあり、結局この年は、春夏と秋冬のパリコレの二回を含めて計八回パリへ通った。連載中は無我夢中だったが、さすがに終了後、少し体調をくずしてしまった。

私にとってのエルジャポンの時代、これは、あまり好きな言葉ではないが、バブル時代の前兆だったのだと言わざるを得ない。

コムデ ギャルソンのカタログ

1975年に月一回、モノクロのA4判でスタートしたコム デ ギャルソンのカタログは、79年51号から大判のものに変わっていた。80年にはパリでデボラ・ターバヴィル[*9]撮影の仕事をした。あの特徴あるモノクロの、独特の陰影ある写真を、厳寒のパリで夏物を着て街ロケという厳しい条件下での撮影だった。最初にヘア&メイクをすませたらそのスタッフは帰してしまい、デボラとアシスタントと私の三人だけで撮影を進める。服を着替えるのは一度くらいで、後はひたすら、モデルの表情とポーズ、街や建物内の光の微妙な変化を追いかけながら絵をつくっていく。モデルの顔に疲れが出ても気にしない。メイクが少しくずれても、そういうものだからと、そのまま撮り続ける。終盤近く、いよいよモデルも限界だなと思っていると、モデルの顔を何かで覆うようにとデボラに言われた。この撮影に入る前、過去の彼女の写真を見て何か予感のようなものがあった私は、黒いシフォンやしわ加工ナイロンのショールやストールをいくつか用意していた。その一枚を選んでモデルの顔に、目だけは見えるように気づかいながら巻きつける。すると又、デボラは撮り続ける。

できあがった写真は、思い描いた通りのデボラとコム デ ギャルソンの世界。服のデザインがどうのではなく、そこから感じられる雰囲気に強烈なインパクトがある。モデルの疲れも、石の街独特の底冷えする寒さもどこかに消え、不思議な存在感だけが残っていた。

*9
デボラ・ターバヴィル
1937年、米国生まれの写真家。欧米のファッション誌を中心に活動。

私にとってコム デ ギャルソンのイメージカタログ最後の仕事となったブルース・ウェバー[*10]によるニューヨークのロフトでの撮影も、この頃だった。「VOGUE ITALIA（ヴォーグ・イタリア）」[*11]などで彼のファッション写真を沢山見ていて、当時、最も興味をもっていたカメラマンだっただけに、初めて会った日は緊張した。でも打ち合わせにまっ白いタオル地のガウン、頭にバンダナという姿で現われ、穏やかな笑顔の人柄にふれ、緊張は徐々にほぐれていった。

この時のモデルのひとりは、後に女優となったアンディ・マクダウェル[*12]だ。まだ無名だった彼女を選んだ理由をブルースは「彼女は洋服のシェイプ[*13]を表わすのが巧みだから」とアートディレクターと私に説明した。それを証明するかのように、撮影中、細かくポーズを指示するブルースに彼女がしなやかな動きで応じていたのが印象深かった。できあがった写真はどれも当時のギャルソンの量感のある服が、自然なのにハッとさせられる表情と動きで画面いっぱいにとらえられている。これも又忘れられない撮影となり、貴重な体験だった。

今ではあたりまえのようにつくられているイメージカタログ。これを75年にスタートさせた川久保さんの先見性に驚いたことは前にも述べた。それを時代に合わせて大きさや形式も自在に変化させていく。デボラの前にはサラ・ムーン[*14]にも撮影を依頼している。81年のパリコレデビュー以後は、アーサー・エルゴート[*15]、ピーター・リンドバーグ[*16]といったそうそうたるメンバーが登場する。オムのコレクションが始まった時の、ニューヨークのアーティスト

＊10
ブルース・ウェバー
1946年生まれ。米国のファッション写真家。ヴォーグ イタリアなどで活躍。

＊11
「VOGUE ITALIA（ヴォーグ・イタリア）」
「ヴォーグ」のイタリア版。

＊12
アンディ・マクダウェル
1958年生まれ。アメリカ出身の女優。女優を目指して大学中退後、NYでモデルとして活動。83年映画デビューを果たす。

＊13
洋服のシェイプ
服の外形、シルエットのこと。

＊14
サラ・ムーン
1940年生まれ、フランスの写真家。ファッションや広告写真を手がける。

たちを撮影したシリーズも圧巻だった。それらは、伝説的冊子ともいえる後の「Six」[*17]へと結実していく。コレクションにおけるクリエイションの追求だけにとどまらず、印刷物に対する川久保さんのこだわりは常に意欲的で刺激的だ。その流れは、今日、定期的に送られてくるDM類に受けつがれ、常にそのパワーに驚かされている。雑誌も頑張りなさいと叱咤激励されている気さえしてしまう。

80年代初め、コム デ ギャルソンとヨウジヤマモトがパリデビューするや、「黒の衝撃」[*18]として大きな波紋を呼び、一年後にはパリコレクションに欠かせない存在となっていた。現地のプレスの反響と注目は想像以上のものだった。日本のブランドが単なる物珍しさではなく、画期的なクリエイションとして認められた。それをパリコレクションを見ているとひしひしと感じるのだが、日本に帰ってみると本気にとらえている人が意外に少ないことにいきどおりを感じたことも一度や二度ではない。この頃、日本のブランドが世界に認められていることをいかに日本に伝えるか、これもファッションジャーナリストとしての大きな責任と感じ、私なりの表現で記事を書いていたつもりだった。

90年代から2000年代に入り、ヨーロッパの若手デザイナーの服に、明らかに日本の影響と思われるものが出てくるまで、明確に検証されなかったのは残念なことだったと今でもふと思い出してしまう。

私がモード誌としてのエルジャポンの仕事をしながらも、トンガリ過ぎる写真に走らず、

＊15
アーサー・エルゴート
1940年生まれ。米国のファッション写真家。

＊16
ピーター・リンドバーグ
1944年生まれ。ドイツ出身のファッション写真家。81〜82年のコム デ ギャルソンのカタログを撮影。

＊17
「Six（シス）」
1988〜91年に発行。

＊18
黒の衝撃
1982年3月、パリコレでコム デ ギャルソンとヨウジヤマモトが発表した全身黒一色のコレクションが、共に「黒の衝撃」と呼ばれ、パリモード界の注目を集めた。

むしろ読者目線のわかりやすさを心がけたのは、私自身の性格もあるが、それまでギャルソン[*19]のイメージカタログの仕事をしてきたことで、自分の中のバランスがとれていたというのが大きい。

*19 ギャルソン
コムデギャルソンの略称。

「エル」から「マリ・クレール」へ

1982年から85年まで続けたマガジンハウス[*20]の「エルジャポン」時代、それはまさしくファッション漬けになりながら、全力疾走した三年間だった。

ある日、当時の編集長から、エルジャポンも月二回刊行にすると告げられた時、私の中で何かがプツンと切れてしまった。月二回の雑誌が嫌いなのではなく、あの頃の私は、月刊誌のエルジャポンに特別な思い入れがあった。それが突然の変更。あまりに忙しく必死になって仕事をしていた時だっただけに、気持ちの切り換えができなかった。しばらくお休みさせて下さいと言って、大好きだったエルジャポンの仕事をやめることにした。

これで十数年続いたマガジンハウスの仕事とはしばらくお別れということになった。

フリーランスとしての意識は常に持っていたが、少しの不安と心細さがあったことは否定できない。

■「マリ・クレール日本版」

エルジャポンの仕事を降りた後、「婦人公論」の連載と単発の仕事をこなす少しのんびりとした時期がどれくらい続いただろう。ただ比較的すぐに、中央公論社(現・中央公論新社)の「マリ・クレール日本版」[*21]の仕事をいただくことになり、定期的に仕事をするように

*20
マガジンハウス
1983年に平凡出版からマガジンハウスに社名変更した。

*21
マリ・クレール日本版
1982年、中央公論社(現・中央公論新社)より創刊。99年に休刊後、角川書店、アシェット婦人画報社(現・ハースト婦人画報社)が刊行していたが、2009年再び休刊。12年、中央公論新社から新しい形態での復刊が決まった。

なった。フランスの「marie claire（マリ・クレール）」といえば、「ELLE（エル）」と同じくファッションページがフランスの女性たちに支持されて勢いのあった時代だ。

初仕事は85年7月号、三人のスタイリストによるイヴ・サンローラン[*22]の特集ページ。その後、日本のブランドのタイアップをまとめて海外ロケという仕事を定期的にするようになった。春夏と秋冬の2シーズンを終えた三回目のロケの時から、タイアップ以外に私が提案した編集ページも1テーマもっていけるようになり、通常のファッションページの仕事が定着していった。88年のパリロケでは、マリ・クレール日本版の表紙が、初めて日本人スタッフによる編集ページから選ばれたのも思い出深い。

このマリ・クレール日本版は、発行元が評論や文学に強い中央公論社だっただけに、読み物ページが充実していて、男性読者も多かったという。廃刊になった文芸誌から異動してきたスゴ腕[*23]といわれる名物編集者の力が大きかったようだ。フランス版marie claireのファッションページも、もちろん使われているが、どちらかというと、日本独自で編集した読み物ページがよく話題になっていた。それまでのエルジャポンとは異なる、マリ・クレールという雑誌の器に調和するファッションページをということで、毎回試行錯誤しながらテーマを考えた記憶がある。

＊22
イヴ・サンローラン
デザイナー本人の名前を冠したフランスのブランド。オートクチュールメゾンから出発したサンローラン社が1966年、パリの左岸にプレタポルテのブティック、「イヴ・サンローラン リヴゴーシュ」をオープンした。80年代の日本ではライセンス商品の展開が多かったが、この時は、パリのリヴゴーシュのアイテムでスタイリングした。

＊23
スゴ腕といわれる名物編集者
安原顯のこと。「海」の廃刊後、売れ行き不振だった「マリ・クレール日本版」の副編集長に1984年6月より就任、読書特集などの知的な内容を武器に、売り上げ増に貢献した。

「Hanako」創刊

主に中央公論社の「婦人公論」と「マリ・クレール日本版」の仕事をしていた頃、マガジンハウスから「Hanako」[*24]が創刊された。フランス版「ELLE」と同じ週刊誌。当時の日本の世相を反映し、海外の高級ブランドや銀座、六本木などの情報、海外旅行の特集といった、当時元気だった働く女性の消費をジャンジャンかき立てるような内容の情報誌だった。

　この創刊号でもファッションページをまかされた。20代OLを対象とした雑誌だったが、シャネル[*25]、アルマーニ[*26]、ダナ・キャラン[*27]といった高級海外ブランドを積極的にとりいれていこうという方針もあったので、シャネル社とアルマーニ社に新雑誌の説明と洋服の貸し出しのお願いに行った記憶がある。婦人公論ともマリ・クレールとも違う若い世代へ向けた実用的ファッションの提案。時には少し現実離れしたモノクロのファッションページを試みることもできたのが思い出深い。又、プーケットロケも忘れ難い仕事のひとつだ。初めて、週刊誌で文章の連載（「Fの達人」[*28]）も経験した。

　このHanako創刊の時代は、いわゆる物欲の時代ともいわれている。少し前までは夢でしかなかった海外旅行があたりまえとなり、その海外旅行もねらいをつけた海外ブランドを買うための旅。「アンアン」創刊の頃、又、私自身の若い頃と比較して、あまりの変わりように驚くばかりだった。ほかの雑誌でも海外ブランドをとりあげる機会が多くなっていった。

＊24
「Hanako（ハナコ）」
創刊は、1988年6月2日号。20代OL向けの情報誌で、高級ブランド特集や「銀座」「横浜」といった首都圏のエリア情報から人気に火がつき「ハナコ族」という言葉も生まれた。

©マガジンハウス

＊25
シャネル
ココ・シャネルが創設したフランスの高級ファッションブランド。

■生活ブランドのディレクション

又、この少し前、私自身もこの時代だからこそと後年痛感することになる仕事を経験した。「クラシヤ」という生活ブランドのディレクターの仕事だ。食器、テーブルまわりのランチョンマットやクロス類、タオル類、箸置きから石けん入れなどの細々したものまで、今インテリアショップで売られているようなものとパジャマ、ガウンを始めとする部屋着の類、それとTシャツやニットのごく定番的な衣類の企画、ディレクションをした。最初は例によってできるかしらと悩んだが、パリコレ取材でパリへ通うようになって以来、身のまわりの生活雑貨については、こういうものがあったらと思うものが沢山あったので、それを現実にできるならとお受けした。

食器類は和のものも好きだったので地方の窯元に行って焼き物を見たりと、興味深い体験も多かった。唯一私が悩んだのは、定番といえども衣類をつくること。今ならどうということもないのかもしれないが、プレスの立場でコレクションや展示会を見ている身が、つくることにかかわることへの後ろめたさが常にあった。ショップ展開までに時間をかけ、地方のフランチャイズができてからは、それらの店へも行った。おかげで仙台、高知、佐原など撮影では訪ねたことのなかった地方へ行き、少しだが交流の機会ももてた。余裕をもって又行きたいと思っている内に、その機会もないままに「クラシヤ」の仕事は終了した。今、あちこちで見かける生活雑貨の店を見る度に、あの時は少し早過ぎたのだろうかとふと考える。

＊26
アルマーニ
ジョルジオ・アルマーニ。イタリアの高級ファッションブランド。80年代後半に発表したソフトスーツがキャリアウーマンを中心に一大ブームとなる。

＊27
ダナ・キャラン
米国のファッションブランド。1985年デザイナーのダナ・キャランがダナ・キャラン・ニューヨークを設立。キャリアウーマンの象徴ブランドとして支持を集めた。

＊28
Fの達人
'COMPLEXE CONTEXTE "F"'。1990年6月7日号より週一回、計20回連載。

クロワッサン別冊　原由美子の世界　表紙

'80-'81秋・冬編　1980年10月1日発行

'81春・夏編　1981年3月20日発行

'81-'82秋・冬編　1981年10月5日発行

派手なアクセントはなし。黒や紺をシンプルにそのまま着る。不思議に漂ってくるおとなの着こなし。少し大きめのジャケットに細みのパンツかスカートを。ざっくりくずして着るトラディショナルな色と形が艶っぽい。

クロワッサン別冊　原由美子の世界'80－'81秋・冬編　上／'80－'81秋冬の服　下／ワンピース

クロワッサン別冊 原由美子の世界'80－'81秋・冬編 選んで着るセーター

「クロワッサン別冊 原由美子の世界」一冊目の'80－'81秋・冬編のファッションページは好きなものに徹底した。右ページの紺のジャケットの見開きとモノクロで撮影したワンピースの見開きは、大人っぽく。上の編み込み模様のセーターをグラフィックに配置したページは頭の隅に昔見た「ELLE」のページが残っていた気がする。

秋・冬編の頑張り過ぎを反省し、リラックスしたさりげないファッションを目指してつくったのが下の'81春・夏編のページ。葉山の海岸と知人の別荘のあたりで。まだ寒い時期だったが天候には恵まれて初夏の光のように見える。

クロワッサン別冊 原由美子の世界'81春・夏編 海辺にて

大胆な色だからこそリラックスした気分で。衿なしのジャケット。

ジャケット¥59,000／マレーラ 手袋／ベニー・ブラック（2点ともインターモード）ペルー製のアルパカセーター¥18,000／カウントダウン パンツ¥22,000／コム・デ・ギャルソン バッグ¥13,000／モード・フリゾン（エリット）☎861-7958

三冊目となった別冊「'81－'82秋・冬編」。民族調と手編みニットという、こちらもリラックスしたテーマ。「少しだけ民族調。」のジャケットの赤の色がきれいだった記憶が今も残っている。赤は好きな色のひとつで、きれいな赤にはついひかれる。

左ページの「女友達。」を撮影した富士五湖の本栖湖のあたりは当時、自然が沢山残っていて遠くまで来たかいがあると思っていたのだが。

女友達。

やさしい自然のなかであたたかい素朴を楽しむ手編みのセーター。

キッドモヘアの手編みカーディガン¥39,000／ゼロ・ファム☎478・1733 ペーズリーの立衿シャツ¥14,800／メルローズ☎456・3500 キュロットスカート¥15,000／ペニーブラック（インターモード）☎409・7181

北欧十字の手編みセーター¥45,000 靴¥23,500／ワイズ ☎478・6784 パンツ¥14,000／メルローズ ニットキャップ・参考商品／B-G-I

1981年4月25日号

原由美子
おしゃれ発見　2
今いちばん
履きやすいと思っている靴

1981年6月10日号

原 由美子
おしゃれ発見　5
パリプレタを見ていて
洋服よりも気になってしまった

初体験となった女物ファッションの連載企画。自分の身のまわりのことからスタートしたが、常にテーマを探してショーや展示会を見てまわった。黒いエナメルのワンストラップは当時の私のお気に入りだったパリのティルブリー製。立川ユリさんが履いていて私もほしくなったもの。履きやすく歩いても疲れない理想的な靴だった。左上、ショーのスナップはケンゾーのパリコレで見て是非ほしいと思ったド派手なカゴ。右下のガウンとパジャマはローブ・ド・シャンブル・コム デ・ギャルソンのもの。シーツ、パジャマ、ガウン類のブランドを70年代にいち早くスタートさせたのも、川久保玲さんだった。左下のコートは常に好きなお気に入りのアイテムだ。

1981年5月10日号

ごく普通のパジャマとガウンがいい
原由美子
おしゃれ発見　3

1982年8月25日号

原 由美子
おしゃれ発見　34
横切った姿が印象に残るコート。

おしゃれ発見 1

私の仕事着は青い木綿のジャケット

文・原 由美子

初めてパリに行った時、早朝の舗道を掃除する人たちの着ていた青い木綿のジャケットが妙に印象に残っている。

生まれて初めての外国だったから、その他にも心に残ったものは沢山あるはずなのに、無表情な顔の老人の白い髪と、洗いざらして白っぽくなりつつあるけれど、なお鮮やかな木綿の上着の青が、はっきりと記憶に残っている。

その後もパリに行くたびに、道端のベンチや、レ・アールの工事現場などで作業着を見かけるのが楽しみだった。

プレタポルテのショーの舞台で華やかにライトをあびているモンタナやミュグレーの服も確かに魅力的だ。けれど、時には、清掃車のうしろに、ひょいと乗っていった背の高い黒人の着ていた青いつなぎの方がよっぽどセクシーに見えたりもした。

そんなわけで、青い木綿の作業着に対する私の思いいれはかなり以前からあったのだが、パリに対する憧れが強かった頃には、自分が着ようなどとは思ってもみなかったようだ。

五、六年前の私の仕事着——この場合は、特に撮影の仕事の時に着る服をさす——を思い出してみると、夏は、カルバン・クラインのカーキか、伊勢丹のジュニア売場で買った紺の木綿のつなぎ。冬には、ジーンズのサロペットとボーイスカウトの赤い半コート。これを着ていた時期がかなり長くて、その後はベージュの木綿のズボンにジャンパーか、ツィードの上着。

そして気がついてみたら、現在の私の仕事着は、かつてパリで眺めて楽しんだあのジャケットふう。ベージュのワークパンツ、白いTシャツ、それに青い木綿のジャケットという基本のスタイルができあがっていた。

撮影のある日というと、無意識にワークパンツをはきTシャツを着る。真夏でも、すぐ鳥肌がたつ寒がりの私は長袖のジャケットを離せない。毎度着るから、初めはかなり濃い青だった木綿のジャケットも、洗濯がたび重なるから、次第に白っぽくなる。その自分が着こんで白くした感じと、洗いざらした木綿の感触にとにかく愛着がある。

この色と質感は、木綿の絣にも通じる所があり、日本人も自信をもって着ていいと今では思っている。以前好きだったカッチリした上着より、普段はこんなラフな形の方がいい。

ここしばらく、私の仕事着は、青い木綿のジャケットだ。

（「クロワッサン」1981年4月10日号）

エルジャポン　1982年10月号　帽子と手袋で

「帽子と手袋」は、私の好きなというか、何年かおきに気になるテーマのひとつだ。昔は男も女も帽子と手袋をすることで装いを完成させていた。それが次第にくずれていった。時には見直したいと思い続けている。煙草を吸うポーズを堂々と積極的に撮影していた時代だった。

コートが好きなアイテムであることは認めざるを得ない。特に防寒用以外のコートの魅力を知らせたいといつも考えていた。アヴァンギャルドが台頭し、ビッグなシルエットが注目された1980年代初期らしい「麻のコート」。この時代ならではのたっぷり使われた麻の質感とヴォリュームの記憶は今も鮮明で時折懐かしささえ感じる。

エルジャポン　1983年3月号　麻のコート

麻のコート
原 由美子
réalisation Yumiko Hara. photos Shigeru Izumi. hair & make Sumio Yano. model Jeanne.
背中で交差しているコート¥46,000 手編みのセーター¥40,000 シーチングのパンツ¥14,000 牛革製の二重ベルト¥7,500／コム・デ・ギャルソン 後ろ部分が綿で前が絹ジャージーの巻きスカート¥18,000／トリコ・コム・デ・ギャルソン ☎407・2480

エルジャポン　1983年7月号　原由美子のモード　心ひらいて――海

81

テラスに出てひと息つくと、潮の香りが鼻をつく。
かすかに聞こえてくる浜辺のにぎわいにさそわれて、心はもう海。
去年と同じ場所にたてられているに違いない色あせたブルー無地の
大きなビーチパラソルと、青と黄のウインドサーフィンが目に浮かぶ。
でも今日は浜辺にはいかない。肩を少し焼いて、ゆっくり休むだけ。

80

鎌倉育ち。夏休みは泊まり客と共に毎日浜辺へ通い、海水浴をした。大人になってからはフランス映画や「ELLE」で知ったヴァカンスモードが気になっていた。抵抗なく楽しく着られる海辺の装い。まだ日焼けがNGではなく、できればブロンズ色に焼きたい時代、どうすれば美しく肌を焼き、それを生かせるか。そんなことを考えながら、日本人に無理のない肌の露出度で水着との重ね着をスタイリングした。ロケ地は何度か通った葉山の知人の別荘と海岸。モデルも一時来日する度に仕事をしたフランス人のミッシェル。リゾートらしい装いをさりげなく撮りたかった。

83

この夏、初めて海に入る日。
黒のクラシックなセパレーツ型かグレーのビキニか大いに悩む。
グレーはやっぱり焼けた肌に着たいから、とりあえず黒。
バンダナプリントの赤と合わせて去年と違う自分を演出するためにも。
あせたブルーのパラソルをバックに、赤と黒の姿は印象的なはず。
あまり海っぽくない雰囲気も海の第一日にはふさわしいし。
今夜の眠りは毎年初めて海に入った日に味わう優しく心地よい眠り。

82

エルジャポン　1983年8月号　原由美子のモード　夜の外出着

夜のおしゃれというと突然超ドレッシーなドレスか気取ったスーツになるのが一般的だった。そうではない現代的なドレスアップはないだろうか。忙しいから着替える暇はないと逃げずに、いつものスタイルの延長で上手にドレスアップする大人の女がふえてほしい。そんな思いで探し続け、何度かとりあげているテーマだ。クリスマス近くになることが多いが、これは珍しく夏の号。夕方の雑踏の中で、パレオふうのスカートにゴツイセーターをあえて着て。レースのブラウスに革のスカートスタイルは、ビリヤード場で撮影した。

エルジャポン別冊 モード・スペシャル'84-'85秋冬号　表紙
1984年10月5日発行

「別冊モード・スペシャル」が出せる程にファッションに勢いがあり元気だった時代。この時も「クロワッサン別冊」と同じくほぼ一冊を担当、必死にテーマを決め洋服を集め撮影した。「'85春夏」の表紙はモロッコの夕暮れを背景にシャネルのスーツで。左ページ「秋冬号」ではズーッと気になっていたクラシックな男物に由来する長い上着が目についたシーズン。夏のパリ、念願だったモンマルトルの石段と坂道を中心にロケ。観光客の多い時期でこれを避けるのだけは大変だったが、まだ湿気のない昔ながらのパリの夏の気候は、冬物撮影も苦にならなかった。左ページ下、「赤」という色も常に頭にあり、日本では子供っぽい色ととらえられがちだったのを変えたいという思いが。

エルジャポン別冊 スペシャルモード'85春夏号　表紙
1985年3月5日発行

エルジャポン別冊 モード・スペシャル'84-'85秋冬号 原由美子がつくるスタイル・ブック 上・中／長い上着 下／新しい赤

エルジャポン別冊　モード・スペシャル'84-'85秋冬号　原由美子がつくるスタイル・ブック　上／スーツ　下／アクセサリー

「スーツ」のページは当時の常連モデル、スーザン・モンクール。私にとって初のパリコレだった1973年のケンゾーのショーにも出ていて、その頃は「ELLE」や「marie claire」の中心マヌカンだった。この頃は子育て中、しかもパリでは若いモデルが次から次に台頭し、仕事からは少し遠ざかっていた。だが私には彼女の落ち着いたナチュラルな女らしさが好ましく、仕事を依頼した。カフェフロールとドゥマゴのあるサンジェルマン界隈でゲリラ的にロケをした。「アクセサリー」のべっ甲を生かすために選んだのは、鮮やかな赤いニットのロングカーディガン。

左ページは日本のスタジオで、例によって「帽子と手袋」をテーマにした。

photos Shigeru Izumi stylist Yumiko Hara hair&make Sumio Yano model Candida, Kathi
39

エルジャポン別冊　スペシャルモード'85春夏号　原由美子がつくる'85春夏のモード　上・中／プリント　下／コロニアル・スタイル

モロッコの光と影の中で、複雑なプリントの色合いは、さらに表情を豊かにする。

自己主張の強いプリントを手なずけて着る。そのためにプリントを重ねる。

帽子を効果的に使う。エキゾチックな雰囲気がさらに強調される。

前文は短く、アシメトリーにドレープ。はだけてもかまわずに風にのって歩く。

113　112

「エルジャポン別冊」二冊目の春夏号は前半がモロッコ、後半がニューカレドニアのオールロケという贅沢なつくり。まずパリに行き、クリスマスの休暇予定だったスーザンともうひとりのモデルを口説いてモロッコへ。ホテルを予約してあったのはカサブランカだったが、あまりに都会的だったので、毎朝五時に起きて、二時間から三時間かけて移動。右ページ「プリント」は古い街並の残るモロッコの首都ラバトでロケ。「コロニアルスタイル」は中央市場のにぎわいが印象的だったマラケシュで。「水着+プリント」はニューカレドニアで。日本ではためらってしまうかなり大胆で派手なプリントも南国の光の下では自然に見える。

ためらうような大きな花柄も、南国の自然の中では素直に優しい気持ちで着られる。

115　114

エルジャポン別冊 スペシャルモード'85春夏号 原由美子がつくる'85春夏のモード 帽子

スティーヴン・ジョーンズ自身のコレクションではクラッカーみたいなカラフルな色で作られていた鳥の巣ふうの帽子。自然色だから素顔に近いメイクで、素直にかぶりたい。帽子¥57,000／コムデギャルソン・フランス 胸もとに立体的な布の花がついた背中あきTシャツ¥25,000／コムデギャルソン

36

パリコレの舞台で目にして以来、忘れられなかった鳥の巣のような帽子。マラケシュの市場近くの壁の前に立つと、ごく自然になじんでしまう。スティーヴン・ジョーンズの帽子、初撮影。下に着たのは今でも忘れられない大きな立体的な花が全面についていて背中はあいている純白のTシャツ。コム デ ギャルソンのコレクションから。

左ページのもうひとつのスティーヴン・ジョーンズはヒロミチ・ナカノ。こちらはラバトの市街地をバックに少し気取って。

スティーヴン・ジョーンズの帽子革命が、パリ、ロンドン、東京で話題。

後頭部についたターバンで固定するから、安定感があり、かぶりやすい。ちょっとかためのサファリジャケットに合わせても素材のラフさが小意気に生かされる。帽子¥19,000／HIROMICHI NAKANO by STEPHEN JONES〈VIVA YOU〉麻のカーディガン¥19,000／HIROMICHI NAKANO

37

エルジャポン　連載・原由美子の巴里モード散策　1984年12月号　駅物語

1984年9月号　カフェ物語

1984年11月号　ホテル物語

パリのカフェ、公園、ホテル、駅、橋を毎号五ヶ所ずつまわった思い出深い連載の仕事。ファッションとの組み合わせは「駅」でコート、「カフェ」でニット、「ホテル」でワンピース、「公園」で革の服、「橋」ではパーティーの後という設定で。中では上左のホテル・ド・ポン・ロワイヤルが心に残っている。出版社の近くにあり文学者のたまり場でもあるバーのあるアール・デコ・スタイルのホテル。一度泊まってみたいと夢見たが、今はもうない。この84年はパリコレ取材その他を含めて計八回パリへ。体調はくずしたがパリを嫌いにはならず、むしろ知らなかったパリにふれ、改めてその美しさを見直した。

1984年10月号　公園物語

1985年1月号　橋物語

婦人公論　連載・Fashion Point　1980年2月号　古着を楽しむ

A5判の小型サイズにおさめるファッションページ。ダイナミックにとはいかないが、このサイズなりの動きは出したかったし、背景はシンプルな方がいいが単調にマンネリになるのだけは避けたかった。

ほとんど読み物の雑誌の巻頭グラビアページは読者の集中度が高く、思いがけない土地で感想や反応を聞くのは意外でもあり嬉しかった。「アンアン」の与論島ロケで着替え場所を貸してくれた民宿のご主人やシドニーのレストランで働いていた女の人を思い出す。着られる服にこだわり過ぎて夢をなくしてはいけないと気をつけて。若い人の古着ブームやアニマルプリントなどをとりいれ、少し冒険も。

Fashion Eyes　1982年1月号　冬の白ときなり

Mode Selection　1985年12月号　集いの夜に

MODE EXPRESS　1986年5月号　更紗の魅力

Mode Express　1987年8月号　遊び心のスカート

別冊アンアン　モボ・モガの時代　東京1920年代　1983年9月20日発行　原由美子の1920・30年代を着る

雑誌の別冊号は何度か経験があるが、「アンアン・ブルータス共同編集」と銘うったこの「モボ・モガの時代」は特に印象深い。表紙とタイトルデザインは堀内誠一さん、アートディレクターは「エルジャポン」でも仕事をした村松仁美さん。「東京1920年代」というサブタイトルつきで、強力な編集者と執筆陣の総力結集といった一冊だ。私も女性ファッション、メンズファッション、アクセサリーを担当、メイクのページでは「ダダイストの女」というテーマもあり、一時（いっとき）20年代にどっぷり浸った日々を過ごした。特に今はないイタリア文化会館近くのレストラン「ラ・コロンバ」で撮影した五人の男性モデルによるメンズファッションのページが懐かしい。

モボのおしゃれバイブル〝ヴォーガン・ヴォーグ〟で知った男の服の真髄

クロワッサン別冊　ポムポン春夏号　1986年3月5日発行　アッチッチ浜のサンサンドレス

良い思い出のない海外ロケだが子供服の雑誌「ポムポン」の撮影で行ったタヒチだけは大好きに。ひとえに子供モデルたちの可愛さと魅力のおかげだ。長い間、半端にはやりたくないと手を出さなかった子供服の初仕事。ホテルをとりロケ地に選んだのはモーレア島。子供たちは毎日タヒチ本島のパペーテから水中翼船で通ってきて夕方には帰っていく。その後はスタッフだけでのんびり。沢山あっても小さくてアイロンかけのいらない子供の服は、撮影でぬれたらホテルの庭に干しておく。干したままロケに出ても盗む人などいない南の島の大らかさが懐かしい。子供たちと別れる最後の日の港では涙も。すぐにも再訪したいと望んだタヒチだが実現していない。

右／小麦色島のかくれん帽
左／なかよし島のスキスキTシャツ

THREE WOMEN

スタイリストの原由美子さんは、
コム・デ・ギャルソンのカタログを長い年月、作ってきた。
川久保玲の作品を最も近い場所から見続けてきた人の一人といえる。
その原さんのコオーディネーションによる、
コム・デ・ギャルソンのこの夏の服たちを。

原由美子による
コム・デ・ギャルソンの、夏の日の服。

Photographs: Yohichiro Satoh／Hair: Masato(Maniatis Japon)／Make-up: Ryuji(Maniatis Japon)／Stylist: Yumiko Hara／Models: Ana, Bill Blake, Pascal

63

ハイファッション　1987年5月号　原由美子によるコム・デ・ギャルソンの、夏の日の服。

1987年、ニューヨークのFIT（Fashion Institute of Technology／ニューヨーク州立ファッション専門単科大学）でマドレーヌ・ヴィオネ、クレア・マッカーデル、川久保玲による「THREE WOMEN（スリー・ウーマン）展」が開催された。その特集号の「ハイファッション」からページを依頼された。コレクションを見て素材としてのジーンズの新鮮な使い方、アシンメトリーと重ね着の新しい扱いが印象的なシーズンだった。モデルに食べてもらうのは、どうしても青山にあるイタリアンレストラン「アントニオ」のスパゲティバジリコにしたいというカメラマンの希望を打ち合わせの時告げられた。

マリ・クレール日本版　1987年5月号　光のシャワー、まとって

RÉALISATION Yumiko HARA
光のシャワー、まとって

「マリ・クレール日本版」で春夏物のタイアップ撮影と一緒に実現した、編集のファッションページ。ロケ地はタイのプーケット。まだそんなに日本からの観光客は多くなかったが、できるだけ観光スポットは避け、素朴な自然の残る田園風景を探して撮影した。通常冬に撮る夏物を本当に季節が夏の、しかも空気も自然も美しい環境で撮影できる幸せにつくづく感謝した。洋服と空気感がマッチした写真の清々しさが嬉しかった。

マリ・クレール日本版　1987年11月号　サマンサ――タータンチェック、ロンドンの街角から

「マリ・クレール日本版」11月号の冬物タイアップロケで行ったロンドンで、唯一実現した編集ページ。是非一度は挑戦したいと思っていたタータンチェックの生まれた国でのロケ。幸いこの秋冬はタータンの服が豊富にあり、余裕をもって選べた。タイトルにもなっている赤毛のモデル・サマンサの不思議な個性が、タータンの普遍的な魅力を生き生きと見せてくれた。真夏のロンドンは決して涼しくはなかったが、湿気の多い日本とは違い、このくらいの冬物ロケはそんなに過酷ではなかった。

マリ・クレール日本版　1988年11月号　パリの赤

「マリ・クレール日本版」で二度目となった秋冬タイアップロケはパリで。タイアップと共に編集ページの撮影をするのが定例化していた頃で「パリの赤」も私の提案で実現したテーマ。コム デ ギャルソンのエスニックな赤が強烈な印象を残し、ほかのブランドでもさまざまなテイストの赤が心に残っていたシーズン。パリで撮影するならロケ場所はいろいろある。郊外の館からパッシーの高架下まで、それぞれの赤が際立つ場所を選んで。強烈なだけではない、さりげなく日常的な赤をどう見せるかに腐心して服を選び、スタイリングした。

表紙

Hanako　1989年3月23日号　なにげない仕事の服にもクラース《階級》がでてきた

ファッション情報

なにげない仕事の服にもクラース階級がでてきた

ワーキングガール編

原 由美子・監修

いま、仕事の服は混乱している。年齢も若く、キャリアもない女性が高級ブランド品を身につけ、失敗している。やっぱり、仕事の服にもクラース《階級》がある。キャリアを積んだ女にこそ、シャネルやアルマーニが似合うのだ。クラースをふまえてもう一度仕事の服を考えたい。

W・G・F WORKING GIRL FASHION Primary class

クラースを目指して、ファッション計画を考えよう/ まずは自然に、背伸びせずに。

W・G・F WORKING GIRL FASHION Junior class

最後のクラースにうまくたどりつくための大切な時期。ブランドの選択が重要です。

W・G・F WORKING GIRL FASHION Senior class

グレードの高いブランドを着こなすにはそれなりのキャリアや意識が欲しい。

シガニー・ウィーバー、メラニー・グリフィス、ハリソン・フォード主演の映画『ワーキング・ガール』が話題になり、ニューヨークのキャリアガールの実態が注目された。そこから生まれた日本版キャリアガールスタイルを三つのクラスに分けた、28ページの大特集。中間のジュニアクラスのスタイル（下左）にいちばん悩んだ記憶がある。銀座通りのミキモトの前からマガジンハウスのロッカーが並んだコーナーまで、それらしき所を探してロケ。上級クラスの象徴スタイルはシャネル、アルマーニ、ダナ・キャランという時代だった。ちなみに映画のシガニー・ウィーバーが着た衣裳も当時は最高に格好良いと眺めていた。

Hanako　1988年7月7日号　夏の夜、ドレスアップしてドラマティックに遊ぶ。

「Hanako」で久々に実現したモノクロのファッションページ。「アンアン」で「おはなしファッション」の連載をモノクロでスタートした時は、早くカラーページをやってみたいと憧れた。だがカラーページが普通になり、そればかりやっているとモノクロページの味わいと魅力が懐かしく是非又と思うようになる。そんな時だけに張り切った。モデルも来日したクリステン・マクメナミーが幸運にもとれたのだ。今はない六本木の「ハンバーガーイン」と六本木通り中央の高速下あたりを探しながらロケ。服を着るとそれにピッタリの動きや表情が自然に出るプロ中のプロといえるモデルだった。

COMPLEXE CONTEXTE "F"　Fの達人

バカンス事情が変わりつつあるいま、その過ごし方とファッションが気になってきた

文・原由美子

Hanako　1989年6月8日号
プーケット島の太陽の下（もと）で
ストライプのJUNKO SHIMADA

　エリック・ロメール監督の『緑の光線』という映画を観た人は、フランス人がいかにバカンスを大切に考えているかに、驚いたに違いない。

　この映画の前半は、主人公の女の子が、その夏のバカンスに行く場所が決まらず、また、一緒に行く人も見つからないで困っている状況の描写に徹底しているからだ。

　もし六月末のパリに行ったことがなかったら、私もこの映画を観て、大袈裟だな、くらいで、すましていたかもしれない。ところが、撮影のために、たまたまその時期に行ったことがあったので、身につまされながら観ることになってしまったのだ。

　まずあせったのは、六月の末だというのに、モデルクラブを訪ねても、モデルの半分はバカンスに入っているという。それも、トップモデルほどパリにいない。

　なんとかモデルを確保して撮影を始め、六月最終の土曜日を迎えた。その午後、凱旋門近くのオスマン通りで眺めた光景は、今でも忘れられない。なぜか、パリの外へ向かう道、高速道路に向かう車線だけが、いつの間にか渋滞に近い詰まり方で、ビッシリ車の列になってしまったのだ。三十分前までは、いかにも夏のパリらしい閑散とした道路だったのが、だ。

　よく見ると、車の上に何やら荷物をいっぱい積んでいるのが目につくし、後ろのトランクがしまらずに、ゴムみたいなひもで無造作に押さえているフランス的いい加減な車も多い。中には、屋根にボートをのせたトレーラーもある。

　そこで、これが有名なバカンスへの出発だとわかったのだ。話には聞いていたが、この光景を目にして、バカンスが国民的行事のひとつだということを痛感させられた。六、七年前のことだ。

　それまでにも、雑誌のページでは"バカンスの装い"的なテーマを、何度も仕事としてはこなしてきたけれど、あくまでも"つくりごと"であり"夢"であったような気がしたのも、その時のことだ。

　その二、三日後、七月に入ったパリは、カフェの半分が店じまいし、街には、Tシャツとジーンズのアメリカ人観光客と、大型観光バスばかり目につくようになったのだ。

　ところがここ数年は、フランスも不況が続き、昔ほど、徹底的にバカンスをとらなくなったという話も聞く。反対に、日本人のバカンス志向は強まる一方で、連休や夏休みのとり方は、どんどん大型化しているようだ。

　そうなると、仕事柄、気にな

ってくるのがバカンスの装いだ。『緑の光線』を観た人は気づかれたと思うが、フランスの若い人の格好は、バカンスといっても特別なものでなく、肌の露出度がいつもより少し高いくらいだ。『エル』や『ヴォーグ』に出ているようなバカンスファッションを身につけられるのは、超一流リゾートホテルに泊まる、ごく一部のお金持ちのものだ。その意味では、雑誌のページは"夢"でもいいと、少し安心したりもする。

そして日本人のバカンスファッションも、最近はかなりさりげなく、普段感覚になっているようだ。ただ、この一月、初めて行ったハワイで少しガッカリしたのは、さりげないのはいいけれど、画一的な格好が多いことだ。男の子はジーンズかバミューダに半袖ポロ、リーボックの靴。女の子はアロハかTシャツに、やはりジーンズかプリントのミニ。靴はやはりリーボック。

バカンスだからガンバりましたふうな装いより、さりげないのはいいのだが、日本人の場合、黒髪、黒目が共通で、ストレートなロングヘアの女の子が圧倒的に多いとなると、全体的な印象は似たりよったりになってしまうようだ。

髪や目の色は変えられないから、どうしたらいいと言われても困るのだが、他人とは違う、自分だけのバカンスの過ごし方のスタイルを見つけることが大切だという気がする。

皆といっしょに買い物に行けば、どうしてもハワイではジーンズとリーボックとルイ・ヴィトンを買うから、なんとなく似てきてしまうのではないだろうか。買い物が好きなら、それもしようがないが、早いとこそのへんを卒業すると、自分だけのバカンススタイルが見えてくるのではないだろうか。

そういう私も、フリーの仕事の忙しさで、今までろくなバカンスはとっていない。ただ、仕事のおかげで、あちこち行き、さまざまなバカンスを観察する機会があったので、えらそうなことを言っているにすぎない。そして、最近になってやっと、心からバカンスをとりたいと思うようになったし、それもできるだけ長い間、どこか一か所で、ボケーッとしていたいと思っている。多分に年齢のせいもあると思うが。

そんな時、思い出すのが、去年の五月、『Hanako』の撮影で、タイのプーケットに行った時のことだ。プーケットでは、二番目くらいといわれるそのホテルは、かなり高級で、私たち撮影隊以外はほとんどがフランス人の中年以上のカップルだった。

プールサイドで水着姿のモデルさんを撮影した帰りに見たのだが、やはりプールサイドの木陰で、分厚い写真集を水着姿でゆっくり眺めている五十前後の男の人がいたのだ。バカンスで、ずっと好きだった写真集をじっくり見る。こういう過ごし方もあるのかと、はっとさせられた。

(「Hanako」1990年7月5日号)

舞台衣裳のスタイリング

1985年のある日こと。当時青山の骨董通りにあった事務所で突然、本木昭子[*29]さんと女優の木野花[*30]さんの訪問を受けた。

本木さんにはこの年にハンカチメーカーの老舗「中西儀平衛商店」が「ブルーミング中西」と社名変更するにあたり制作されたカタログのスタイリングの仕事をいただいていた。横須賀功光[*31]さんとの仕事。山口小夜子[*32]さんには矢絣のきものを着ていただいた。その時の撮影でハンカチを自在に使ってパフォーマンスする山口さんの姿が印象深かった。そのほか、和太鼓奏者の林英哲さんや、その頃は役者としての活躍が目立っていた四谷シモンさんら、個性的なメンバーばかりがモデルとして集められていた。残間江里子[*33]さんと加藤タキ[*34]さんのお茶目な姿での撮影など、私としては珍しい仕事だった。何を着ていただくか頭を悩ませたことも含めて、スタジオでの緊張を今も鮮明に思い出したりする。

■劇団青い鳥の舞台衣裳

その本木さんが木野花さんと現われたのは舞台衣裳の仕事の依頼だった。

演劇に疎かった私は、その時初めて、木野花さんが主宰する劇団「青い鳥」の存在を知った。通常の公演はオリジナル脚本で、衣裳も自分たちで用意しているという。だが

＊29
本木昭子（もとき あきこ）
モデルの山口小夜子のマネージャーからイベントプロデューサーに転身。1995年死去。

＊30
木野花（きの はな）
女優、演出家。1974年女性だけの劇団「青い鳥」を結成。80年代の小劇場ブームを牽引する。86年に同劇団を退団後も舞台、テレビドラマ、映画などで活躍。

＊31
横須賀功光（よこすか のりあき）
1937〜2003。写真家。広告やファッション写真を中心に活躍。

『CLOUD9（クラウド ナイン）』[*35]というイギリスの翻訳劇を演ることになり、巻上公一[*36]さんの客演もある、というわけで衣裳を担当してほしいとのことだった。

「私にできるかしら？」というおきまりの疑問はすぐに浮かんだが、本木さんと木野花さんの熱心なお話を聞いている内に、やってみようという気持ちになった。

いざ始めてみると、雑誌の撮影用衣裳を集めるのとは異なる困難――十分覚悟していたつもりだったが――それも簡単ではない難事がザクザク現われた。衣裳は製作するのではなく、既製服を借りることになっていた。公演期間中に貸して下さるサンプルはどこにあるか、現在のように撮影用リース屋[*37]など全くなく、といってよくある舞台衣裳にはないものを探す必要があった。なんとか、あるアパレルメーカーが、その時契約していたフランスのブランドの過去のオリジナルサンプル、それも冬物を持っているという情報を得た。無我夢中でサンプルがしまわれている倉庫までたどり着き、イメージしていたコートなどを見つけた時の喜び。それを公演期間中借りる手続きをした。しかし、モデルサイズの借りものの服を、サイズ直しもできないのに、小柄な人もいる「青い鳥」の役者さんたちにどうやって着せたのか？　なぜできたのか、今思い出しても不思議な気がする。

怒濤の勢いでやったこと、細部は記憶にないが、とにかく大変だったという思いだけが残っている。

最後まで苦労したのが、主役の巻上公一さんに着せる服探しだ。怒れる若者という役柄にふさわしく、ごつい革ジャンがいいと結論したが、どの店やメーカーに行っても見つからな

＊32
山口小夜子（やまぐち さよこ）
1949～2007。71年モデルデビューし、72年東洋人で初めてパリコレデビュー。映画出演やダンスパフォーマンスなどでも活躍。

＊33
残間江里子（ざんま えりこ）
1950年生まれ。出版、映像、文化イベントなどを手がけるプロデューサー。

＊34
加藤タキ（かとう たき）
1945年生まれ。ショービジネス・コーディネーターの草分け的存在。

＊35
『CLOUD9（クラウド ナイン）』
イギリスの女流劇作家キャリル・チャーチル作の舞台劇。

い。たとえあったとしても、借りられない。舞台で着るのだから当然汗もかくし、長期間のリースは断られるに決まっている。今だったら渋谷あたりの店にいけば、一年中ライダース[*38]ジャケットが置いてあるが、当時はそうはいかなかった。そして思い出したのが、その少し前から川久保玲さんが定番スタイルとして確かショット[*39]の黒い革のライダースを格好良く着ていたこと。勇気を出して、ダメもとと覚悟して川久保さんに頼みにいった。少し驚かれたようだが、例によってそっけなく「いいわよ」と言って下さった時の安堵感。「今の時季は着ていないから」と貸して下さったのだ。こうして、確か一週間程[*40]の公演の間、その革ジャンが巻上さんのメインコスチュームとなった。

ゲネプロの日、高鳴る胸をおさえて舞台を見つめた。出演者別に衣裳をメモしておき、最終チェックもしたはずだが、そのあたりも記憶にない。本公演も見たはずなのに、それも覚えていない。覚えているのはゲネプロの開演前、まだ客席にいた青い鳥の人たちの中に挨拶しながら入っていったところまで。これでいいのだろうかと悩み過ぎて、結果を見るのが恐かったのだ。衣裳がどうだったか誰かに感想を聞いた覚えもない。もう少し、しっかり見定めておくべきだったと後悔している。

いちばんの収穫は、青い鳥のメンバーと友だちになれたことだった。私がそれまで出会ったことのなかったタイプの、個性的でパワフルな人たち。それぞれ全く違う個性をもった人たちが「青い鳥」という強い絆で結ばれていた。

＊36
巻上公一（まきがみ こういち）
1978年結成のバンド「ヒカシュー」のリーダー。音楽家、プロデューサー、俳優など。

＊37
撮影用リース屋
コマーシャル、テレビ、映画、雑誌、舞台などの撮影のための洋服やインテリア、小物などを貸し出す専門の業者。

＊38
ライダースジャケット
オートバイに乗るために工夫されたデザインのジャンパー。主に皮製。

＊39
ショット
SCHOTT（ショット）。アメリカの代表的なライダースジャケットブランド。

『CLOUD9』以後、青い鳥の自主公演を観るのは私の楽しみになった。数ヶ月に一度くらいのペースで、皆と食事もした。集まった皆からパワーをもらえる時間だった。それがどのくらい続いただろうか。次第に縁遠くなってしまったが、今又会えたら、以前と同じようにワイワイ言い合える気がする。舞台人らしい発声でパワフルに話す彼女たちに、口の中でついモゴモゴしゃべってしまう私がからかわれていただけかもしれないのだが。でもなんだかすべてを忘れられる心なごむ雰囲気と会話があったのが懐かしい。

＊40 公演
『CLOUD 9（クラウド ナイン）銀色の雲の上で』アンコール公演。1986年2月20日〜28日まで、パルコ・スペース・パート3にて上演された。

CHAPITRE 5

フリーのファッションエディターとして

タイム・アシェット社の「エル・ジャポン」

実はごく短い期間だが、私はもう一度「エル・ジャポン」の仕事をしている。「マリ・クレール日本版」、「婦人公論」の仕事を定期的にこなしながら、いくつかの雑誌の依頼を単発的に受けている時だった。エルジャポンがまだマガジンハウスから月二回刊行されている時に、ある人からファッション編集長をやらないかと勧められ、どういうことかと驚いた。

よくよく聞いてみると、マガジンハウスとの契約関係が間もなく終わり、全く別の会社がエル・ジャポンを出すというのだ。その裏にはアメリカ版[*1]「ＥＬＬＥ（エル）」の成功により、出版元であるフランスのアシェット社[*2]が方向転換し、すべての各国版エルに対して出資した会社をつくり、コントロールするという意図があった。マガジンハウスがそれをことわったので浮上したのが、次の出版元タイム・アシェット社[*3]だったのだ。そこからの依頼だった。一度はキッパリとエルをはなれたつもりだったので悩んだが、再びエル・ジャポンをやる決心をした。スタッフ集めから始めてほしいとのことだったから容易でないのは覚悟していたが、エルの魅力にはさからえなかった。やらなかった後悔よりやった後悔を選び、当時マガジンハウスの社長に就任されていた木滑さんにも挨拶に行った。

タイム・アシェット社からは今までの仕事を全部やめて専任で、と言われ、長年続けてい

*1
アメリカ版「ＥＬＬＥ」の成功
1985年に創刊された米国版「ＥＬＬＥ」は20代後半の比較的高収入・ヨーロッパ志向の女性を読者対象とし、創刊時から広告収入が好調だった。

*2
アシェット社
正式名称はアシェット・フィリパッキ・メディア。1826年創業のフランスの雑誌出版社。

*3
タイム・アシェット社
米国のタイム・ワーナー社とアシェット・フィリパッキ・メディアとの合弁会社。1989年にタイム・アシェット・ジャパンが設立され、「エル・ジャポン」が新創刊した。

た婦人公論の連載などすべてをスッパリやめて、準備した。まず本国・アシェット社への挨拶のためのパリ出張から始まり、準備に五ヶ月くらいかかった。既存の雑誌と異なるものにするために、すでにスタッフとして決まっていたアートディレクターと相談し、スタイリストとカメラマンは、なるべく現存の雑誌では仕事をしていない人をということで、人探しから始めた。

撮影のための商品集めに対するスタイリストへの指示、ページに関するカメラマン、アートディレクターやスタイリストと共にする打ち合わせなどは、今までと違った立場での発見もあり、仕事としては楽しい時間だった。実際にスタイリストとしての仕事ではなくてもスタッフと共に同じ目的に向かってする作業を楽しめる自分がいることが嬉しかった。これからはアジアの時代という思いもあり（事実、その頃、日本の若手デザイナーの服が香港などで売れ出していた）、日本版ならではの発信をするのが、私とアートディレクターの希望でもあった。そこで「イデー　エル」というグッズを紹介するページでは、あえて常に「和」のアイテムをとりあげるという試みもした。

それにしても忙しかった。ファッションページ以外のＥＬＬＥの読み物ページの手配、原稿料やギャラ決めに始まり、その伝票づくりまで。時間と予算が限られていたから、数ページ程度のタイアップページなら人に頼まず、自分がスタイリストをしてしまうこともあった。毎日帰るのは朝方、しばらく眠って又出社という日々が続いた。六ヶ月ぐらい頑張ったが、体力と気力の限界が訪れ、あることをきっかけに辞めることにした。

今、思い返すと、フランスのＥＬＬＥがアメリカ版の成功により外国版の発行の仕方を変えたということ自体が、まず時代の変化のきざしだったのだ。雑誌が情報発信や伝達だけでなく、むしろ広告収入による利益を追求することが目的の媒体へと変貌しつつある時だったといえるだろう。それを承知で始めた仕事のつもりだったが、上層部との意思の疎通は困難だった。私が理想を求め過ぎたのも確かだが。

六冊の雑誌しか出していなかったので大いに恥ずべきことだが、自分ではつきものが落ちたような感じだった。

一緒に仕事をしたスタッフへの申し訳ない気持ちは後からおそってきて、ずいぶん長い間、私を悩ませた。唯一、この仕事で優秀なアートディレクターやカメラマンと知り合えたことは、私にとって大きな収穫だった。

ただし、この仕事を始めるにあたり、ほかのすべての仕事をやめていた私は、しばらく何も仕事がない日々を送ることになる。立ち直るのに、かなりの時間が必要だった。

[*4] タイムアシェット社は後にアシェット婦人画報社になり、２０１１年からはハースト婦人画報社としてエル・ジャポンを発行している。

*4
ハースト婦人画報社
米国のハーストコーポレーションがアシェット婦人画報社を買収し、２０１１年、ハースト婦人画報社に社名変更した。

さまざまな雑誌での仕事

ほかの雑誌の仕事もすべてやめて専念するつもりだった「エル・ジャポン」を自分から飛び出してしまった時、気がついてみるとひとつも仕事がなかった。しばらくは呆然として時が過ぎたが不安にもおそわれた。それまで働き続けていたから食べていくだけのものはあっても、収入がゼロというのは親元を出てから初の経験だった。失業保険は、もちろんない。

その内にボツボツと雑誌の仕事の依頼がくるようになった。エル・ジャポン時代、とうとう「madame FIGARO（マダム・フィガロ）」[*5]も日本で創刊されたと話題にしていたその「フィガロジャポン」[*6]から依頼された時は何やらホッとした。私にとっての90年代の幕開けだった。

それからはフィガロジャポンを比較的定期的に、そのほかに「éf（エフ）」[*7]「ハイファッション」「シュプール」[*8]「ブルータス」[*9]といった雑誌からファッションページや原稿の依頼を受け、文字通りフリーランスとして仕事をさせていただいた。

正式な社員になった経験はないからずっとフリーだったわけだが、この頃から、その心構えが更に確固たるものになったというのが正確かもしれない。

仕事をいただいたら「ともかくやる」という覚悟が要る。撮影の日程が重なったら不可能だが、それ以外は引き受ける。そんな気持ちで仕事を受け、それぞれの担当者と向き合い、その雑誌の読者を思い描きながらその仕事に集中し、ひとつひとつをこなす。後に仕事をま

＊5
「madame FIGARO（マダム・フィガロ）」
20代後半〜40代の女性をターゲットにした週刊誌で、フランスでは新聞「ル・フィガロ」の付録として発行。

＊6
「フィガロジャポン」
1990年にTBSブリタニカより創刊された女性誌。2003年より発行元が阪急コミュニケーションズに変更。

＊7
「éf（エフ）」
1984年、主婦の友社より創刊された20代女性を対象としたファッション誌。2006年に雑誌は休刊しWebマガジンに移行。

とめたファイルの年号を見ると、これとこれを同じ年に？　とビックリすることがある。それぞれに集中して精一杯だったので、どの仕事とどの仕事を並行してやっていたかという記憶はなく、あるのは個別の仕事の記憶だけなのだ。当時を振り返ると、必死にスタイリストに専念し、〝レアリザッシオン〟という言葉に対する思い入れからは少し解放されていた気がする。一方でアメリカの「VOGUE（ヴォーグ）」ではレアリザッシオンが〝ファッションエディター〟というクレジットになっていたのを思い出さずにはいられない。というのも、90年代になると、各編集部のファッション編集者の仕事分担が確立していたからだ。雑誌により多少の差異はあっても、スタイリストを使ってファッションページをつくるのが、ほぼ定形化していたといっていいだろう。

雑誌も情報量も想像以上にふえた故の役割分担。フランスでもアメリカでも、いわゆる雑誌だけでなく、さまざまな分野で活躍するフリーのスタイリストがふえつつあったのも、この頃だ。相変わらずパリコレに通い展示会めぐりもしたが、広く浅く、できるだけ沢山見るようにしていた時代といえるかもしれない。どのような雑誌にどんなテーマを依頼されても、すぐに対応できるだけの情報をきちんともっていたい。その仕込みの時間がなくなるのを恐れて、次第にコマーシャルから遠ざかってしまったという面もある。

この時代、マガジンハウスが１９８９年に創刊したトラベルマガジン「ガリバー」[*10]では、連載ページのスタイリングと文章を担当させていただいた。これに関してはテーマから自分で考えたため、ファッションだけに絞らず、常に旅まわりのことにアンテナをはりめぐらせ

＊8
「シュプール」

１９８９年、集英社より創刊された女性ファッション誌。創刊号は89年11月号。

＊9
「ブルータス」

１９８０年、平凡出版（現・マガジンハウス）より創刊された男性誌。同社発行の「ポパイ」の兄貴分的な位置づけで、ロゴタイトルとアートディレクションを堀内誠一が担当。

＊10
「ガリバー」

１９８９年、バブル末期にマガジンハウスより創刊された海外取材も豊富な贅沢なつくりの旅行雑誌。

ていた。

雑誌にとって広告収入が最大のポイントとなる時代をむかえ、呼応するように次々と雑誌も創刊された。外国のハイブランド[*11]も日本に現地法人をつくり始めつつあった。ファッションページにも海外ブランドの占める量がふえていき、勢いをましていた。同時に雑誌それぞれに個性とスタイルを際立たせる工夫があり、それに対してスタイリストとしてどう貢献できるか、考えながら仕事するのが楽しかった頃でもある。


90年代のファッションページで印象に残っていることが、ひとつある。確か95年のこと。フィガロジャポンで「日本人デザイナーの服」を10ページ程提案することになった。海外のハイブランドが席巻し始めていた頃だ。

オケージョンかアイテムでファッションテーマを決めた場合、そこにハイブランドと従来の日本ブランドを共存させるのが難しいというか、うまくとけこませてまとめるのに結構頭を悩ませるようになっていた時でもあった。

同時に力のある日本の若手デザイナーが次々と登場し、東京コレクション[*12]を見るのが楽しみだった時期でもある。東京コレクションと展示会の記憶をたどりながら、デザイナーやブランドをリストアップしていく。高橋盾のアンダーカバー[*13]、丸山敬太のケイタ マルヤマ[*14]など10のブランドをとりあげた。

丁度、新宿の伊勢丹[*15]で「解放区[*16]」という若いブランドのコーナーが展開され始めた時で、

＊11
外国のハイブランド
ジョルジオ・アルマーニ、ダナ・キャラン、フェラガモ、プラダなど。

＊12
東京コレクション
東京で開催されている日本のブランドを中心としたプレタポルテコレクションショー。

＊13
アンダーカバー
デザイナー高橋盾のファッションブランド。1994年、'94-'95秋冬東京コレクションに初参加。2002年、'03春夏パリコレクションに初参加。

＊14
ケイタ マルヤマ
デザイナー丸山敬太のファッションブランド。1994年、'94-'95秋冬東京コレクションに、97年、'98春夏パリコレクションに「KEITA MARUYAMA TOKYO PARIS」として初参加。

このページでとりあげたデザイナーたちが、そのコーナーでとりあげられた人とほぼ一致していたということを後で知ったのだ。

伊勢丹の担当者と相談したわけではなく、全くの偶然だった。図らずも雑誌と売場が連動していたことになる。自分の選択眼が間違っていなかったと確認できたのが収穫でもあった。日頃からの展示会まわりが役立っていた。雑誌の場合は、そこにとりあげた服を売るというのが最大目的ではなく、まずその存在を読者に知らせること。コーディネーション、着こなし、写真表現によってより魅力的に見せ、人によっては買って着てみたいと思わせるものにする。それが売るために選ばれたデパートの選択と一致した。こんな偶然が生まれた時代は雑誌にとって良い時代だったと思わざるを得ない。

＊15
新宿の伊勢丹
伊勢丹はファッションに強い百貨店とされ、なかでも新宿本店は、「ファッションの伊勢丹」の象徴であり、百貨店業界では衣料品の売上高日本一を誇る。

＊16
解放区
新しいファッションの発信を行なうために伊勢丹が設けたスペース。若手・新進デザイナーに期間限定で商品を販売する場所や機会を提供。

JASの制服をプロデュース

体力的にも精神的にもきつかったけれど、やってよかったと心底思い又機会があればと、ふと思い出すことがある。ユニフォームの仕事だ。

幼稚園から高校まで13年間も同じセーラー服を着続けた結果、自由な服装に憧れていた。セーラー服なんてもうまっぴらと思っていたはずなのに、ファッションの仕事を始めてみると、制服で過ごした少女時代を懐かしみ、その経験を貴重と感じている自分に気づき、意外だった。

全員が同じセーラー服を着ていたのに、だからこそ、それぞれの個性が際立っていたということが、よくわかるようになったのだ。皆、同じセーラー服で上に着るセーターやコートの色も限られていたが、だからこそ自分らしいおしゃれのしがいがあったし、ソックスのはき方など小さなことで自分流を表現する工夫も身についた。ただしそれは完成度の高い典型的なセーラー服だったからこそ可能なことだったのだ。

現在目にする制服の中には、最初から若者受けをねらっているなと思えるデザインも多い。それを、制服の目的や洋服のバランスを無視して滅茶苦茶にくずして着ている。そんな姿を見ると、むしろ制服がない方がいいのだろうかと疑問を感じたりもする。

学校の制服ばかりでなく、いわゆるユニフォームも嫌いではない。機能美があり、着る人を美しく、あるいは凛々しく見せるものに限るが。というかユニフォームというのは本来そうあるべきもののはずだ。色と素材の選択、組み合わせる色、ちょっとした襟の型で、もっと魅力的なユニフォームになるのにと残念に思うことも度々ある。限られた予算でつくらねばならない事情があるのは承知だし、よけいなお節介なのは、なお承知。それでも、さまざまなユニフォームを目にする度に、つい熱心に観察してしまうのが常だった。

そんな私に、JAS[*17]（日本エアシステム）のユニフォームの仕事がまいこんできたのは、1996（平成8）年のこと。スチュワーデスとはいわずキャビンアテンダントと呼ばねばならないのを知ったのも、この仕事のおかげだ。そのキャビンアテンダントのユニフォームとなれば、ユニフォームデザインは一般的にファッションデザイナーに依頼する。

なぜスタイリストである私に？　常々興味をもっていたことだけに心ははやったが、まず浮かんだのはその疑問だった。伺ってみると、組合の力が強いので制服をリニューアルするにあたっても、はいこれですと会社が支給するのではなく、組合との協働でつくり上げる形式にしたいという要望があるのだという。そのようなわけで有名デザイナーに依頼するのは難しい。そこでスタイリストである私にお鉢がまわってきたのだった。

ファッションデザイナーによるユニフォームで美しいものは沢山ある。一方で、そのデザイナーらしさが出過ぎていて気になるものも、よく目にしていた。スタイリストなら個性を

＊17　JAS（ジャス）
日本の航空会社。JASは日本エアシステムの略称。

出し過ぎず、ユニフォームらしさを大切に、既存のものを修正したりするのには向いているのにと常々私は思っていた。組合との協働作業というのが、どんなことなのか明確に把握する間もなく決心し、仕事はスタートした。

最初の会合は全国のキャビンアテンダント（以下ＣＡ）代表との話し合いから始まった。組合が選んだ全国各地の代表ＣＡたちから、彼女たちのユニフォームに対する希望を聞くためのミーティングだった。なにしろ各地方一名か二名ずつといっても相当な人数になる。都合二回又は三回にわたって開かれたミーティングで彼女たちの意見を聞いた。実現可能か不可能かは別にして、さまざまな意見や希望は出るものと覚悟していたし、できるだけ沢山の要望をその時に知っておきたいと考えていた。

いちばんに私の心にきざまれたのは、彼女たちが自分の仕事に誇りをもっているということ。同時に女性の花形職業としてもてはやされていた時代のこと、高い倍率をかいくぐって就職した選ばれた人たちだけに、自己の美しさに対する自信も確固たるものだということも。社会的にエリート視されている存在だということも改めて痛感した。

いざ身近なユニフォームの話になると自分が普段に着る服に対するのと同じ個人的な趣味の主張が多く、話を聞くのは興味深かったが、仕事の参考にするのには無理があると判断せざるを得なかった。

なかでも印象的だったのは、各国、各社のＣＡのユニフォームが話題になった時、シンガポールエアライン[*18]のユニフォームが素晴しいと言った人がいたこと。紺系の更紗のボーダー

＊18
シンガポールエアラインのユニフォーム
「サロンケバヤ」とよばれる民族衣裳をアレンジしたデザインで、1970年代より続く。よく見かけるのは紺色の制服だが、ＣＡの階級（役職）によって赤、緑、紫を含む4色がある。

プリントで、裾までの細く長いスカートに、短くピッチリしたウエスト丈のブラウスという民族衣裳をアレンジしたものだ。美しくセクシーで完成度も高い。私もにわか仕込みで世界中のユニフォームを調べた後だったので、それがフランスの大御所ピエール・バルマン[*19]のデザインだということを知り、なる程さすがだなと感心せざるを得なかったものだ。エスニックではあるけれどシンプルにそぎ落とされ、ぎりぎりのところでユニフォームらしさを保っている。素晴しいけれど、これをさらりと制服らしく着こなすのは簡単ではないと感じていた。

彼女があまりにもその素晴しさを力説し、JASの制服もそんなふうにしたいと熱心に言うので、どんな意見にも驚かない覚悟だった私も少し唖然とした。そして、そんなに好きで着たいのだったら、なぜシンガポールエアラインに行かなかったのですか？　と、つい意地悪な質問をしてしまった。大人げなかったと後悔している。

そんなふうにして始まったユニフォームの仕事。思い返すと、よくも一年間で完成までこぎつけることができたと、我ながら驚くばかりだ。私のやりたいこととCAたちの意見のすり合わせ。それを何とかひとつにまとめ上げるのが、この仕事の最も難しいところだった。当時のJASの制服は、素材を変えてはいたが、夏も冬も色は濃紺だった。ジャケットとスカートのいわゆるスーツスタイルで白いシャツにスカーフという一式だった。紺という色がもつ制服としての威力と魅力は十分知っているつもりだった。ただ、夏も冬も同じ色と型というのが気になった。

＊19
ピエール・バルマン
1914〜82年。フランスのファッションデザイナー。50年代のパリオートクチュールを代表するデザイナーのひとり。

私自身、セーラー服を着ていた時代、六月になり白いコットンのセーラー服に着替える時の喜びと新鮮な気分は、格別だった。自分だけではなく、ほかの学校の生徒の夏姿も季節の変化を改めて感じさせてくれた。

ＣＡのユニフォームも以前は夏物と冬物で色を変えていたが、いつからか、どこの社も同じ色になってしまったそうだ。飛行機に乗るお客さんも、夏も濃紺より、さわやかな色の方が気分がいいのではないか。そう考えた私は、米空軍の制服にあるブルーを念頭に生地をつくってもらうことにした。理想とするのは、なるべく皆に似合ってさわやかに見え、決して安っぽくならない先染めのブルー。この夏物の生地にいちばん苦労した。

そのほかでは、既存の制服はジャケットとシャツの重ね着が堅過ぎて気になっていたので、Ｔシャツを提案した。お客様に対して失礼というＣＡたちの声と闘いつつ、上質素材の七分袖のＴシャツをジャンパースカートの下に着せ、エプロンも、お決まりの後ろ結びのものでなく、肩が気にならないボタンどめを提案した。それもスカーフと揃えたバンダナ柄で。ジャケットの襟は背広のようなカチカチのテーラードではなく、開襟シャツに近い、やわらかいつくりにこだわった。そのほか、ずっと気になっていたことを形にしたのだが、ひとつだけＣＡたちが変えることを拒否したものがある。スカーフの大きさだ。皆さまざまに工夫して結んでいるが、凝り過ぎてスカーフばかり目立つことが多い。結びやすく、扱いやすい70センチ四方が実用的だと考えていたのだが、これだけは変えられなかった。当時の彼女たちは、スカーフの結び方に命をかけているように私には見えたくらいだ。後になってやはり小さくしておけばよかったという声が出たと聞き、残念な思いでいっぱいになった。
　CAのほかに地上職員の男女分の制服も担当したので、思っていた以上に大がかりな仕事になった。だが自分では、やれることはすべてやったという思いもあり、特にCA[*20]のユニフォームは思い入れも深い。ある知人に、JASに乗ったらユニフォームが可愛いから尋ねてみたら、原さんが担当したと聞いたよ、と言われた時は嬉しかった。

　あれだけ思い入れのあったユニフォームなのに、2004年に[*21]JASが統合され、あっさり消えてしまった。悲しいというより残念だった。

　ユニフォームづくりから派生した忘れ難い思い出がひとつある。それは、この仕事の直後に実現したJASの格納庫でのロケだ。普通なら絶対に撮影が許可されないとわかっているが、目に焼きついていた格納庫の巨大な空間。ここで是非ファッションページを撮影したい。一年間一緒に仕事をして親しくなった広報の方に、ダメもとでお願いしてみた。

　すると、今回だけ特別ということで許可がおりたのだ。いつも、まわりに何か気になるものがあり、それが写真を台無しにする。それらをいかにうまく避けるか目立たなくするかに苦労するのが日本国内のロケなのだが、あの時ばかりは、ひたすら広い空間でモデルが自由に動きまわれた。夏のさなかの冬物で、洋服の運搬と着替えの移動距離も並ではなかったが、その大変さより、気持ちいい写真ができあがった喜びの記憶の方が勝っている。

＊20
CAのユニフォーム
1997〜2004年までJASで採用された原由美子ディレクションによるキャビンアテンダント（CA）の制服。

＊21
JASが統合され
2002年、日本エアシステムが日本航空と経営統合し、日本航空システムとなった。04年の事業再編により「日本航空」に商号変更されたのを機に、制服も一新された。

タイム・アシェット社の「エル・ジャポン」の仕事は、ファッション編集長という肩書もあり、実際に自分でスタイリストをするのは避けるつもりでいた。だがこの創刊第一号だけは、スタッフが十分でなかったこともあり、「ツィード」のテーマだけ自分で。実際に見たパリと東京のコレクションで、それまでになくツイードのヴァリエーションが豊富だった。ニットも含めたその素材感を見せるのを重視し、アップや寄りの写真が多い。真夏の冬物ロケで富士山五合目、朝霧高原などをめぐった。

「フィガロジャポン」での初仕事は、マダムニコルのタイアップでプラハロケ。初めてのチェコ、解放直後のことだった。パリでオーディションをして決めた二名のモデルの内のひとりは、当時パリコレでも活躍していたマリ・ソフィー。彼女がプラハ在住の友人のためと言って食料を持ってきたのには驚いたが、現地に入ってみると店にあまり物はなく、人々の生活の不便さが察しられた。建物や街の美しさは申し分なかったが、生活者の暮らしを思うと手放しで喜べなかった。その後、事情は変わったようだが、あの時は時期尚早だった。

左ページは、バロック調の背景に新素材のコートスタイルを託した編集ページ。

フィガロジャポン　1990年9月号　バロックの中の優しいぬくもり

フィガロジャポン　1994年1月号　今日のデートは、シック・カジュアルで

「フィガロジャポン」の月刊時代、編集部から与えられたテーマのもとスタイリングしたファッションページ。コートを中心にした冬物のページだが、コートを買うには少し遅い時期の号。生活感のある背景を選び、楽しく見られるストーリー性を盛りこんで。広尾にできたばかりだった「カフェ・デ・プレ」、その近くの「F.O.B COOP」、家具の「ペニーワイズ」、その他画廊などもまわって富ヶ谷のパン屋「ル・ヴァン」にたどり着いたのは夕方近く。降りしきる雨の中のロケで、最後はモデルさんもびしょ濡れになっていた。性格のいい人たちで文句も言わず共に頑張ってくれたのがありがたかった。

ラ・セーヌ　連載・原由美子の着こなしアドバイス

1991年2月号　イントゥリーグの服

1991年5月号　ケンゾーの服

「家庭画報」を意識して学研から出されていたのが「ラ・セーヌ」だった。この頃から少しずつ多くなっていた、ブランドでまとめるスタイルの連載ページを。日本のブランド「イントゥリーグ」はビーズ刺繍やシフォンのぼかしなど、上質素材を用いた高級感を六本木の夜景の中で。「ケンゾー」は、そのカラフルな楽しさを生かすために伊豆のジャングルパークまで遠出して。毎日ファッション大賞の受賞などで話題となっていた「志村雅久」のクチュールテイストの服は、あえて神田の「ガラクタ貿易」のちょっとメキシカンな雰囲気の前で。

1991年6月号　志村雅久の服

ガリバー　連載・GULLIVER'S Travel in Style　1991年11月14日号　旅先のウェディング・ドレス

旅の雑誌「ガリバー」では「Travel in Style（トラベル イン スタイル）」という毎号2ページの連載を担当した。それと、時々番外編として4ページ程度のファッションページを。なかでは旅先でのウェディングを提案した日常的な服でのウェディングページが、思い出深い。

旅というと実用的ファッションになりがちな傾向にあえてさからったのは、左ページの「3枚目のコート」。「機内にて」ではファーストとエコノミーに分類したユーモアをこめた機内での装いも。

1991年12月12日号　上・中／3枚目のコート。

1992年1月9日・23日合併号　機内にて

GOOD
TO BE
DANDY
今年の主役は、
ダンディズム。
Long Jackets

エスクァイア日本版　臨時増刊号［女性版］　1992年11月5日発行　特集・原由美子の"ハンサム・ウーマン"。　今年の主役は、ダンディズム。

Real Turtleneck
ディテールを、極める。
A TALE
OF
DETAILS

「エスクァイア日本版」の臨時増刊号として女性版がつくられたことがある。巻末特集として「ハンサム・ウーマン」と題し、3テーマ、22ページ分をスタイリングした。右ページは思い切りモードっぽくファッショナブルにということで、モノクロも入れた「今年の主役は、ダンディズム」のページを。

「ディテールを、極める。」のページもスタイリッシュに、カラーページなのにあえてモノトーンでまとめて。

エスクァイア日本版 臨時増刊号［女性版］　1992年11月5日発行　遊び心の、アニマルプリント。

「エスクァイア日本版」の女性版で、リラックスした楽しいページを目指したのがアニマルプリントのテーマ。この頃からアニマルプリントがかなりポピュラーになり、とりいれやすいアイテムも目につき始めていた。カメラマンのアイデアで男性と子供モデルを組ませたのが成功し、ユーモラスで楽しい雰囲気に。駒沢公園にブランコまでつくってしまった。

ハイファッション　連載・IN MY STYLE　1994年8月号　気になる、ロングジャケット。

「ハイファッション」の連載はモノクロで原稿量も多め。毎回テーマ探しに苦労した。「気になる、ロングジャケット。」を撮影したのは、当時お気に入りだった築地魚河岸の中の川べりの場所。「リアルソワレ。」はカンヌ映画祭に出席したフランスの女優、ロマーヌ・ボーランジェのシルクハット姿にヒントを得た。銀座のライオンビヤホールと日比谷界隈で。

左ページの「チルデンセーター。」は冬の千葉の海岸。『炎のランナー』の時代に思いをはせて。「アンサンブル。」はジャクリーン・ケネディをイメージに代々木公園で。

1994年12月号　リアルソワレ。

1995年3月号　チルデンセーター。

1995年5月号　アンサンブル。

ハイファッション　1995年7月号　女優たちの季節。

「ハイファッション」の「女優たちの季節。」は、この年古いフランス映画をまとめて公開した配給会社とのタイアップによるもの。パリロケではあったが、時間と費用は限られていて場所とモデル探しに苦労した。上右の『エヴァの匂い』のジャンヌ・モローはヴェニスが舞台だが、パリのマドレーヌ寺院の回廊でそれらしく。

左ページ、『昼顔』のカトリーヌ・ドヌーヴは、サンローランのあの有名な衣裳が目に残っていて思うものがなかなか見つからない。色のイメージは異なるが型はそれらしきアンサンブルがあり、帽子とサングラスでなんとか雰囲気をまとめたつもりだが。

表紙

パリはいい。外国で懐かしくなるのは
シャンペンとフランス女
——昼顔 BELLE DE JOUR

ジョゼフ・ケッセルの原作、ルイス・ブニュエルが脚色、監督と話題に欠かない映画「昼顔」に当時22歳のカトリーヌ・ドヌーヴが果敢に挑戦し、美しさを開花させた。サンローランのしっかりとした仕立ての品のいい服が、彼女の内面の葛藤を浮彫りにしたのも忘れがたい。ここでも、色は柔らかいがカッチリしたアンサンブルを、トーク帽や手袋といった小物使いでさらにかたい着こなしに。

ジャケット、ワンピース ユキ トリヰ インターナショナル（トリヰ）、サングラス アラン ミクリ（ミクリジャポン）、帽子 ブティックサロン・ココ、手袋 Gant Barnier（会田商会）、バッグ カルロス・ファルチ（クイーポ）、靴 シャルル ジョルダン（シャルル ジョルダン ファー イースト）
cooperation.Charles Jourdan France S.A.

july 1995 hf 20

いまなぜ、「ジバンシィ」なのか?
闘牛士がテーマのシリーズはクールな情熱の世界。

一般には販売されなかった「ギンザ」の創刊準備号のこのページは、なぜか印象深い。ジョン・ガリアーノがディオールへ行く前、ジバンシィの後継者に選ばれた時の第一回コレクション。ジバンシィらしさとガリアーノのパンク精神が適度に融合し、魅力的だった。それが若いカメラマンの遊び心とマッチしてモードっぽいが、トンガリ過ぎないページに仕上がった気がする。

左ページは、JASのユニフォームの仕事をしたご褒美ともいえる格納庫ロケ。羽田に通い見学した時目にした、日本にしては珍しいスケールの大きい空間。周囲の物を気にせずに思い切り自由にモデルを配せる幸せを実感した撮影だった。

大胆なフリルやリボン使いが独特の女らしさを描き出す。

ギンザ　1997年10月号　ダナ・キャラン。

H2O（エイチ ツー オー） 1998年11月号 「はおりもの」と小物で今年らしい冬支度。

「H2O」のファッションページ。NHK出版の雑誌で、比較的、若い人へ向けた実用誌ということだったので、国内外のブランドにこだわらず、とりいれやすいものと高価で夢のあるものをミックスしつつ楽しくまとめたかった。迷彩とアニマルプリントがアクセント。撮影したのは福島県のブリティッシュヒルズ。よく使われるロケ地だ。

エスニックなニットポンチョに
日本調プリントのスカートを組み合わせて
ボヘミアン風の着こなし。
かぶる人をドラマチックに
見せる毛皮の帽子。
アクセサリー感覚で試してみたい。
19
18

限りなく柔らかく仕上げた
ムートンのボタンなしジャケット。
着ると自然に体になじむ
女らしさが魅力。
ラビットのマフラーがついた
シンプルなコート。
流行のプリーツスカートを
裾からのぞかせて。
20

CHAPITRE 6

メンズファッション

「クロワッサン」で男物をスタイリング

■メンズクロワッサン

雑誌「クロワッサン」が1977（昭和52）年に月刊で創刊された時、私が連載で担当することになったのが「メンズクロワッサン」という枠の中のモノクロ4ページ、「原由美子さんがあなたを変身させます」というシリーズだ。当初、「アンアン・ファミーユ」というサブタイトルがつき「ふたりで読むニューファミリーの生活誌」が謳い文句の雑誌だっただけに、モデルとして登場願ったのは、なるべく多種多様な職業の既婚の一般男性たちだった。

第一回目は知人の紹介で魚河岸で働く男性がすぐに見つかったものの、それからのモデル探しが大変だった。こんな人がいるわよと教えてくれる人はいても、実際にお会いしてみると写真モデルなんてとんでもないと、ことわられたり、どうみても服選びが難しい人だったりと、適任者はなかなか見つからない。

麹町のお花屋さん、自衛隊出身者、編集者の同級生となんとか〆切に間に合わせて撮影していたが、ある時、〆切まで一週間を切ってもモデルが見つからないことがあった。あの時の私は、「アンアン」の「おはなしファッション」を始めた時のように、いわゆる編集担当兼スタイリスト兼ライターとして、その仕事をしていた。だからモデル探しも私の仕事だった。それにしても、あの時の、このままモデルが見つからなかったらどうしようという絶望的な気持ちが今でも時折ふっと脳の隅に浮かぶのは、かなりせっぱつまった気持ちになっていたからだろう。

後にも先にも一度だけ、見ず知らずの人に声をかけ、大胆な質問をしたのも、この仕事の時だ。確か西麻布の一方通行の坂道を下っていた時、ひとりの佐川急便の運転手さんとすれちがったのだ。佐川急便が急速に発展し、そこかしこで目につくようになった頃だ。佐川の横縞のユニフォームを着て忙しげに走っていった男性の姿が、誰か絵になる人はいないかしらと血眼になっていた私の目に、この人いいかもしれないと映ったのだ。

即、ダメもとで頼んでみようと追いかけた。声をかけ、これこれこういうわけでモデルになって下さる人を探している。ついては結婚されていますか？ と尋ねたのだ。ともかく条件は既婚者であることだったから。まだ30代前半だった私としては、かなり勇気のいる行動だった。相手もびっくりしたことだろう。というより、少しおかしいんじゃないかと思われてもしょうがない質問だった。だが、その人は比較的淡々と、結婚していると答えてくれた。ただし仕事が忙しくて（噂通り歩合制とかで）、ともかく目一杯働いているので、私が伝えたさしせまった日程にはとても応じられないと言われてしまったのだ。

一瞬灯った希望は消えてしまった。結局その回はどうしたのか、一切記憶にない。だがその後も連載を続けたことは確かだ。この経験があるので、その後は、ほぼ編集担当者のいる仕事をしているが、そのありがたさは肝に銘じている。

モデル探しの方は、連載が続く間、誌上で読者募集もしていたので、奥さまの推薦文と写真つきの書類もふえ出した。その内から選んで実際にお宅に伺い、モデルになっていただいた方も何人かいる。ただし勧められるまま家に上がりこみ、晩御飯まで御馳走になりながら、御当人を目の前に、これは難しいなと判断せざるを得ないこともあった。後で電話もつらいからその場でおことわりした訳だが、その時のなんともいえない気持ちは忘れ難い。

普通の方の普段の仕事着を見せていただき、それとはイメージの違う何かを着ていただいて写真を撮る。そんな4ページの連載は、クロワッサンが月刊から月二回に変わる時に終了した。

新年号特別版として俳優の川津祐介さんにお願いしたこともある。堀内さんから話を聞き興味をもって観た、鈴木清順監督の『けんかえれじい』[*1]のイメージがあったので、詰め襟ふうジャケットで竹やぶの中に行き撮影した。当時は陶芸に凝っていた落ち着いた雰囲気の川津さん、まだ暑い時に冬物を着る撮影だったが、そこは俳優さん。涼しげに凛とした姿が心に残っている。

■クロワッサン連載「あの男(ひと)をこう変えたい」

「メンズクロワッサン」の変身シリーズのイメージが編集長の中にもあったのだろう。月二回刊行の「女の新聞」として再出発した「クロワッサン」で、1978(昭和53)年から三年近く続くことになる「あの男(ひと)をこう変えたい」というタイトルの連載がスタートした。こちらは各界著名人に御登場願うという企画で、最初は「月刊平凡」で仕事経験のあるフリー

*1 『けんかえれじい』のイメージ
1966年公開、鈴木清順監督、高橋英樹主演の日活映画。その中で川津祐介は、高橋英樹演じる旧制中学生の先輩に扮し、けんかの達人を演じた。写真は「クロワッサン」78年1月号の連載9回目。

編集者にモデル選びと出演交渉をまかせ、途中からクロワッサン編集部の担当者がモデルの人選をした。人選については、私もなるべく希望を出すようにしたが、月二回、忙しいスケジュールの方たちをつかまえて数時間の撮影時間を確保するのは容易ではなかったようだ。カメラマンや私とのスケジュール調整もあるわけで……。

「変える」というからには、すでに服装にもその人らしいスタイルができあがっている必要がある。日常着のことはわからないまでも、何かしら確たるイメージのある人というのが、私が人選にあたって考えた条件だ。

結果として総勢68人、その大半は40代以上の男性に洋服を着ていただいた。作家の野坂昭如さんや仏文学者の澁澤龍彥さん、詩人の高橋睦郎さん、当時、監督としてヤクルトを優勝させた後、野球解説者になったばかりの広岡達朗さん、野球解説の豊田泰光さん、それに俳優の三國連太郎さんや三船敏郎さん、緒形拳さんなど、実に多士済々だった。

連載の続いた三年間は、あわただしい日々を過ごしたことが今、懐かしく思い出される。今思うと、月二回のペースで、よくも、あんなにいろいろな方とお会いしたものと驚いてしまう。時には泥縄式に勉強したこともある。例えば詩人の田村隆一さん。洋服が似合う格好良い人と憧れていたものの、いざ撮影の許可がおり、スケジュールも決まってみると、田村さんの詩は一編も読んだことがない。急いで本屋にとびこみ詩集を手に入れ読んでみたが、私には理解不能だった。知ったかぶりはあきらめて、詩の話題ではなく洋服に関する質問を考えた。実はこの連載、用意した洋服を着ていただく前に、お会いした証拠の写真を小さく載せることになっていた。御本人とお話ししている様子を写し、その時の感想と着ていただく服のイメージなどを本文にまとめたページ構成だったのだ。

映画やテレビ、野球の解説やニュース番組などで知った方の場合は、そのような勉強は必要なかったが、写真を撮り終わるまでと、用意した洋服のサイズがその方にキチンと合っているか確認し終えるまでは、常にドキドキし心配はつきなかった。ほぼすべての方に、事前にサイズだけ伺って用意した服を、ぶっつけ本番で着ていただき撮影していたのだ。

なんとかなると信じていたけれど、本当になんとかなったものだと今になってつくづく感心している。

■五島昇さんのクルージング撮影

撮影自体が異例でよく覚えているのが五島昇[*2]さんの回だ。当時東急電鉄の社長だった五島さんにも是非、と決まったが、秘書を通して話をしてもラチがあかないから、直談判で直接交渉することになったのだ。

平凡出版のあった東銀座には銀座東急ホテルもあり、アポイントがとれて伺ったのは、銀座東急ホテルの上階にあった特別室のような部屋。時間が限られているし、撮影のOKが出てもいつどういう状況になるか見当がつかないからと、出演交渉及び打ち合わせも兼ねて編集担当者、カメラマン、私といういつものスタッフで押しかけたという次第だった。

初対面の五島さんに雑誌を見ていただき説明をしている内に、それなら休日のクルージン

＊2
五島昇（ごとう のぼる）
1916（大正5）～89年。日本の実業家。54年より東京急行電鉄社長に就任。その後、次々と事業に着手、東急グループを率いる総帥として手腕を発揮した。

グの時に撮影するのはどうだろう？　それなら喜んで、ということになった。この五島さんの回の証拠写真は、いつものように撮影当日のものではなく、この交渉兼打ち合わせの日の室内写真だ。

しばらくして先方の担当者から連絡があり、少し後の休日の朝六時頃に、伊東にある五島さんの別荘近くのクルーザー置き場に集合することを指定された。

先に面談したスタッフとアシスタントの計四名で、前日の夕方に伊東入りし、東急ホテルに一泊して待機した。遅刻して船が出てしまったら大変と、かなり早目に現場に行ったが、そこではクルー数人がすでに出航準備にとりかかっていた。

私は鎌倉育ちだし大学時代に東京オリンピック用の江の島ヨットハーバーが建設されたこともあって、夏休みには友人にヨットに乗せてもらっていた。葉山マリーナに行けば大型クルーザーがズラリと揃っているのを目にしてもいた。だからヨットのことはそれなりに知っているつもりでいたが、五島さんのはそれまで私が知っていたヨットとはスケールが違っていた。かなり大きな和船を改造し、モーターと帆をつけてクルーザーにしたもので、専用クルーらしき人が五人はいた。

約束の時間、五島さんは着こんで味わいの出たダッフルコート[*3]を手に姿を現わした。打ち合わせの時、クルージング撮影と決まったので海の男らしいダッフルコートがいいのでは、と私は提案していた。ところが季節は真夏、理想的なダッフルは、どこを探しても見つからない。かわりに典型的ピーコート[*4]を見つけて借り、現場に持参していた。

＊3
ダッフルコート
厚手の起毛素材のフードつきコート。元来は、北欧の漁師が着ていたものを第二次世界大戦で英国軍が採用し一般に広まった。

＊4
ピーコート
厚手ウール素材で打ち合わせがダブル仕様のショートコート。元来は、水兵や船乗りが着用していたものが一般に広まった。

だが五島さんの本物のダッフルにかなわないことは一目瞭然。いつもはページを見た読者がその洋服を手に入れることができるように、商品の値段とメーカー名、又は店名を入れるのが、連載の決まりだった。でもこの時ばかりは、五島さんの私物で格好良く撮るのがいいと、スタッフ皆の意見が一致した。よく知られている背広姿の五島さんとは一味違う写真になれば、連載の意図ははずれないということになったのだ。確か船乗り用の帽子も用意していたが、これも五島さんの私物の方がいい。私は真紅のマフラーを首に足したくらいだった。

出航直後は船の操作が忙しい。それが安定すると釣りの準備が始まる。撮影自体が実際に行われたのは、船がかなり沖合に行き、見渡す限りの海原になった時。海風のおかげで、真夏にダッフルを着ても暑くはなかったようだ。

撮影が終わってホッとした時、レンズをのぞき続けていたカメラマンと、本当は船が苦手という編集者は大船酔い状態になっていた。クルーがおろしたとれたての魚のお刺身をおいしいと喜んで食べていたのは私だけだった。伊東に帰りついた時、実はさっき、もう少し行けば大島だったんだよと聞き、まさかそんな遠くまでと驚いてしまった。鎌倉の家からも晴れた日にははるか遠くの水平線に大島が見えた。後にも先にも、あんな撮影は一度きり。だが、あの晴れわたった空と海と共に、忘れられない一日となっている。

▮髙田賢三さんには金田一耕助スタイルで

こちらも読者には買えないものになってしまったが、もうひとつ印象に残る変身姿がある。髙田賢三[5]さんの回だ。私が初のパリコレ取材をした1973年に、「アンアン」のインタビュー撮影のため、パリの賢三さんのアトリエに伺ったのが最初の出会いだった。その後、友人を介してだったり、仕事がらみだったりで何度かお会いする機会はあった。東京でケンゾーのショーを開催するために、賢三さんが来日することがわかり、是非「あの男をこう変えたい」に出ていただこうということになった。それまでに何度か現実に会っている人、それも、とびきりのおしゃれ上手。エスプリのきいた可愛い格好をさりげなく決めてしまう。それは堀内さん時代のアンアンに掲載された立川ユリさんとのファッション写真でも、すでに証明ずみのことだった。そんな人に一体、何を着ていただけば格好良い変身になるのか？

　御本人がデザイナーなのだから、ほかのデザイナーの服は着てほしくない。かといって、賢三好みの英国ふうでは、御自身のスタイル以上にはなり得ない。

　悩んだ末にたどりついたのが、当時ブームでもあった横溝正史の金田一耕助スタイル[6]だ。あの袴スタイルにしようと思い定めた。着てほしいのは白か黒の久留米絣[7]に縞の袴。だが、きもの屋では、長身の賢三さんに合う大きさたっぷりの久留米絣は見つからなかった。その時、伯父が大正生まれにしては大柄で、僧侶だったこともあり、きものを着ていたのを思い出したのだ。電話して尋ねると、若い時の久留米絣を一枚そのままとってあるという。急いで牛込の寺まで行き、伯父から借り受けた。小倉の袴[8]は貸し衣裳屋でサイズがピッタリのものが見つかった。ほうば[9]はどこをどう探したか記憶にない。

＊5
髙田賢三（たかだけんぞう）
1939年生まれ。デザイナー。65年渡仏。70年代前半以降、「ケンゾー」ブランドの服がパリで絶大な人気を博した。99年引退。

＊6
金田一耕助スタイル
横溝正史の推理小説に登場する私立探偵・金田一耕助の格好。

＊7
久留米絣（くるめがすり）
代表的な木綿絣のひとつで、絣の最高級品とされる。

＊8
小倉の袴
小倉袴（こくらばかま）。九州小倉地方の小倉織でつくられた丈夫な木綿縞の袴。

撮影当日、宿泊先の帝国ホテルでお会いした賢三さんは、きれいな色でまとめた賢三らしくカラフルな装い。

撮影のために着替えていただき、白の織り縞の書生っぽい台襟シャツに絣と袴、ほうばを はいて帝国ホテル脇の道に立つと、そこだけは金田一耕助の世界になる。そう感じられるくらい、当時のヘアスタイルとも調和して決まっていた。そう私は信じている。賢三さん自身にも気に入っていただけたようで嬉しかった。だが後になり、デザイナーに着るものを提案し変身させるなんて、なんという無謀なことを考えたのだろうと恥ずかしくなってしまった。快く応じて下さったことに今更ながら感謝している。

*9 ほうば
朴歯（ほうば）下駄。高下駄の一種で歯が高く太い鼻緒が特徴。明治から昭和初期の書生や男子学生がはいていた。

■白洲次郎さんにことわられる

この連載中、唯一、ことわられたのに忘れられない人がいる。白洲次郎さん[*10]だ。この連載を最初に提案したのは当時クロワッサン編集長だった甘糟章さんだ。その甘糟さんが、連載がある程度安定し、順調にすべり出した頃、

「原さん、誰か政治関係の人もできませんか」

とおっしゃったのだ。

「例えば田英夫[*11]さんとか」

当時、田さんは社民連党首として注目をあびていた。一般的な政治家とは一味違うそのスマートさで話題にもなっていた。担当者は、かなり熱心に交渉したようだが、快諾は得られ

*10
白洲次郎（しらす じろう）
1902〜85年。イギリス留学から帰国した28年、正子と出会い、翌年結婚。官僚として戦後の一時期活躍後、実業家に転身。

*11
田英夫（でん ひでお）
1923年〜2009年。政治家。78年より社会民主連合（社民連）の初代代表に就任。

なかった。そんな折り、浮上したのが白洲さんだった。かつては吉田茂[*12]さんのふところ刀的存在だったということで。

当時の私は、奥さまの白洲正子[*13]さんとは、「婦人公論」できものの対談をした経験はあったが、次郎さんに関しては（こんな言い方をしていいかためらいもあるが）あまり多くを知らなかった。無論、あの有名な若い時のTシャツ姿の一枚や、更に若い英国留学時代の写真もその時はまだ見ていなかった。

恐いもの知らずの勢いで、格好良い年上の方にお願いするくらいのつもりで、ともかく出ていただく交渉をしに行くことになった。その日は編集担当者の都合がつかず、私ひとりで皇居脇の大洋漁業のビルの、確か最上階の会長室に、指定された時間に伺った。部屋に入ると、美しく背広を着こなした穏やかで品のいい老紳士がひとりで出迎えて下さった。こんな小娘にも直接応対して下さるのかと驚きつつ、必死に主旨を伝えた。

結果としては、雑誌に自分の服以外を着て出るのは嫌。以前似たようなことをして、撮影中、こそばゆい思いをしたことがあるからと、許諾を得ることはできなかった。でも、自分は嫌だけど、政治家というなら外交官でもいいでしょうと、二、三の名をあげて下さった。どうしても困ったら僕が声をかけますよというような言葉を添えて。

その話を聞きながら、ダメかという残念な思いはあっても嫌な気持ちは一切しなかった。あれが白洲さんの魅力だったと思いいたったのはずっと後のこと。そのずっと後、白洲さん御夫妻のさまざまなエピソードや写真を目にする度、あのような方に、いかに恐いもの知ら

*12
吉田茂（よしだ しげる）
1978〜67。第51代内閣総理大臣。

*13
白洲正子（しらす まさこ）
1910〜98。評論家、随筆家、日本の古典・芸能・工芸などの研究家。29年白洲次郎と結婚。56年より、銀座の染織工芸店「こうげい」を経営、70年まで続ける。著者との「婦人公論」での対談は365ページに再録。

ずとはいえ、よくも自分の選んだ服を着て変身して下さいなどと大それたことを言ったものと後悔先に立たずは承知だが、恥じ入り後悔するばかりだ。
ちなみに白洲さんが名前をあげて下さった方々は、編集部に帰って調べてみると、いろいろな意味で不可能とわかり早々にあきらめてしまった。

その後も「エスクァイア日本版」[*14]や「ブルータス」などでもメンズファッションの仕事をした。又、ゴルフ専門誌「チョイス」[*15]でゴルフウェアの提案など、さまざまなタイプのメンズファッションを経験したが、私の中では、あのクロワッサンの連載がなぜか印象深い。やはり、あれだけ多種多様な方々に、たて続けにお会いした経験は貴重だったと思っている。男性のカジュアルスタイルが取り沙汰されるようになった頃でもあり、個性豊かな方々の力を借りて、その提案をできたのは幸運だったと思うばかりだ。「変えたい」とタイトルにある限りは、普段のイメージと違うものを。そのために多少奇抜な色やスタイルも選んだが、皆さん快く着て下さった。
ただしある年令以上の方が一様に「おしゃれは男の恥として育ちましたから」とおっしゃったのも心に残っている。本音半分、照れ半分。まだ現在のように俳優やタレントがスタイリストの選んだ服を着て、グラビアやインタビュー、コマーシャルなどに頻繁に登場していなかった時代ならではの言葉だろう。実際、衣裳以外の自分の服には無頓着という方も多かった。良い機会だから、当時新しい職業として耳にするようになっていた「スタイリスト」とやらの選

*14
「エスクァイア日本版」
米国の男性誌「Esquire」の日本版。1987年、UPUより創刊された男性向けライフスタイルマガジン。93年より版元がエスクァイア マガジン ジャパンとなる。2009年休刊。

*15
「チョイス」
1980年創刊。ゴルフダイジェスト社発行のゴルフ雑誌。

んだ服でも着てみるかということで、好意的に遊び心で対応して下さった方が多かったことはありがたかった。

今なら、もうそういう発言を聞くことはないだろう。だが70年代後半から80年代初頭のあの頃は、メンズファッションが活気を見せ始めていたとはいえ、一般的には、男のおしゃれはまだ未知の部分も多かったのだ。それだけに又、掲載された雑誌を見て奥さまがご主人のために買いにみえたという話を後でメーカーの人に聞いたりすると、少しは役に立っているのだろうと嬉しく思った記憶がある。

あの男(ひと)をこう変えたい　第5回

髙田賢三　39歳 デザイナー

＊肩書き・年齢は掲載当時のものです

文・原 由美子

賢三さんは、秋冬プレタポルテ・ショーのために、約四か月ぶりの来日。この日は、東京・品川でのショーの前日でした。帝国ホテルの一室。

ツカツカと入って来た賢三さんは、用意した衣装をチラッと見て、

「わぁ、いいな。ぼく、こういう着物きたかったんだ！」

と、まず第一声。

それを聞いて、ホッと安心。とにかく、賢三さんのふだんのスタイルは、いつも、きれいな色の組合せが楽しい、カジュアルな服。今日の装いも、真赤な半袖シャツに、ブルーのVネックセーター、ストレートジーンズ、黄色いソックスに、カッチリした茶の半ブーツという具合。

だから、服ではなく〝着物〟をと、考えました。それなら、例えば金田一耕助のような、ラフな着物に……。

ところが、着物探しが大変。本物の久留米絣は、なかなか見つかりません。たまたま明治生まれの私の伯父が、ひとえの久留米絣を持っていて大助かり。しかし、小倉の袴は、さすがに伯父も、中学時代にはいたのを覚えているという感じ。これだけは、衣装屋さんで借りました。

「賢三さん、着物は持ってらっしゃいますよね？」

「ええ。家でガウンのようにきてるのは、ほら、派手な柄物を、いろいろハギ合わせてある長襦袢。それに、白絣も持ってますよ」

というわけで、着物は大好きだとか。

帝国ホテルの表で撮影中も、

「気持がいいなあ」

朴歯をはいたら、

「背が高くなって嬉しい」

とニッコリ。タイで陽に焼けた黒い肌も精悍(せいかん)で、すばらしい書生さん。

翌日の夜開かれたパーティーに出席したら、昨日とはガラリと変わって、夜の服の賢三さん。タキシードの上着に、グレーのタイシルクのサリュエルふうパンツ。はだしに黒のペタンコ靴をはいて、ピッタリ決まっています。ほんとに何でも着こなせる人。

（「クロワッサン」1978年7月25日号）

あの男（ひと）をこう変えたい　第12回

五島昇

62歳　東京急行電鉄株式会社 取締役社長

＊肩書き・年齢は掲載当時のものです

文・原 由美子

この夏、銀座東急ホテルの五島さんの事務所で初めてお目にかかったとき、

「海の男の感じ、できれば北欧のちょっとけだるいムード、漁師の服装がいいと思います」

　と、思いきって私がいいますと、

「うん、俺は本当は漁師なんだよ」

　と、とても乗気になってくださいました。わたしとしては、人づてに聞くお人柄や、ちらっと拝見した写真などから想像して言ったことなのですが。

　なるべく古びた本物のダッフル、色はもちろんネービー・ブルーということで衣装探しに駆けまわりましたが思うようなのがなく、みつかったのは、同じネービー・ブルーでもピーコートでした。

　白地にグレー編込みの厚地のセーターに真紅のマフラー、その上に着てほしいダッフルでしたが、撮影のために訪れた伊東の別荘で愛用のものをみせられ、あまりの素敵さに、そのまままそれで、とお願いしてしまいました。

　その朝は、台風あけでよく晴れていました。朝7時、五島さんの漁船式クルーザー・伊豆丸に乗込んでの撮影です。

　洋上での五島さんは、コットン・パンツにTシャツ、ジャンパーという軽装。釣り道具を探しにハワイにおいでになったときお買いになったものだそうですが、白いコットンが若々しく、船乗り用の帽子をかぶると、それだけでもう、海の男の風格が漂うよう。わたしの〝想像〟もごらんのようにかなえられたのです。

　トローリングを目のあたりにしたのは初めて。船酔いに苦しむわがスタッフには悪かったけれど、海の好きなわたしには久しぶりに楽しい一日でした。

（「クロワッサン」1978年11月10日号）

クロワッサン　連載・あの男（ひと）をこう変えたい

＊肩書き・年齢は掲載当時のものです。

第6回　三國連太郎（俳優・55歳）
クロワッサン　1978年8月10日号

第7回　丹波哲郎（俳優・56歳）
クロワッサン　1978年8月25日号

第13回　三船敏郎（俳優・59歳）
クロワッサン　1978年11月25日号

第14回　筑紫哲也（朝日新聞・外報部次長・43歳）
クロワッサン　1978年12月10日号

第17回　天本英世（俳優・54歳）
クロワッサン　1979年1月25日号

第18回　澁澤龍彦（仏文学者・50歳）
クロワッサン　1979年2月10日号

第32回　田村隆一（詩人・56歳）
クロワッサン　1979年9月10日号

第35回　田辺茂一（紀伊国屋書店社長・73歳）
クロワッサン　1979年10月25日号

第38回　高橋淳（パイロット・57歳）
クロワッサン　1979年12月10日号

第45回　野坂昭如（作家・49歳）
クロワッサン　1980年3月25日号

第51回　緒形拳（俳優・43歳）
クロワッサン　1980年6月25日号

第52回　鈴木清順（映画監督・57歳）
クロワッサン　1980年7月10日号

第57回　藤田敏八（映画監督・48歳）
クロワッサン　1980年9月25日号

第58回　広岡達朗（野球解説者・48歳）
クロワッサン　1980年10月10日号

第61回　高橋睦郎（詩人・43歳）
クロワッサン　1980年11月25日号

第63回　川谷拓三（俳優・39歳）
クロワッサン　1980年12月25日号

第66回　奥田瑛二（俳優・30歳）
クロワッサン　1981年2月10日号

第67回　田中小実昌（作家・56歳）
クロワッサン　1981年2月25日号

ウィークス　連載・男（おとな）のヴォーグ　1986年10月号　モデル　坂本龍一

ある日、堀内誠一さんから届いた手紙から始まった「ウィークス」の仕事。NHK出版が出す新雑誌のイメージディレクターになり企画にもかかわっている。その内の「男のヴォーグ」2ページをやるようにとの指示だった。メンズファッションと短いエッセイを添えるようにとも。一回目のカメラは有田泰而さん、モデルは坂本龍一さん。この時すでに堀内さんは体調が悪く、手紙と電話だけのやりとりだったのが悔やまれる。今はない汐留の駅で。中央にあるのは有田さん自身が描いた絵画。堀内さんも有田さんも亡くなり、残念さと悲しさがよみがえる。建築家の鈴木エドワードさんの撮影の日は、雨。傘をさしてもさまになる男のコート姿には憧れがある。

1986年11月号　モデル　鈴木エドワード

ブルータス　1990年12月1日号　恋のタクティクス

小物使いで軽く崩す。遊び心が女を微笑ませる。

恋のタクティクス
今さら顔の美醜ではない。自分のスタイルを見つけた人が…。

男性スタイリストが沢山育ち活躍する時代になっていた。それらを見ながら、私だったらどうする？ と勝手に考えていた。そんな時「ブルータス」からの依頼。難しいテーマだったが、私なりに考えて、珍しく派手めのページに。ロケしたのは昔からのお気に入りの場所。築地の魚河岸のあちこちの壁ぎわで。

肌をすべるシルクの官能を知る。女を愛するためにも、皮膚感覚を磨きたい。

全英オープンゴルフを始めとするゴルフの衛星放送にはまっていた時だった。日本の試合を見ると、プレイヤーたちのコスチュームが気になっていた。タイミングよくゴルフ雑誌「チョイス」から思うままにゴルフスタイルを提案して下さいという依頼が。クラシックなのがお好きならどうぞとも。自分はやらない強味もあって、思い描いていた、こんな人がゴルフ場にいたらいいなと考えていたスタイルを実現したページ。後に自分も少し練習をして、反省すべき点も見つかったが。

A
AUTUMN
109
108

W
WINTER
111
110

エスクァイア日本版　連載・原由美子の週末の紳士たちへ　WEEKEND GENTLEMAN　上／1995年8月号　カジュアル・フライデー、ノー・ネクタイの盛装。
下／1995年11月号　ベルベット再浮上

「エスクァイア日本版」で連載したのは「ウィークエンドジェントルマン」というタイトルだった。カジュアルフライデーが話題になっていた頃で、それに対応できるような提案を考えてスタイリングした。丁度この頃カジュアルな男の服が豊富になり出していた。時には流行にそったファッションページも。

下の「ベルベット再浮上」を撮影したのは、これもお気に入りのロケ場所のひとつだった月島の方にあった倉庫街。

ターザン　連載・HOW ABOUT YOU?　1996年6月26日号　伊丹十三

「ターザン」の依頼は、かなり長い本格的インタビュー記事の冒頭につけるための、強くインパクトのあるモノクロのポートレートのスタイリングだった。着せられている感じではなく、できればその人の服をそのまま着ているように見えてほしかった。「アンアン」の「男の部屋」の原稿とり以来、25年ぶりでお会いしたのが伊丹さん。ルコント監督とは、『髪結いの亭主』公開のお手伝いをしたご縁で、前にも一度「エスクァイア」誌でモデルをお願いしていたので、少し気が楽だった。サイズとイメージがピッタリのサンプル探しは結構難しかったが、おふたりのほかにサッカーの前園真聖さん、映画監督・映像ディレクターの手塚眞さんが心に残っている。

1997年2月26日号　パトリス・ルコント

コム デ ギャルソンの男物

初期のメンズファッションの仕事で心に残っているのがコム デ ギャルソンのイメージカタログだ。コム デ ギャルソンが1978（昭和53）年にメンズブランド「コム デ ギャルソン・オム」[*16]をスタートさせた時のことだ。女物のイメージカタログの仕事をしていた私がごく自然に「オム」の仕事をすることになった。

男性ファッションモデルを使ったよくある写真にするのではなく、モデルではない存在感のある男性に着ていただくことにより、洋服のデザインを見せるというよりも、服の雰囲気やその人自身の風情を感じさせるような写真を、というのがデザイナーの川久保玲さんの望んでいたことではなかっただろうか。

その頃の「オム」の服は、型はいわゆる男物の基本に沿ったシンプルなシャツ、ジャケット、ブルゾン、コートの類。だが洗いにかけたかつらぎ[*17]など、従来の男物には使われていなかった素材が使われていた。色も紺や黒の基本色のほか、モカ茶やカーキ色などに川久保さんらしい微妙な色合いがあった。今までありそうでなかったそれらの服は、自由業の人たちを中心に受け入れられ少しずつ浸透していった。冬物にはハリスツイード[*18]、フラノ[*19]、コーデュロイ[*20]といった伝統的素材も使われていた。だがジャケットの襟の型や身巾、コートの丈や分量などのバランス感が絶妙で、いわゆる背広にコートといった従来の定番的スタイルとは一味

*16
コム デギャルソン・オム
1978年発足の川久保玲デザインによる、コム デギャルソンのメンズブランド。

*17
かつらぎ
太い綿糸を使った厚手の綾織物。耐久性に優れワーキングウェアなどに用いられる。

*18
ハリスツイード
スコットランド北西部のアウター・ヘブリディズ諸島特産のツイード。

*19
フラノ
フランネルという毛羽のある生地の一種で、厚地のしっかりしたウール織物。

*20
コーデュロイ
縦に畝になったベルベット（ビロード）織物。コール天ともいう。

違う、リラックス感のある格好良い大人のスタイルが可能になった。

この「オム」のイメージカタログの第一回目は、当時「ポパイ」[*21]のファッションディレクターだった北村勝彦[*22]さんにモデルをお願いした。カメラは吉田大朋さん。

その後、通常ファッション写真を撮らない高梨豊[*23]さんにお願いし、俳優の三國連太郎さんや天本英世さん、映画監督の藤田敏八さんにモデルをお願いしたこともある。

操上和美さんの撮影でモデルは写真家の植田正治[*24]さん、また、赤瀬川原平[*25]さんをモデルに都内を「トマソン」[*26]探しをしながらロケしたことなど、思い出深い仕事が沢山ある。

その後、メンズコレクションをパリで発表するようになってからは、ニューヨーク在住の方がコーディネートしたニューヨークのアーティストのそうそうたる顔ぶれが登場し、私は見るのを楽しむ側にまわった。

今ではずっと以前から当然のように行われてきたかに思われているメンズのパリコレクション。実は1984年が第一回だ。丁度、マガジンハウスの「別冊エルジャポン」のファッション特集撮影のためパリ滞在中のことだった。

そのおかげで幸運にもコム デ ギャルソン・オム プリュス[*27]とジャン・ポール・ゴルチエ[*28]の第一回パリメンズコレクションを見ることができた。ギャルソンのショーは、ヴァンドーム広場のショールームの中庭で、さまざまな職業の人をモデルにしてナチュラルな雰囲気で行われた。よく晴れた八月のパリの青空の下、かわいた空気感と一年先の春夏の服のさわや

＊21
「ポパイ」
１９７６年、平凡出版より創刊の男性誌。

＊22
北村勝彦(きたむら かつひこ)
１９４５年生まれ。男物のスタイリスト。「ポパイ」「ブルータス」などで活躍。

＊23
高梨豊（たかなし ゆたか）
１９３５年生まれの写真家。「都市」を主題にした作品で知られる。

＊24
植田正治（うえだ しょうじ）
１９１３～２０００。写真家。鳥取砂丘の写真が有名。

＊25
赤瀬川原平（あかせがわ げんぺい）
１９３７年生まれの画家、作家。尾辻克彦のペンネームで小説『肌ざわり』などを執筆。

かさがマッチして気分のいいショーだった。その時モデルになったひとりが、メイクアップアーティストのステファン・マレー[*29]だ。眼鏡をかけた若く硬質な青年を、どこかの哲学科の学生かしらと眺めていた記憶がある。

一方ゴルチエはといえば、会場は映画『ラストタンゴ・イン・パリ』のダンス場面にも使われた「サル・ワグラム」[*30]。まっ暗な会場の中央のランウェイを、ゴルチエらしいマッチョな男たちが歩いて行く。最後に豹皮のパンツをはいたターザンを思わせるモデルが登場し、皆の笑いをさそった。ゴルチエならではの遊び心満載のショーであり、ギャルソンとの対比も鮮やかだった。後にも先にもパリでメンズのショーを見たのは、この時だけなのだが、今でも時折ふと脳裏に浮かぶのは、それだけ印象が深かったということなのだろう。

＊26
「トマソン」
赤瀬川原平が提唱する「超芸術」のことで、「不動産に付着していて美しく保存されている無用の長物」と定義。

＊27
コム デ ギャルソン・オム プリュス
1984年スタートのコレクションライン。

＊28
ジャン・ポール・ゴルチエ
デザイナー名を冠したフランスのブランド。1976年、パリプレタポルテデビュー。

＊29
ステファン・マレー
フランスのメイクアップアーティスト。

＊30
サル・ワグラム
オーケストラの録音会場などに使われていたパリのホール。

男物のスタイリング

現在はメンズ専門のスタイリストも沢山いる。一方で男物と女物の両方を仕事にしている男性スタイリストも多い。

私が始めた頃は、スタイリストというと当然のように女物。メンズ専門誌ではある時期まで男性編集者と服飾評論家がその任を担っていたのではないだろうか。

私はといえば、女物、男物、きものの区別をあまり考えたことはない。時間があれば男物の展示会にも足を運んでいたし、男性ファッション誌もよく見る。『L'UOMO VOGUE（ルオモ・ヴォーグ）』[*31]を定期購読していた時期もある。

メンズに対してはかなり保守的で、とりあえず基本のものをキチンと着てほしい。ただし、色、素材でいくらでも遊べるのがメンズなのだ。しかし、77年に「クロワッサン」の連載でメンズを始めた頃は、日本の男の人たちは背広まではOKでも、そのほかの普段着、いわゆるカジュアルファッションには極端に臆病というか、何を着ていいか自信がないという人が大多数だった。別に普通のものをさりげなく着ればいいのにと思うのだが、その普通もさりげなくも難しいのだという。だからクロワッサンの「あの男（ひと）をこう変えたい」という連載で、個性的な方々にさまざまなスタイルをしていただくことで提案する価値があったのだろう。

*31
『L'UOMO VOGUE（ルオモ・ヴォーグ）』
メンズファッション誌『VOGUE HOMMES（ヴォーグ・オム）』のイタリア版。

CHAPITRE 7

シャネルのこと

憧れのシャネル

大学卒業式の後の謝恩会に何を着るか？　当時の私にとってそれは大問題だった。今でもこんなに鮮明に覚えているのだから。きっと夏休みが終わった頃から友人たちと折りにふれ話題にしていたに違いない。なんとも平和というか、苦労知らずの年頃だったと思うしかないのだが。

私が着ようと決めたのは、憧れのシャネルふうのスーツ。当時のかなり本格的というか典型的なものだった。

どうしてそんなにシャネルが好きになってしまったのか、自分でもわからない。

今も手元に残る高校生、大学生の頃につくったスクラップブックには、シャネルのものが沢山ある。ベルギーのパオラ王妃[*1]やケネディ夫人だったジャクリーン[*2]のシャネルスーツを着たスナップ。アメリカのファッション誌から転載されていたシャネルスーツの特集ページ。新聞のオートクチュールコレクションの記事も。それらを眺めていると、シャネルが晩年に愛用していたシャネルスーツ——ブレード[*3]のトリミング、金ボタン、ブラウスつき——に対して大いなる思い入れがあった当時の自分が思い浮かんでくる。

＊1
パオラ王妃
パオラ・ルッフォ・ディ・カラブリア。1937年生まれ。ベルギー国王アルベール2世の王妃。

＊2
ジャクリーン
ジャクリーン・ケネディ・オナシス。1929〜94年。63年に米国のケネディ大統領が暗殺された時にジャクリーンが着ていたのもシャネルスーツだった。

＊3
ブレード
シャネルスーツなどの縁飾りに使われるテープ状のひものこと。絹、木綿、麻、ビーズ製などがある。

■シャネルふうスーツを仕立てる

大人になったらスーツを着る。セーラー服を13年間着続けた結果、抱いていたささやかな望み。まず最初の一着にと照準を合わせたのは、シャネルふうスーツだった。

型・色・素材感を決めて、母と探しに出かけた。鎌倉から向かったのは神田の問屋街。二種類の生地とスーツの付属品との買い物を、なるべく手早くすませるには問屋街がいいということになったのだろう。それにしても鎌倉からだと一日仕事になる。娘のスーツの素材探しに真剣につきあってくれた母に頭がさがる。母自身、神田にくわしいわけではなく、その時が初めてだったようだ。

目ぼしい店を見つけては生地と付属品の素材を探した。結果として少し濃いベージュの節[*4]糸がアクセントになっている厚地のシルクツイード[*5]、オフホワイトで光沢のあるシルクシャ[*6]ンタン、そのふたつの布の間にピタリとおさまるブロンズ色の細めのブレード、彫り飾りつきで厚みのある金ボタンを手に入れた。

仕立てを頼んだのは、家の近くの片瀬にあった長坂洋装店。その数年前から、主に冬物で、これはと思う服をそこで仕立てていた。裏地をつけない夏物や簡単なものは、器用な母が自分で仕立ててくれていた。店の主人は中国人で、しっかりしたきれいな仕立てが評判の店だった。最初は父や母が感心しているのを見て、なる程と思っていただけ。だが自分の服を仕立ててもらい長く着こんでみると、その上手さを実感できるようになった。きれいで緻密な仕立てということも大学生くらいになるとわかってきた。今でも、そこでつくった大学

*4
節糸（ふしいと）
節の多い絹糸。

*5
シルクツイード
シルク糸でつくられたツイード。シャネルスーツによく用いられる。

*6
シルクシャンタン
絹織物の一種で、横糸に不規則な節のある、上品な光沢感とフォーマル感のある生地。

時代のオーバーコートと母の和装コートを仕立て直した半コートを持っている。衣類の整理をした時も手放せなかったのだ。サイズが変わらないので、今もそのまま着られる。私自身、仕事も含めて沢山の服を見てきたが、年月を経ても、というか年月を経たからこそ、改めてその仕立ての丁寧さには感服する。

問題のシャネルふうスーツはイメージ通りの仕上がりになった。ジャケットの見返し[*7]とブラウスに使ったオフホワイトのシルクシャンタンとブロンズのブレードが効果的で、程よく華やかだった。ピンクやブルーを着る人が多い中で地味過ぎないかと懸念していたのだが、その心配はなかった。

だが、このスーツを着た写真は一枚もない。今のようにすぐデジカメやケータイで撮影という時代ではない。謝恩会から二次会、そして鎌倉の家まで帰るので精一杯。記念撮影など思いつかなかったのだ。その後にも何度か着たはずなのに写真はない。記念撮影ふうスナップが残っている友人の結婚披露宴では、ほとんど振袖を着ている。パールの一連のネックレスをするかしないか迷ったことなども記憶の隅にあるのに、なぜかスーツを着た自分の姿は、はっきり思い出せないのだ。おそらく、この色のスーツは当時の私にはそんなに似合っていないというか、なじまなかったのではないだろうか。

思い描いていた通りの理想のスーツであっても、シルクのベージュを着こなすのは当時の私には無理だった。だからつくるまでの過程は鮮明に覚えているのに、着た記憶はない。着る度に、どこか違うと思い続け、その思いを忘れようとして記憶も抹消したのだろう。

＊7
見返し
前身頃の端や襟ぐりの、裏側にあたる部分（の布地）を指す。一般的には表布と同じ共地が使われるが、別布を使うこともある。

私のシャネルへの思い入れは、この頃から始まっている。

■ココ・シャネルの死亡記事

「アンアン」でＥＬＬＥページの仕事を始めていた時。１９７１年の初め、いつも通り荷をといたＥＬＬＥ材料から出てきたのはココ・シャネル[*8]の死亡記事だった。今なら新聞の死亡欄で先に見つけていたはずだが、あの頃の私はまだ、朝ゆっくり新聞に目を通す習慣はなかった。

あれだけ憧れていた、でも遠い遠い存在としか感じていなかったココ・シャネルが今まで私と同じ地球上にいた。それが驚きだった。オートクチュールの記事でシャネルの服はよく見ていたのに、死亡記事により、その存在を現実として認められたというのは皮肉というほかはない。次に届いた最新号のＥＬＬＥの表紙は急きょ差しかえられていた。発表したばかりの彼女のオートクチュール作品から選ばれた真紅のニットのカーディガンスーツにチェーンベルトをした金髪のモデルの写真。追悼記事もあった。

アンアンでは、フランス語で届いた追悼記事を私が翻訳し、1ページのコラムとしてとりあげた。この時の印象も忘れ難い。私がもうちょっとだけ早く生まれていたら、シャネル自身に実際に会えたかもしれない。あのシャネルスーツを着てキャノチエをかぶった彼女に。そんな思いがつのった。

御本人が着ていたシャネルスーツだけに気をとられていた私が、もっと深くココ・シャネ

＊8
ココ・シャネル
ガブリエル・シャネル。1883〜1971。"ココ"は愛称。20世紀ファッションに最も影響を与えたデザイナーのひとり。

ルという女性に傾倒するようになったのは『Le temps CHANEL（ル・タン・シャネル）』[*9]という一冊の本との出会いだった。パリコレ取材の折り、いつものぞくサンジェルマンの本屋で、その本を見出した時の喜びと驚き。パラパラとめくってみて、すぐ買うと決めた。

日本に帰り改めて目を通すと、そこには私のまだ知らなかった時代の写真の数々がいっぱいおさめられていた。それまでもココ・シャネルの伝記や評伝の類いは、見つけると読んでいた。だが実際の若き日のシャネル、その友人たちの写真。時代背景を表わす関連写真もめいっぱいつまっている。ボーイ・カペル[*10]やウェストミンスター公[*11]との写真も。

若い時のことをあまり語らなかったシャネルが、あれだけ沢山の写真を残していたというのも不思議だし謎でもあった。だがそれらは私にワクワクする感動を与えてくれた。話だけで想像していた、初期の頃にデザインしたジャージーを使用したドレス。シャネルスーツへと発展していった男物のVネックカーディガンを着た姿。競馬場でのゆったりしたコートにキャノチエをかぶった着こなし。ツイードを使う契機になったウェストミンスター公のジャケットを着て、ズボンをはいたもの。

そのどれもに目が釘づけになる。

このあたりの彼女自身のスタイルはオドレイ・トトゥ[*12]がシャネルを演じた映画『ココ・アヴァン・シャネル』[*13]にかなり忠実に再現されていたのも興味深かった。

又、ルキノ・ヴィスコンティを始めとする交友関係や、彼に頼まれたロミー・シュナイダー[*14]との単なる衣裳製作だけではないかかわりも、写真を通して生き生きと伝わってくる。この本

*9
『Le temps CHANEL（ル・タン・シャネル）』
1979年、フランスで出版されたココ・シャネルに関する大判の本。

*10
ボーイ・カペル
本名アーサー・カペル。ココ・シャネルの恋人でイギリス人実業家。1919年、交通事故で急死。

*11
ウェストミンスター公
英国一の資産家といわれた公爵で、1924年、シャネルが40代の時に出会った恋人。

*12
オドレイ・トトゥ
1978年生まれ。フランスの女優。

*13
『ココ・アヴァン・シャネル』
2009年公開。監督はアンヌ・フォンテーヌ。往年のシ

が『シャネルの生涯とその時代』[*15]というタイトルで秦早穂子さん[*16]により翻訳され日本で出版されたのは、パリで原書を見つけてから約二年後の81年のことだ。さっそく、それも買い求めた。

その直後、私にまいこんできたのが、この本の著者、エドモンド・シャルル・ルー氏[*17]への雑誌「アンアン」でのインタビューの仕事だった。元「VOGUE」誌編集長でもあり、伝記『シャネル ザ・ファッション』[*18]も彼女の作品だ。来日インタビューは、その後に控えたパリコレ取材の直後と決まった。それまでに何が何でも読まなくてはと、大きさは30×24センチ、厚さ約4センチ、2キロはあるというぶ厚い写真集なみの翻訳本をかかえて、パリ行きの飛行機に乗りこんだ。

何度も繰り返して写真を眺め、気になる箇所だけは説明文を読んではいた。だが、この手の写真の多い厚い本の文章を読破しようとは、それまで考えたことはなかった。

意気込みがあったからできたものの、ぶ厚く大きな本に印字された小さな字の説明文を機内で読むのは簡単ではなかった。そんなには、はかどらない。パリに着いてからも十分とはいえないホテルの照明で、夜、寝る前に読む。帰りの飛行機でも読み続け、なんとか読了。フランス大使館でのインタビューに備え、自分なりに準備万端整えたつもりだった。

当時すでにカール・ラガーフェルド[*19]がシャネルの主任デザイナーとして、又クリエイティブディレクターとして、その手腕を発揮し始めていた。才能ある彼のこと、「シャネル」というブランドが新しくよみがえり、新たなファンをまたたく間に魅了していった勢いは、ま

ャネル自身のファッションの数々を堪能できる。

＊14
ロミー・シュナイダー
1938〜82年。オーストリア出身の女優。62年製作のオムニバス映画『ボッカチオ'70』のルキノ・ヴィスコンティ監督パートでシャネルの衣裳を着用。

＊15
『シャネルの生涯とその時代』
1981年鎌倉書房より刊行（2012年現在絶版）。

＊16
秦早穂子（はたさほこ）
映画評論家、エッセイスト。

＊17
エドモンド・シャルル・ルー
1920年フランス・パリ生まれ。「ELLE」「VOGUE」の編集者を経て作家、ジャーナリストとして活動。

だ記憶に新しい。

私はといえば、シャルル・ルーさん御自身からココ・シャネル本人の話を聞けたことは、もちろん大きな収穫だった。だがそれ以上に、今まで漠然と把握したつもりになっていたココ・シャネルの生涯と、その残した足跡とを、一夜漬けの試験勉強さながらに、一挙に頭にたたきこんでしまったことが大きい。原稿を書くために資料を読むのはよくあることだが、これ程真剣に知ろうと意気込んだのは、この時が最初で最後という気がする。

その数年後には、トークショーの依頼があり、[20]セツ・モードセミナーの[21]長沢節さんと共に表参道のスパイラルホールで[22]「原由美子　ココ・シャネルを語る」という催しに出演したこともある。

そしてシャネルに対する特別な思い入れは、今もずっと続いている。

謝恩会にあれ程着たいと望んだのだから、シャネルスーツが好き。それは今も変わらない。晩年のシャネル自身がよく着ていたブレードでトリミングしたカーディガンジャケットスタイルのものだけでなく、テーラーカラーで、その襟と中に着るブラウスを共布にしたデザインのものにも心ひかれる。好きというのに理由はなく、最初に写真で見た時からなぜか気になる服となってしまったのだからしょうがない。

そんなシャネルスーツを自分が着たいという思いも確かにあるが、私がシャネルという女性にひかれるのは、彼女自身がつくり出してくれたスタイルに対する尊敬と感謝の気持ちが

＊18
『シャネル ザ・ファッション』1980年、新潮社より刊行。翻訳は榊原晃三（2012年現在絶版）。

＊19
カール・ラガーフェルド
1938年ドイツ生まれのファッションデザイナー。60年代よりクロエ、フェンディなどのデザインを担当。83年よりシャネルのデザイナーとなる。

＊20
セツ・モードセミナー
長沢節が1954年に創設したアートスクール。

＊21
長沢節（ながさわせつ）
1917〜99。イラストレーター。ファッション・スタイル画の第一人者。セツ・モードセミナーの創設者。

大きいという方が正確だろう。

下着の素材だったジャージーを着やすいからとカーディガンスーツにしてしまう。男物の素材だったツイードも彼女の手にかかれば魅力的なスーツ用布地に変貌した。コスチュームジュエリーの魅力を自分がセンスよく身につけることで示し、本物の高価な宝石だけに価値を見出していた人たちの目を開かせアッと言わせる。一方で高価なダイヤとプラチナをふんだんに使ったハイジュエリーのデザインにも、彼女らしいモダンな感覚をとり入れて皆を驚かせる。そういったすべてに脱帽するしかない。

だがそれ以上に、モードではなく「私はスタイルをつくり出したのです」という彼女の言葉とその事実に心を動かされたのだ。

二十世紀初めまで、女の人の服は十九世紀的なコルセットでしめつけられ、スカート丈は長くて歩きにくかった。そんなスタイルから女性を解放したひとりにポール・ポワレ[*23]もいるが、彼の服は今見ると現代に通用する服とは言い難い。だがシャネルが1930年代に発表したジャージーのカーディガンスタイルのスーツの写真を見ると、これこそ現代の私たちが着ている服の原型のひとつと思わざるを得ないのだ。膝下丈のストレートなスカート。生成で丸首のシンプルなインナーに合わせたネイビーのVネックカーディガンのような上着、一口でいえばネイビーのカーディガンスーツ。今、見ても決して古くはなく、そのまま着てみたくなる。ここから素材、色、襟の型を変化させシャネルスーツのヴァリエーションは展開していった。まさしく二十世紀的なスタイルの原型をつくり出したのがシャネルなのだ。

＊22
「原由美子　ココ・シャネルを語る」
1990年、三洋電機主催で開催されたトークショーのポスター。

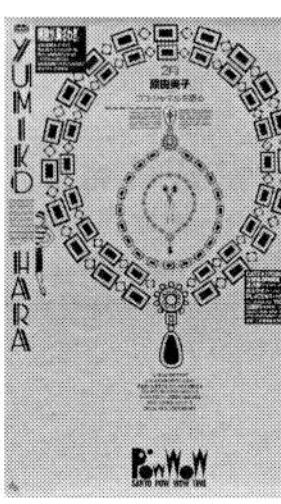

＊23
ポール・ポワレ
1879〜1944。20世紀初頭に活躍したフランスのクチュリエ。現代ファッションの創始者とされる。

又、彼女のシンプルな服は真似やすくもあった。ほかのオートクチュールのデザイナーのつくる凝ったカットや複雑な装飾とは無縁だったからだ。だが彼女はむしろそれを良しとして既製服時代が来ることを予見していたという。その潔さ。それは彼女自身の生き方にも貫かれている。最後はリッツホテル[*24]の一室で、ひとり静かに息をひきとる。前の日まで近くにあったアトリエで現役として働きながら。ホテルのクローゼットに残されていたのは、お気に入りのシャネルスーツが二着。

孤児院での子供時代に始まり、決して平坦ではなかった一生なのは十分承知だが、だからこそ彼女の遺してくれたすべてに、尽きることのない憧れと感謝を抱き続けている。又その彼女の遺したことをカール・ラガーフェルドが二十一世紀にふさわしく彼独自の方法でよみがえらせ、全く新しいクリエイションへと昇華する。目を離せないのは言うまでもない。

＊24
リッツホテル
ホテル・リッツ・パリ。パリ・ヴァンドーム広場に位置する1898年創業の老舗五つ星名門ホテル。

●シャネル・バッグ

114

私にとって初体験だった、シャネルをテーマにした編集ページ。その時のコレクションではなく、キルティングのバッグやパールのアクセサリーといった典型的スタイルに関するものだった。イメージにぴったりのモデルが見つからず物も少なかったので、工夫が必要だった。撮影したのは渋沢記念館。モノクロ写真を入れることで雰囲気を出そうとしたのだが。

●リボンの髪飾り

117

いんたびゅう

ココ・シャネルの洋服は本物の芸術です。

E・シャルル＝ルー

ココ・シャネルの洋服は本物の芸術です。

E・シャルル＝ルー

インタビュアー　原 由美子

エドモンド・シャルル＝ルーさんは１９２０年生まれで、フランスの作家でもあり、女流ジャーナリストでもある。'47年から'49年まで『エル』を、そして'50年から'66年までは、フランス版の『ボーグ』誌編集長を務めた。それまで、ココ（本名はガブリエル）・シャネルの伝記は多数出ていたが、ココ・シャネル本人に伝記を書くよう勧められた。そのために16年あまり調べ『異例の女・あるいはわたしのシャネル案内』（日本版タイトル『シャネル　ザ・ファッション』）、そして『シャネルの生涯とその時代』を著した。作家としても『忘却のパレルモ』で、ゴンクール賞を受けている。'73年に結婚した夫君、ガストン・ドゥフェール氏は、ミッテラン内閣の内務大臣として活躍中だ。

ココ・シャネルに昔から魅(ひ)かれていたという原さんが、シャルル＝ルーさんにインタビュー。

＊

原　まず私自身、昔からココ・シャネルの生き方にとても興味がありました。『シャネルの生涯とその時代』を読ませていただいて、大変うれしかったのと、あのような本を書かれた方として、シャルル＝ルーさんを尊敬しております。

ところで、実際にココ・シャネルに会われたときの印象を、お聞きしたいのですが。

ルー　初めて会ったときは、もうかなりなお年でしたが、気持ちはお若い方でした。年をとったからといって、髪を短く切ったり、チリチリにさせたりといったオーバーな若造りをせず、かといって絶対にふけこんだ感じはありませんでした。写真もたくさん残っている、あの晩年のスーツスタイルは、45歳のときからで、いつも同じスーツ、同じスタイルを通していました。多分その45歳のときから、体の中に若さを閉じ込めてしまい、年をとらないかのようでした。

原　プレタポルテのショーは見ているのですが、残念ながらオートクチュールは……。シャネルは、オートクチュールだけが本物といわれる方も多いのですが、プレタポルテの評価はどうなんでしょうか。

ルー　オートクチュールのショーを見られないからといって、残念がることはありませんよ。シャネルのプレタの洋服も、彼女自身のエスプリと感覚に忠実に従って作られた素晴らしいものです。例えば、上着の裏の仕末の仕方とか、純粋な絹を表にも、裏にも使って洋服を作りあげていることなどは、プレタとしても本当に素晴らしいと思います。

原　私が一番きれいだなと思ったココ・シャネルの写真は、50歳ぐらいのときのものでした。日本では、いまでこそ30代以上の女の人の美しさが見直されていますが、ココの50代のあの美しさは、やはり驚きです。それと、シャネル・スーツも彼女自身が着ている写真を見るとき、一番その美しさと魅力がきわだっているように思えます。

ルー　あなたのいう通り、彼女は50歳から55歳のころが一番美しかったと思います。かつて、ココ・シャネルのことでインタビューした、カメラマンとしても有名なセシル・ビートン卿は、彼女の横顔や目差しの中には、グレタ・ガルボと同じ神秘性とメランコリックな雰囲気があると、いっておりました。そして彼女が、自分でデザインした洋服を身にまとったその姿は、本物の芸術でしたね。

原　シャネル・スーツの魅力は変わらないところにあるといわれています。着続けて10年たっても決して流行遅れになることがなく、むしろ着る人の魅力や、着こなしで、常にその時代に応じて、新しく見えるようですね。

ルー　かつてココ・シャネルが生きていたころでも、シャネルは変わらないといわれてました。でも、本当に少しだけですけれど、スカート丈や色、トリミングなど部分的に変化していたのです。特に彼女の最晩年にデザインしたものは、かなりボコボコした厚手のツイードで、淡いパステルカラーといった、それまでに使ったことのない生地や色の物でした。ある意味では、彼女のモードは年齢に反比例して、若くなっていきましたね。

原　シャネルの洋服にはしっかりとしたひとつの哲学があったように思います。

ルー　本当にそう思いますよ。まず、長い間着られるものを。そして、洋服の中に住むような感じで着こなすことを勧めましたね。これはほかのデザイナーに較べると正反対のことを、ココ・シャネルはしていたということです。あの当時、洋服はシーズンごとに、どんどん新しいものを着てゆくという傾向がありました。普通のデザイナーの洋服だと、4、5年経つと着られなくなってしまう。シャネルはそんなことがないように、まず非常にしっかりとした布地を選んで、12年は着られるというものを作りました。

あるとき、彼女の仕事場に行ったら、ココ・シャネルの着ていたスーツのヒジが抜けてしまったのです。それで、何年ほど着ているのですかと聞くと、そんなに長くじゃないのよ、14年だからって。洋服はまた、作ったあと何度も着て、1年くらいたって体になじんだころから、やっとその美しさが本物になってくるのだとも、いっていました。

原　シャネルの洋服を愛用している人がまずあげるのは、その着やすさのようですね。

ルー　私も着る洋服の90パーセントはシャネルのものですよ。彼女の亡くなる5年ほど前に聞いたのですが、仮縫いをするときに、お客様にヒジを上げてもらい、そのときにジャケットが動くようだと、もう一度手直しする。車に乗るときも考えて、ちゃんと靴をはいてもらい、車に乗り、また手を上げてもらって、といった具合に、非常に気を遣って洋服を作り上げていたのです。

原　ココ・シャネル自身の服で、エピソードはありますか。

ルー　スーツじゃなくて、ディナー・ドレスを着たココ・シャネルについて話しましょうか。ミモレ丈のディナーは、黒のとても柔らかい布地でできていて、キラキラ光るスパンコールが付いていました。その洋服は、太い赤のサッシュベルトで、キュッとしめてあり、肩にはごくごく細いストラップがついていたのですが、そのストラップはなんのためについているのですか、と聞かれたのです。ココ・シャネルは、もしストラップがないとお風呂から上がってきたばかりの、バスタオルを巻きつけた女の人のように見えるでしょう、って答えました。でも、そのドレスの写真が残っていないので、お目にかけられないのが残念ですけれど。

（「アンアン」1981年12月11日号）

シャネルからの招待状

文・原 由美子

シャネルからの招待状
原 由美子

ココ・シャネルが自分のコレクション発表の時、いつもそこに座って見ていたという、鏡張りのらせん階段を上りながら、私の胸は次第に高鳴っていった。

ガブリエル・シャネル、愛称ココ。シャネルスーツを創った人というだけでなく、彼女の残した素晴らしいことは、沢山ある。ジャージーという生地を使って初めて女の人の服を作ったのも彼女なら、クレープデシンやモスリンがもっぱら女の人のドレスに使われていた時代に、スコットランドのツイードを使って婦人服を作ってしまったのも彼女だ。

男物のカーディガンやズボンを、とびきりセンスのいい女のモードに変えてしまったのも彼女の仕事のひとつ。本物の宝石だけが尊重されていた時に、イミテーションのアクセサリーを、堂々といっぱい身につけてしまう楽しさをみなに教えたのも彼女だった。

私が何番目かに好きなシャネルの写真は、1928年のもので、当時恋人だったウエストミンスター公のツイードの上着を借りて着ている40代の彼女が写っている。上着の袖口はシャツと一緒に無造作に折り曲げられ、セーターもズボンも靴も男物。シャツの衿もとには水玉のアスコットタイが大きく蝶結びにされて、ま深にかぶった帽子もかわいい印象だ。

現在の私がいちばん気に入っている、大きめの男物の上着とズボンの組み合わせを、シャネルは50年以上も前に、いとも無造作に実行しているのだ。それも、イギリス一の金持といわれていた、本物の英国貴族のウエストミンスター公の服なのだから、そのツイードの色や風合いは、かくやと想像される。

こう考えていくと、シャネルが創ったスーツやアクセサリー、それにあの有名な香水のNo.5も好きだけど、私がいちばん興味を持っているのは、やはりシャネル自身、その生き方やおしゃれも含めて、シャネルその人に対して尽きない魅力を感じている自分に気づくのだ。

大学卒業の頃、神田中の生地屋とボタン屋を探し歩いて手に入れたベージュのシルクツイード、オフホワイトのシルクシャンタン、金に彫刻のあるボタンと、いぶし金のブレード。それらを鎌倉の自宅近くの洋服屋へ、シャネルスーツの出ているフランスの雑誌といっしょに持ちこんで仕立てを頼んだのは、今はもう20年も前のことになる。それ以来、シャネルに対する私の思いいれは続いている。

エル・ジャポンの仕事をするようになり、その頃は大々的にとりあげられていた年2回のオートクチュールコレクションの

ページを楽しみにし始めた頃、シャネルは87歳で亡くなってしまった。

その後しばらくは、シャネル自身に対する思いいれもおさまったようなのだが、シャネル社がプレタ進出を決め、年に2回パリに通って見ていたプレタポルテのショーでも、シャネルを見られるようになり、又々、私のシャネル熱が頭をもたげ始めた。

それと共に、シャネルに関する本も沢山出版され、ことに『シャネルの生涯とその時代』（鎌倉書房）の著者であるエドモンド・シャルル・ルー女史にインタビューする機会にめぐまれたこともあり、私の中のシャネル像は又々大きくなってしまったようだ。

そんな私に舞い込んだのが、シャネルからの招待状だった。No.5、No.19などに続く新しい香水を発表するにあたり、オートクチュールの秋冬コレクションの発表が初めての試みとしてパリのオペラ座で行なわれ、同じ日の午前中にはパレロワイヤル劇場で、香水発表のプレス・コンフェランスがあるという。

そんな日程を組みこんだ一週間のパリ滞在への招待状であり、その中にマドモアゼル・シャネルのサロンを訪ねるスケジュールも含まれていた。スタイリストという仕事を始めて、モードとかかわりながら、性格的に不向きと感じてやめたいと思ったことはたびたびあるが、この時ばかりは、この仕事を続けていて良かったと実感した。

サロンに通じる階段を上りながらあれほど高鳴っていた胸は、どっしりときらびやかでありながら、不思議に落ち着いているサロンに一歩足を踏み入れた時、潮がひくように平静さをとりもどしていた。あまりにもたびたび写真で見ていたので、初めての所を訪れるというより、幼い時によく知っていた所にもどったような安らぎがあったせいかもしれない。しばらくサロンにいる内に、シャンペンの酔いも手伝って私の夢は更にふくらんでいった。ココ・シャネルが確かにこの場に座っていた――私は夢の中でただ立ちすくむばかりだった。

（「エルジャポン別冊　モード・スペシャル '84-'85秋冬号」）

フィガロジャポン　1995年9月20日号　ココ・シャネルの時代が復活した!!　シャネルが新鮮！

完全無欠のエレガンスが、
ココの精神。
CHANEL
Mode

赤やピンクのツイードの質感と色の美しさ。ボタンのないザックリしたジャケットと細身のスーツの対比とバランスの妙。カール・ラガーフェルドのつくり出すシャネルに改めて魅せられた'95－'96秋冬コレクションの特集ページ。カメラマン、モデル、ヘア＆メイク、編集者、すべてのチームワークも完璧で、ひたすら洋服のことだけを考えて見つめていた。

天使の微笑みに誘惑されそうな、
官能のソワレ。
CHANEL
Mode

今、見逃せないファッショントレンド！
きれいになれる！
やっぱりシャネル
原由美子がコーディネートする
クルーズラインスタイル
ネイビー×ホワイト。
清々しい装いで新年を

シャネルのクルーズラインを「ラ・セーヌ」らしく大人の女の雰囲気で。カメラマンの提案で馬を使うことになり伊豆の海岸に近くの厩舎の馬が運ばれてきた。無論、モデルさんが馬に慣れていることは確認されていたはずだが、現場に行ってみて、その乗馬っぷりの見事さ、自然な美しさに見とれてしまうばかりだった。ココ・シャネル自身の競馬場でのスナップ写真を思い出したりしている内に撮影は進行していた。

この時はシャネルの原点を探るテーマ。写真にはないが、香水やリップなど小物の撮影が心に残っている。初めて鎖の持ち手の大きなバッグが登場しショルダーバッグとの対比と調和を。シャネル社はメティエダールの名のもとに、刺繍の「ルサージュ」、羽・カメリアの「ルマリエ」などオートクチュールの存続に必要不可欠なアトリエを傘下におさめ、その活動を支援し、それらの技術をふんだんにとりいれたコレクションを2002年から年一回発表している。左ページは、そのテーマが「バレエ・リュス」だったシーズン。バレエができるか踊れることを条件に探したモデルで撮影。見事に脚が上がりチュールのスカートの魅力が全開で安堵した。

2007年9月号　今も続く、クチュリエの粋　バレエ・リュスへ捧ぐ　シャネル〝パリ―モンテカルロ〟コレクション

シャネルの美の宇宙を旅して。

文・原 由美子

パリ特別取材
原 由美子さんが、シャネルの創造したジュエリーで、上質の意味を知る。
小さな宝飾工房にシャネルの創造性が今も息づいていた。

そのネックレスを目にした時、すぐに首にかけてみたいと秘かに思った。

シャネルのファインジュエリーの代表作「コメット」、'32年に発表された作品の復刻版が東京でお披露目された時のことだ。常日頃、多分に負け惜しみもあるが、ダイヤには興味がないと言っていた私としては珍しいことだった。

コスチュームジュエリーの楽しさを教えてくれた人こそシャネル。おかげで私も気に入ったアクセサリーをジャラジャラとつける喜びに、誇りさえ持って過ごしていたのだから。

そんな私にシャネルのファインジュエリーについて詳しく調べる企画が持ち込まれた。出版社の都合で本にはならなかったが、そのリサーチのおかげで、'32年のファインジュエリー発表の経緯を知ってしまった。ココ・シャネルという人の底知れぬ熱意、パワー、先見性、センスに脱帽するしかなかった。その直後に見た「コメット」のネックレスでもあった。

ダイヤがこんなにもモダンに、単に華やかだけでなくシャープで繊細な美しさを醸し出す。プライスは当然、超高嶺の花で私とは無関係。さりげなく「いただくわ」と言って買い求め、次の日またさりげなく身につけてパーティーに現れるのが可能なのはニコール・キッドマンくらい？　と当時、勝手に想像したものだ。

それにしても美しい。かなわぬ夢とわかっていても欲しいと思わせる力がある。それ以来かもしれない。私がいわゆるファインジュエリーに対して、単に仕事として見極めるだけでなく、実際につけることを考えながら美しさやつけ心地を真剣に考えるようになったのは。

そして今回、シャネルの工房を見て手作業の極致を知った。リニューアルされたブティックでは、モダンで洗練された空間に漂うベージュ色の暖かさがファインジュエリーを少し身近に感じさせてくれた。そして何より、あの伝説の部屋で感じたゴージャスなのに華美ではない落ち着いた安らぎ。このシャネルのエスプリが背後にあるからこそのファインジュエリーの存在感と価値。三度目の訪問で、やっとすべての謎が解き明かされた。

（「クロワッサン」２００８年11月25日号）

CHAPITRE 8

21世紀を迎えて

若い人に伝えたい、スタイリストの仕事とファッションのこと

40代半ばを過ぎた頃から、自分の個人的アシスタントにだけでなく、もっと広く教える機会があるなら積極的に取り組みたいと考えるようになった。スタイリストという仕事の認知度を高めること、ファッションというものの世間的地位を更に確固たるものにするためにも、人材が育つことが必要。私にできることはたかが知れているが、できることはやっておきたい。そんな思いからだった。

ファッションの専門学校での特別講義が多いが、これまで依頼されて、慶應大仏文科や東大教養学部、桑沢デザイン研究所、武蔵野美術大学、墨田区のファッション産業人材育成機構[*1]など、さまざまな学校で講義をした。専門学校では主にスタイリストという仕事の内容やそのために学ぶべきこと、一般校では日本のファッション誌の歴史とその変遷といった内容が多かった。ただし軸足を常に雑誌においておきたいと思うと、定期的講義を行うのはかなり難しく、おことわりせざるを得ないこともあった。

そんな私が一年間[*2]の定期授業をする決心をしたのは、2007年のこと。雑誌の仕事をメインにという気持ちは変わらないが、人材を育てる必要性と共に、自分の仕事に拡がりをもたせたいと感じ始めていたからだ。スタイリスト志望の学生を対象に講義を行い、レポートの添削などもした。

*1
ファッション産業人材育成機構
一般財団法人ファッション産業人材育成機構。ファッション産業のリーダーとなる人材育成を目的に、通商産業省（現・経済産業省）のバックアップのもと、1992年設立。主な事業内容は、ファッションビジネスのためのビジネススクール事業と、調査研究事業のふたつ。

*2
一年間の定期授業
2007年4月から08年3月まで、文化女子大学（現・文化学園大学）現代文化学部・国際ファッション文化学科、スタイリスト・コーディネーターコース3年の必修科目「スタイリスト論II」、「ファッションコーディネート論II」を担当。

又、1980年代から種々のコンクールの審査員の仕事もさせていただいている。その中には最終審査はパリでの国際大会というエールフランス日本支社主催のものもあった。[*3] 10年以上は続いたが、ファッションが元気でどこまでのびるかに誰もが夢を抱き、ヨーロッパもアメリカも元気だった時代のことと思わざるを得ない。ファッションが世界を映す鏡であることは確かで、どこかでパワーを盛り返す力を育てる必要がある。そんな意味では01年から青森県で行われている「ファッション甲子園」[*4]のような高校生を対象にしたコンクールの審査員の仕事は、希望を与えてくれる。

04年に政府の知的財産戦略本部「日本ブランド・ワーキンググループ」[*5]委員に選ばれた時は、ファッションが日本という国の中でやっとここまできたかという感慨があった。この活動は07年で終了したが、世界に認められるデザイナーを輩出している国でありながら、今ひとつファッションの産業としての位置づけが低いのは相変わらずだ。たかがファッションではなく、されどファッションを目指して私自身は仕事をしてきたつもりだ。おしゃれは男の恥ではなく、むしろ積極的に身だしなみに気をつける世代が育っているのも確かだ。だがそれが、ファッション産業やファッションジャーナリズム全体の底上げにつながっていないのが現実だ。

国難があっても、ファッションがゆるぎないものであり続ける力をどう持続するか、真剣に考える時が来ているのだが。

＊3
エールフランス日本支社主催
全世界の学生が集う世界最大級のファッションコンテスト。06年より一般財団法人日本ファッション教育振興協会が引き継ぎ「ファッションクリエーター新人賞国際コンクール」として開催。2011年より「Tokyo新人デザイナーファッション大賞」に改称。

＊4
ファッション甲子園
「全国高等学校ファッションデザイン選手権大会」。2001年度より毎年青森県弘前市で開催。

＊5
日本ブランド・ワーキンググループ
知的財産戦略本部に設置されたコンテンツ専門調査会のファッション分野において2004年11月から翌年にかけてワーキンググループの検討会が開催された。

日本のファッション誌の現状

世をあげてのデジタル化時代、雑誌、新聞を含む印刷媒体の危機が常に叫ばれるようになって久しい。

特に女性誌に限れば、日本の現在の雑誌の種類は、世界水準から考えても異常に多い。出版不況で数が減るのはしょうがないが、きちんとした良質のものが少しでも多く残ってほしいと望んでいる。

ある年令以上の大人の女性をターゲットにしたファッション誌では、外国ブランドの広告が圧倒的に多い。とりあげられる洋服も、外国ブランドに徹底している雑誌もあれば、日本のブランドとの共存を大切にしている雑誌もある。目立つのは、外国ブランドのブランドそのものの紹介を目的にしたタイアップに近いページと、日常的な着方を伝授する実用的な着まわしのページ、それと日本、外国を問わずいわゆるスナップのページだ。街頭のものもあればファッションモデルやエディターに絞ったものもある。

既製服を使ってファッションをいかに美しく表現するかで出発した媒体が、工夫と試行錯誤を繰り返し、読者の興味をひきつけ、つなぎとめるために努力して、こういう形にいきついたとなると複雑な思いが去来する。すべての雑誌がそうではないが。

思い返してみると70年代はとりあえず既製服が普及し、その内から何を選び、どう組み合わせるかに人々が悩んでいた。特に若い人の間ではTシャツやジーンズといった今までなかったカジュアルな服が登場し、そのとりいれ方にも工夫が必要だった。パリコレで発表された流行が日本に定着するには二年かかると言われていた頃だ。この時代は日本に登場した若いブランドを積極的にとりあげ自由に組み合わせを考えるのが楽しかった。徐々にプレスルームやプレスサンプルが整えられプレス係も常識となっていった。スチール撮影専門のロケバス会社もでき始め、ファッション撮影という仕事をスムースに進めるための基礎ができつつあった時代でもあった。

80年代に入りパリコレでアヴァンギャルド[*6]な服が発表され始めた時は、その新しさを伝えることと、それを実際に街で着るために新しさと奇抜さをさりげなく見せて格好良さにすりかえるのに腐心した。この頃になると日本とパリの時間差はなくなり、ほぼ同時期に流行が語られるようになっていた。その代表例がボディ・コンシャス[*7]と言えるだろう。

90年代のグランジ[*8]とミニマリズム[*9]は共に魅力的な流れで、外国ブランドと日本ブランドを混在させながらファッションページをつくる作業は心おどるものがあった。ただし過剰なとりいれ方は避けたかった。

そしてこの間ずっと、私の中には外国ブランドがいかに魅力的で美しくても、日本の服を忘れてはならないという気持ちが根をはっていた。グローバルな時代、日本も外国もない。

＊6
アヴァンギャルドな服
アヴァンギャルド・ファッションをさす。前衛的、先端的ファッションのことで、1980年代のジャン・ポール・ゴルチエやコム デ ギャルソン、ヨウジヤマモトなどが代表的。

＊7
ボディ・コンシャス
女性の体のラインを強調したシルエットを指す服飾用語。1984年にデザイナーのアズディン・アライアが発表した身体にフィットした服が注目を集め、日本でもボディコンの略称で流行した。

良いものは良い。結果として外国ブランドばかりのページもあるかもしれない。日本の服を見極めた上での結果ならそれも仕方がない。しかし日本の服を見ないでなら、許されない。そんな気持ちが常にあった気がする。

2000年代、2002年のサンローラン[*10]の引退は、一種の象徴的な出来事だった気がする。70年代のパリコレ取材の時、ケンゾーやソニア・リキエルと共に、強い印象を残したのがサンローラン・リヴゴーシュだった。直前に日本にも直営店ができて身近になったオートクチュール発のプレタポルテブランド、サンローラン・リヴゴーシュ。現在のようにハイブランドが沢山なかった時代、サンローラン・リヴゴーシュは憧れのブランドであり、実際に着てみたいサファリスーツやトレンチコートがコレクションに登場した。ショーの後には実際に、あのイヴ・サンローランがはにかみを含んだ笑顔でステージを歩いていく。そのサンローランが遂に引退。

この前後にオートクチュール[*11]ブランドの後継者問題が次々と取り沙汰され話題になった。巨大グループによるファッションブランド吸収も盛んになり、ラグジュアリー産業の位置づけはできたが、ファッションの魅力が身近なところから遠くへと移り、冷静にならざるを得なかった時でもある。パリ、ミラノ、ニューヨークコレクションが全世界に共通した流行をもたらし、決定的な影響を与える時代は終わりつつあった。

常にどんな雑誌で仕事するにせよ、たんに最新流行だからと安易にとりあげるのではな

*8
グランジ
グランジ・ファッション。グランジは「汚い」などの意味の米国の俗語。シアトルのグランジ・ロック系ミュージシャンから派生したファッションで、古着やすり切れた服などの重ね着が特徴。1990年代前半にマーク・ジェイコブズなどのデザイナーがコレクションで発表し、注目された。

*9
ミニマリズム
デザインや装飾を極限まで取り除いたシンプルな服。90年代ではジル・サンダーやヘルムート・ラングなどのデザインが代表的。

*10
サンローラン
イヴ・サンローラン。1936〜2008。フランスを代表するファッションデザイナー。57年クリスチャン・ディオールの後継デザイナーとな

く、新しいものの紹介ととりいれ方に、私なりの選択基準をもって自分らしいページを心がけてきたつもりだった。

加えて最近は、いわゆるモード誌というより大人の女性を対象とした一般誌の中の、ファッションページの仕事が多くなっているので、以前よりずっと実用性を考えたページづくりを心がけている。

一言で実用といっても現代の読者が実用的ととらえる、その感覚は、あらゆることの多様化と同じく、人によって実にさまざまだろうと考えている。日々アンテナをはり、街行く人の服装に目をこらし、観察するのはほぼ習慣となっている。

展示会やショーで服を見ていると、きっと誰かが探しているに違いない服、知りたいと思っているであろう新しい着こなしが、あちらの方から呼びかけてくる。それを自分のページで、ひたすら実用に徹底するのではなく、どこかに夢と余裕を感じさせつつ表現できたらと考えている。

思惑通りにすべてがいかないのはいつものこと。思ったことが完璧にページに具現化されたことは、まだない。だからこそ、今度こそもっと良いページをと目指して、結局今まで続けてきたとも言える。表現すべきページが与えられ、それを楽しみに見てくれる人がいるなら続けたい。だがこればかりは自分の一存ではどうにもならないのが現実だが。

り、61年独立。62年自身の名でオートクチュールコレクションを発表し、66年プレタポルテライン「リヴゴーシュ」を発表。

※11
オートクチュールブランドの後継者問題
ジバンシィ、クリスチャン・ディオール、ランバンなど。

婦人公論　連載・お洒落散歩　2002年10月7日号　ジョルジオ アルマーニ

お洒落散歩
現代的なフォルム
ジョルジオ アルマーニ

1998年のリニューアルで、以前より大きい判型になってからスタートした「婦人公論」の連載ページ。9月7日号より一年かけて、24のブランドを都内の新名所や近郊でロケをした。エルメスを、できたばかりの銀座店で撮影したのをスタートに、「アルマーニ」は品川の原美術館、「シャネル」は箱根の美術館で。

2002-03年12月22日、1月7日号　シャネル

和樂　連載・和の心で着るモード　2002年11月号　第八回・火恋し

2000年代に入り約二年間続いた「和樂」(小学館)の連載ページ。モデルはアナ・ジュヴァンダー。1990年代にジョルジオ・アルマーニのイメージモデルとしてよく知られていた彼女が、魅力的に年を重ねていた。編集部の意向でダイレクトブッキングされ、撮影の度にパリから飛んできたのだ。早朝着いてスタジオ入り。毎回4ページを二号分撮るという、強行スケジュールだったが苦にならなかった。「和樂」という雑誌名に呼応させた漢字のタイトルに相応しい、静謐なイメージの写真をスタッフ全員でつくり上げる喜びの方が大きかった。この雑誌の読者とこのページにふさわしい装いは何かと常に試行錯誤していた。

和樂　連載・和の心で着るモード
2002年5月号　第二回・衣更（ころもか）う、白

2002年9月号　第六回・秋爽（しゅうそう）

2002年12月号　第九回・寒暮（かんぼ）

2003年4月号　第十三回・花人（はなびと）

2003年5月号　第十四回・青嵐（あおあらし）

2003年8月号　第十七回・影涼し

アナ・ジュヴァンダーの連載の後、時折あった洋服やアクセサリーなどがテーマのファッションページ。「和樂」らしさを常に念頭に、若い人向けの、情報満載のファッション誌とは対極にある余裕と良い意味での高級感を大切にしたいと意識していた。アクセサリーとバッグを際立たせるためにスタジオの白いバックとロケを対比させた「シンプルに、華を装う」はその対向に細心の注意をはらった。左ページ、打ちっぱなしのスタジオで撮影した「エスニック」のテーマは、過去何度かの経験をふまえていちばん成熟した大人の女の雰囲気に。年を重ねたのだからあたりまえだが。その下、なにげないカーディガンだからこそ、さりげない高級感を出したくて向かったのは、十里木のスタジオだった。

和樂　2005年7月号　エスニックが新鮮！

和樂　2006年9月号　秋、主役になるカーディガンを纏って

どこか日本を感じさせる抽象力
FORME
ゴージャスなコートはイタリア女優の気分
FLOW

和楽　2007年3月号
フォルムのある服　フロー（流れる）の服

「和樂」の読者層にこそ真のアヴァンギャルドを理解し、着てみたいと考えている人もいる。そんな思いから同じコートスタイルでも典型的セクシーとアヴァンギャルドな服との対比を、ソックスをはいた足もとに託して試みたつもりだが。

婦人画報　連載・スタイリスト原由美子さんが語る日々のおしゃれ　着る人　賀来千香子
２００６年11月号　色と艶で変化する、豊穣の葡萄色

賀来千香子さんで一年間、色をテーマに巻頭４ページのファッションをという依頼だった。色を決めるのはアートディレクター。ギリギリに決まることが多く、しかも服の流行とは関係ない色の選択だったので服探しに苦労した。ただし「色」は好きなテーマのひとつであり、賀来さんのさまざまな表情に出会えるのも楽しみだった。

２００６年７月号　ドラマティックな白

２００６年10月号　グレーは、クチュールテイストで

メイプル　2003年11月号
ちょうど、知りたかった秋のおしゃれ質問箱Q&A

2004年6月号
私にちょうどいい「旬の気分」の取り入れ方

樋口可南子さん
「ぬくもり感のある優しい服が今の気分」

2004年11月号　数ある流行の中から
原由美子さんが選びました

樋口可南子さんが挑戦したい秋冬「自分スタイル」

メイプル　2006年9月号　原由美子×桐島かれん　日常使いしてみたいミキモト・パール

「メイプル」（集英社）で二年間に三回、ほかに宝石のテーマなどもあった樋口可南子さんのページ。これはと思う洋服に出会い、現場でイメージ通りだった時の喜びは大きい。皆が考えている樋口さんのイメージを少しは裏切りたい。でも絶対に樋口さんらしく。そんな思いがいつもあった。

パールの特集では桐島かれんさんにモデルを。実は少女の頃の彼女にマガジンハウスの「エルジャポン」できものページのモデルをしていただいたことがあった。凛とした大人の女になった彼女は、パールを大げさではなくさらりと格好良く着こなしてくれてた。

和樂　連載・江角マキコが着る旬の服　2009年5月号　江角、出かける　ライトコートを初夏の風になびかせて

4月号よりスタートした「和樂」の連載は、2002年に連載したアナ・ジュヴァンダーの時とは異なり、動きのある言葉がタイトルとなった。連載モデルの江角マキコさんとは1996年に「オッジ」（小学館）で一度仕事をした経験があり、その成長ぶりが眩しかった。ゴージャス、カジュアル、クチュールテイスト、すべてが江角流になる。

2009年6月号　江角、うきうき
毎日が笑顔になるふだん使いのパール

2009年8月号　江角、煌めく
夏の光彩を、煌めくドレスに託して

2009年10月号　江角、凛々しく
端正なスーツをまとう、大人だけの悦楽

クロワッサン　2008年4月25日号　原由美子さんの提案
ハイブランドで愉しむ、新感覚のフェミニン

2006年から「クロワッサン」でも年に二度、春夏と秋冬にハイブランドを扱うページが定例化した。パリコレを見ながら、これは絶対と思うものが見つかってしまうこともある。ただしコレクションを見ていないミラノとニューヨークへの目配りも怠らない。若い時は夢だったハイブランドもクロワッサン世代には現実であり着たい服。それだけに何を選ぶかは慎重にならざるを得ない。

数ヶ月に一度任される、6ページか8ページのファッションページはテーマ選びが大切だと考えている。雑誌が出る頃、今の読者が見たいと思うもの、心ひかれるものは何だろう？　パリコレ、東京コレクション、展示会の記憶を総動員して、テーマを決め服を集めてイメージを具現化していく。

2010年9月25日号　原由美子さんが提案する
ハイブランドのおしゃれ　この秋は女優スタイルで。

クロワッサン　2009年10月25日号　表情のあるスタイルが、コートの愉しみ。

クロワッサン　2011年7月10日号
さりげなく個性的に、アクセサリーのおしゃれ。

2011年10月10日号
充実したスタイル　コートが気になります。

CHAPITRE 9

きものスタイリング

きもののスタイリングと洋服のスタイリング、どちらも同じ

私にとっては、きもののページも洋服のページも、作業の手順は違っても、読者の気持ちに思いをはせつつ、テーマにそったものを探してコーディネートを考え、カメラマンや編集者と一緒に撮影場所その他を打ち合わせで決めて、ページにする、根本的な仕事の進め方は同じことだと考えている。

だが人によっては、きものと洋服は全く別もの。洋服のスタイリストの私がなぜ、きもののページもやるのか、又はできるのかと疑問を抱く人もいるようなのだ。

というわけで、私がきもののスタイリストをするにあたっては、少し説明した方がいいのかもしれないと、常々思っていた。

最近の傾向として、秘かにきものの魅力が見直され、きものを着てみようという人たちが、女性だけでなく男性にもふえつつあるというのは喜ばしいことだと思っている。昔通りの着方ではないにせよ現代社会でも通用する世界でも珍しい民族衣裳、日本文化と密接なかかわりをもつ美しいきものという装い。洋服との二重生活は贅沢といわれても仕方がないのは承知だが、できる限り残ってほしいと望んでいる。

とはいっても、成人式に一度着ただけの人、又は一度もきものに袖を通したことのない人が、若い世代を中心に圧倒的に多くなっているのも確かだ。

子供の頃に着たきもの

私はというと、大正生まれの母は洋装のおしゃれも楽しんでいたが、外出やお正月など、時と場所を選んで、きものも日常的に着ていた。そんな昭和のある時代の典型的な和洋折衷の生活スタイルの中で成長した。私自身も小学校低学年の時に、遊びのつもりでのぞいた日本舞踊の稽古場にすっかり心ひかれ、お稽古を始めていた。というわけで踊りの稽古着やお正月のよそゆき用きものなど、子供時代から、きものには慣れ親しんでいた。

冬の稽古着は銘仙、夏は藤間流[*1]揃いの、その夏の新柄ゆかたを稽古の時に着る。最初の一、二回は手伝ってもらったが、その後は稽古場で自分で着るようになった。といっても肌襦袢と腰巻をつけ、半巾帯を自分の前で文庫に結び、後ろにまわすという簡単なものだった。

お正月の最初の稽古を「踊り初め」という。その時だけは友禅の振袖を着て踊った記憶がある。数年おきに一度、大きなおさらい会があった。大きいといっても銀座のヤマハホールとかよみうりホールとかいった会場だった。

踊りを習うことに、最初は父が難色を示していたのも知っていたし、子供心にも踊りのおさらい会というのはお金がかかるものらしいと察していたので、自分から出たいとか、何を踊りたいとか主張したことはない。

*1
藤間流
日本舞踊の流派のひとつ。

それでもおっしょさん（師匠）の勧めもあり、何度かおさらい会にも出演した。といってもひとりで踊るのではなく、経費の負担の少ない何人かで踊る演目だ。小学生の時に最初に出たおさらい会で踊ったのは「初音（はつね）の日」。女の子三人、男の子ひとりで舞う、子供の正月遊びの舞。鬘（かつら）はせずに、自毛で昔の子供のように前髪を結び、残りの長い毛は後ろにたらし水引でまとめた。

着せられた衣裳は、パステル調の淡いグリーン地でピンクの撫子が裾に描かれていた。朱に金の斜め縞の細帯をするその衣裳が、なぜか私は大好きになってしまった。踊り終わってホッとしながらも、その衣裳を脱ぎたくはなかった。後年、成人式用の振袖や正装用の訪問着をつくってもらう際、どうしても、衣裳の地色の淡いグリーンが忘れられず、同じ色の反物をずいぶんと探したが、結局見つからなかった。今でも私がグリーン系のきものに心ひかれることが多いのは、この時の記憶に由来しているようだ。ただしグリーンの色味自体は年令を重ねる毎に渋くなり、落ち着いたものになっている。あたりまえだが。

小学校高学年になると、おさらい会で初めて本物の鬘をつけて踊った。この時の踊りは三人で踊る「八島官女」。平家の落人で八島で身をやつして暮らす元官女の話を、おっしょさんが三人で踊るように振付けしたものだった。大きめのホールで、お囃子や衣裳や鬘は、それこそ歌舞伎で使うのとほぼ同じ。それを素人のおさらい会用に借りるのが、いかに大変なことなのか察せられた。

又、このおさらい会は規模の大きなものだったので、家元である松緑[＊2]さんの息子さん

＊2 松緑
歌舞伎俳優、二代目・尾上松緑（おのえ しょうろく）。1913～89。日本舞踊の家元でもあり、37年に藤間流四世家元藤間勘右衛門を襲名。

が全く違うものに見えて、上手ということはこういうことなのかと心に刻まれた。子供心にも、私も習ったはずの踊りの辰之助[*3]さんが、最初に素踊りで「松の緑」を踊った。

ただし今になって思い返すと、このおさらい会で最も強く印象に残ったのは、お囃子の親分的立場で参加していた杵屋勝東治[*4]という人の存在感だ。勝新太郎、若山富三郎の父上で、日本の長唄の世界でその人ありと知られていたと私が知ったのは、だいぶ後のことだ。

私が覚えているのは、普段一緒に稽古している鎌倉のお弟子さんのほかに、おっしょさんの東京のお弟子さんたち、もと華族のお嬢さま、下町ふうの勝気そうな女の子と粋筋ふうのその母親、それに本物の芸妓さんらしき人もチラホラ、といった沢山の女の人たちが、杵屋勝東治さんが現われた瞬間、何となくざわめき、きらめき、その場が華やいだ場に一変したこと。子供心にもその格好良さは伝わってきた。おっしょさんとのやりとり、鳴物衆[*5]への指示の仕方にも目がはなせなかった。無論、いつも粋で格好良いと思っていた私のおっしょさんも、ひときわ輝いて見える。わけもわからないまま、その場の雰囲気にのみこまれ、私自身も上気していた気がする。

父が単にお金がかかるから反対したのではなく、日本舞踊の稽古をすることで知る、粋筋の人を含めた独特の世界と雰囲気に私がどう影響されるかを気にかけてくれたからだと察したのは、大人になってからのことだ。

だが感受性の強いあの時期、一瞬でもそういった世界を見、多種多様なきものの装い——

*3
辰之助
歌舞伎俳優、初代・尾上辰之助（おのえ たつのすけ）。1946〜87。二代目・尾上松緑の長男で、日本舞踊の藤間流家元・五代目藤間勘右衛門も兼ねた。2001年、三代目・尾上松緑を追贈された。

*4
杵屋勝東治（きねや かつとうじ）
1909〜96。長唄三味線方。長男が俳優の若山富三郎、次男が俳優の勝新太郎。

*5
鳴物衆（なりものしゅう）
日本舞踊の演奏で三味線、太鼓、鼓、笛などの奏者のこと。

明るいえんじ地に大きめの黒いあられがとんだお召や、鮮やかなブルー地で大きな梅柄の小紋に黒と金の縞の半巾帯をしめた稽古着や、つきそいの母親の大胆な染め縞の小紋や黒地に白の唐草のきものなど——を見たことは決して無駄ではなかった。というより、むしろ貴重な体験だった。

その後もう一度、中学生の時、素踊りのおさらい会で「子守り」を踊った。これはひとりで。黄八丈のきものを衣裳用につくってもらい黒繻子のかけ襟をして踊った。

初めてのきもののスタイリングは「クロワッサン」で

そんな私に「クロワッサン」誌から初めてきもののページの依頼があったのは、1979（昭和54）年のことだ。

婦人雑誌やきもの専門誌を見ながら、いつも不満に思っていたのは値段が載っていないことだった。きものの場合、流通経路が複雑で、生産者から着る人の手にわたるまで、実に沢山の人や業者を介することになる。同じ一反のきものでも、その仲介の仕方次第で値段は変わってしまう。そのため、きものの値段は明記されないことが多い。加えて仕立てたきものの場合は、裏地の素材や仕立ての技術で又違ってくる。その結果として、いくらきものに興味があっても、全く値段の見当がつかないのでは不安で近づけない人も多かったようだ。デパートの呉服売場や呉服屋というのは、きもの初心者にとってはかなりハードルの高い存在だったことは間違いない。

だから、クロワッサン誌の依頼を受けた時、まず決めたのは値段を明記できるようにすることだった。それともうひとつ、スタイリストの役割として、きものと帯の組み合わせを自分の考えでまとめようと思った。

しかし、洋服ではやっとスタイリストの仕事として認められていたそれらのことが、きものの場合は難しかった。例えばデパートの呉服部の人は、これは30代、こちらは40代向けのきものという具合に経験と実績から決めこんでいる。このきものにはこの帯という常識とされる組み合わせも決まっている。もちろん、それはある意味で正当派の着こなしなのだが、無難なだけということにもなりかねない。着る側からすれば、もう少し楽しく、自由に、自分らしくという希望もあるに違いない。

それに当時の私は、まだ若い時の気持ちをひきずっていて、地味なきものが着たかった。ただ帯だけは派手にして、自分らしく着てみたいという望みがあった。自分以外にもそう思っている人がいるに違いないと信じてもいた。

実際にきもの屋まわりを始めてみると、ことは簡単ではなかった。洋服のように撮影サンプルなどない。だからといって新しいきものを撮影用に仕立てていただくことは不可能に近いことがわかってきた。いつも定期的にきものを扱っている婦人誌の場合は、依頼するきもの屋さんや問屋さんがだいたい決まっている。そして店名又はブランド名は出すが、値段は明示しないということになっていたようだ。

あの時の私がなぜあれ程使命感に燃えていたのか、今思うと不思議ではある。日本人のきものばなれが進んでいて、そのひとつには値段の高さもある。それは呉服業界の流通の複雑さにも一因がある。帯やきものをつくる貴重な技術者は年々減っていくばかり。そんなことを頻繁に耳にして、なんとか多くの人がきものに興味をもってくれるページをつくりたいと、ただひたすら願っていたのだ。

依頼に行ったきもの屋さんの中には、洋服のスタイリストに何がわかるかと思っている人がいるのも痛切に感じられた。

それでも、広告などの撮影用に仕立てられていたものから選んで、きものと帯の組み合わせを、こちらにまかせていただけたメーカーもある。当時の平凡出版と比較的密接な関係にあった髙島屋さん[*6]には、一応編集部の上の方からお願いを通していただいた。そして呉服部の責任者と会って私の希望を説明し、クロワッサンのターゲットよりは年令が高い人向きのきものだという、グレー地に白い椿柄の小紋をモデル用に仕立てていただくまでこぎつけた。ただし帯はしめてしまったら商品にならないということで、ディスプレーに使ったものの中からピンク地の帯を見つけてコーディネートした。これに真紅のショールを持たせることで地味なきものを帯や小物で若々しく見せるという私の希望が少しかなえられた。

この時のモデルは、いわゆるきもののモデルではなく、普段は洋服モデルとして活躍している方にお願いした。ヘアとメイクも洋服の時と同じ感覚で仕上げてもらった。ロケ場所も和の空間でなく、いつもコートのロケなどで使っていた公園の木立の中でというふうに、当時のよくあるきもののページとの差別化を考えた。


このページづくりをした時の何よりの貴重な出来事は、あるきもの会社との出会いだったと思っている。きっかけは何だったか、今となっては定かでないが、私が必死になってクロワッサンのためにきものを貸して下さる所を探しているのを知って声をかけて下さったのだ。当時洋服は、撮影に使うためのプレス用サンプルをメーカー側が用意するのがようやく

＊6
髙島屋
髙島屋百貨店。「アンアン」初期から共同でアンアンブランドのアパレル事業を展開していた。

普通になっていた。だがきものとなると、撮影に一組貸していただけるとしても、その社のカタログや広告撮影に使ったものがある場合だけ。きものと帯、各一反ずつを仕立ててしまうとその時点で商品価値がなくなってしまうから、無理だったのだ。

それなのに、その会社は好きなようにきものと帯を選んで下されば、それを仕立てましょうと申し出て下さったのだ。もちろん値段も記載していいという。私の洋服での仕事ぶりを知ってということだったが、ひたすらありがたく、又良いページにせねばと、反物を選ぶ時の緊張もひとしおだった。

そうして選んだのが、今でも鮮明に覚えている黒地に御所解模様[*7]の付下げ小紋に朱色に金の柄の帯。それと紬の一組も。枯葉が落ちている木立の前で撮影した。全部が全部、思い通りにはできなかったが、私にとって思い入れの強い心に残るページとなった。

＊7
御所解模様（ごしょどきもよう）
きものの古典柄のひとつで御殿柄に四季の草花や山水風景を全体に配し、華やかに描かれている。江戸中期から後期にかけて大名の奥方や御殿女中が着用したのが発祥とされる。

きものメーカーの顧問になる

「クロワッサン」のために帯ときものを仕立てていただいたことがきっかけで、「千代田のきもの」[*8]という会社から顧問にならないかというお話をいただいた。理由は、その時のページが京都の顧客に評判がよかったからということだった。東京の顧客は、無論、大切。だがきものに関して一家言ある人の多い京都のお客さまの反応は、きものメーカーにとって特に大切だったのだ。

それまでの私は、洋服の会社でPR誌の仕事をした経験はあるが、つくる方にかかわったことはない。雑誌のスタイリストとして仕事をする以上、又、サンプルなどを早い時期に見せていただくからには、中立的立場を守らねばと考えていた。

だがきものの仕事なら事情は違う。私への依頼は、まずは売り場用のきものや帯のセレクトをすること。そのうちに、きものや帯の企画もお願いするかもしれないということだった。きものの場合はゼロからのクリエイションではなく、昔からあった良いものを発掘し、それを現代向けに、又は忠実に再現することにも意義がある。それなら私にもできそうだったし、やりたい気持ちもあった。躊躇したのは、しっかり取り組む時間が十分あるだろうかという不安があったからだ。それでもずっと好きだったきもの、仕事にしたら好きなだけではすまなくなることは十分承知で、顧問になることを引き受けることにした。

*8
千代田のきもの
1888（明治21）年創業の老舗呉服問屋。2001年、堀田丸正に吸収合併される。

最初は京都へ行って西陣[*9]の織元の見学や、きものと帯にまつわるさまざまな資料館や博物館を見てまわることから始めた。千代田のきものの顧問をしながら、きもの教室を主宰し、きものの研究者でもあった山田玲子さんが先生となって下さった。彼女は後に吉田喜重監督の『嵐が丘』[*10]や降旗康男監督の『あ・うん』[*11]の映画衣裳も担当した。母のきものと、踊りの稽古を通して知ったきものの知識がすべてだった私が、今も、きものの仕事をやっていられるのは、この時代の山田さんの熱心な教育のおかげと言える。

最低限の勉強をすませてすぐに、きものと帯のセレクトの仕事はスタートした。定期的に山田さんと一緒に京都に通い、一日に数軒、アポイントをとってある卸問屋に伺う。大きな座敷に座ると、店の人が少し離れて座り、次々と反物を私の前にサーッところがしてくれる。何反か重ねると山ができ、又次の山へ。

最初に山田さんに言われたのは、ともかく良いと思うものがあったら、すぐ告げること。ちょっとでも迷うと、次々と上に重ねられてしまう。少し前のあれが良いと言っても、下になった反物を出すのは結構、手間がかかる。値段のことは、とりあえず考えなくていい。反物についている値札には符牒[*12]のようなものしか書かれていない。呉服の世界ではそれが一般的で、卸問屋それぞれが独自の符牒をもっていて、それは素人には決してわからない。店側はそれをもとに交渉して相手により、いわゆる売り値を決める。

そういうわけだから、同じきものが東京のデパートと町の呉服屋では異なる値段になることも。そんな、きものの流通機構の繁雑さの現実を知ったのも、この頃のことだ。

＊9
西陣（にしじん）
京都にある織物の産地。

＊10
『嵐が丘』
1988年公開。吉田喜重監督・脚本による日本映画。主演は松田優作、田中裕子。エミリー・ブロンテの小説『嵐が丘』の舞台設定を鎌倉・室町時代におきかえた作品。衣裳デザインを山田玲子が担当。

＊11
『あ・うん』
1989年公開の日本映画。向田邦子の同名小説を降旗康男監督が映画化。昭和初期の東京・山の手を舞台にした作品で、衣裳考証を山田玲子が担当。

＊12
符牒（ふちょう）
客には金額がわからないように商品につける、値段や等級などを示すしるし。

最初はかなり緊張したのは確かだが、一度に沢山のきものを次々と見るのは苦痛ではなかった。山田さんがあらかじめ選んでおいてくれた店だから、必ず私好みのものがある。あれもこれもでなく、これだと思うものにすると覚悟を決め、きものを見定める。

それまでに東京のきもの屋を見てまわりながら、こんなのがあったらいいなと漠然と考えていたこと。踊りの衣裳を見ながら、あの色と柄の大きさを変えたら着たいきものになるのにと勝手に想像していたこと。母や友人のきもの、雑誌のページで見たきものに対して感じていたこと。それと洋服の展示会で見ていた沢山の服。パリコレと東京コレクションの舞台を駆けぬけていった記憶に残るファッション。私の中につめこまれていた、そんなあらゆる着るものに関する記憶の力を借りて、一瞬の内に自分の価値観と美意識で、反物という単純な型で提示されるきものを判別するのは、心おどる作業だった。

帯の場合は、帯単体でこれは美しいと思えるものも確かにある。だがそれ以上に、さっき見た、あの反物に合いそうと思えるものがあると嬉しくなる。いつも探していた、こんな帯があったら、という思いを具現化したような帯。売場では出会えなかった、そんな帯を目にする喜びは大きかった。まだ若かったから、沢山のものを見、セレクトすること自体に夢中になり、またたく間に一日が過ぎていく。だが夜には疲れがドッと出て、へたりこんでいた。

そんなセレクトの仕事とは別に、何度か企画の仕事もまかされた。そのひとつは上田紬[*13]の生産だ。最初は山田さんに連れられ上田の紬生産所を何軒かまわり、そこで昔からつくられ

*13
上田紬（うえだつむぎ）
長野県上田市特産の織物のひとつ。縞柄を主とする紬織で300年以上の歴史をもつ。

ていた見本帖を見せてもらう。気になるものがあると少しだけ見本の生地を切ってもらい持ち帰る。それを東京に戻ってじっくり検討し、数柄、数色と定めて生産依頼をする。最終的に昔の柄から選んで色を決めた紬を十種類程つくった。

　この上田紬に合わせる染め帯もほしいということになった時、あれが役に立つとすぐ頭に浮かんだものがある。いつ頃からだったかはっきりしないが、骨董屋の片隅や、昔きものの店に置かれていた古裂（こぎれ）を、気になるものがあると何となく買い求めていたのだ。何か目的があるわけでなく、可愛い柄、美しい色使い、珍しいけれど心ひかれる文様、なんの脈絡もなく目にとまったものばかりだったのだが、よくよく眺めてみると染め帯の柄にピッタリのものもあった。古裂を参考に五つの柄、二配色を決めて生産した。当時ちりめんが大好きだったので素材はちりめんで。そのほかにちりめんの色無地のきものも企画し、袋帯をセレクトしてコーディネートした。

　そして名古屋の百貨店に「原由美子きものの世界」コーナーを展開することになり、その店舗設計の立案にもかかわらせていただいた。

　当時はひたすら無我夢中だった。百貨店のコーナーがオープンして、少し後、契約は終了し、顧問の仕事も終わった。良い記憶しかない珍しい仕事かもしれない。

　その後、有楽町西武の「布の譜（うた）」コーナーの企画を、やはり千代田のきものとの契約でお手伝いさせていただいたこともある。この時には近江麻や有松絞りのショールをつくり、所沢木綿など昔からある素材を現代的に使う方法を提案した。

白洲正子さんときもの談義

1980年のある日、いつものファッションページ担当ではない別の編集者からお声がかかった。「婦人公論」誌上で作家の白洲正子さんときものに関する対談をしないかとの提案だった。まだ著作は少ししか読んでなかった頃だが、父と母の会話から、銀座にある「こうげい」というきものの店をやっていた人というイメージが私の中では大きかった。

断片的な知識だけだったが、会ってお話しできるなら是非、ということで喜んでお受けしたのはいうまでもない。編集者とふたり、小田急線で鶴川駅まで行き、そこから歩いて後に「武相荘（ぶあいそう）」[＊14]という名で知られるようになる白洲邸へと向かった。

頭にターバン、パンツスタイルに半纏（はんてん）のふだん着で現われた白洲さんに、可愛らしい紅型[＊15]の帯や、珍しいきものをいくつか見せていただき、対談は進行した。最後に、ご自身の芭蕉布[＊16]のきものを着せてくださった。慣れないきもの姿で照れながら写真におさまった。撮影したのはカメラマンではなく、同行の編集者だった。雑誌に使われたのも、その写真だ。現在では考えられない、最低人数での簡単な対談取材だった。でも対談中も「はい、ここで写真」「まずおひとりずつ」、次に「それぞれの顔のアップ」といった具合にすべて段取り通り進めて時間ばかり気にする最近のそういった仕事と比べて、ゆったり、のんびりしていて、いろいろな話を伺えた気がする。

＊14
武相荘（ぶあいそう）
1943年から白洲次郎・正子夫妻が移り住んだ鶴川にある茅葺き屋根の家。2001年より一般公開されている。

＊15
紅型（びんがた）
沖縄を代表する染物のひとつ。型染で鮮やかな美しい色合いが特徴。

＊16
芭蕉布（ばしょうふ）
沖縄の伝統的織物。糸芭蕉の繊維で織った布で、糸染めには藍やテーチ木（車輪梅）といった植物染料を用いる。

白洲さんとの対談で特に心に残ったのが、きものをおはしょりなしで対丈で着る、という話だった。私が着せていただいた芭蕉布のきものも、対丈で半巾細帯を腰にという着方。きものの前巾を広く仕立てて上前を意識的に短く着るといった細かな指摘もあった。

その話を伺った私は、明日にも対丈できものを着たいと思いこむ程に対丈で着るきものに魅力を感じてしまった。事実、対談の最後の方で母から譲り受けた赤い木綿の縞のきものを対丈に仕立て直して着てみますと宣言している。実際には、母のきものは木綿ではなく唐桟[*17]ふうの紬地だった。いさんでいた割には対丈に直す勇気が失せてしまった。もし年をとって普通に着たいと思うようになったらどうしようという不安におそわれたからだ。

だが数年後、自分もプランナーのひとりになった西武百貨店「ジャパン・クリエイティブ展」[*18]オープニングの際、対丈できものを着てパーティーに出席したことがある。といっても対丈にきものを仕立て直したり新調したのではない。手持ちの藍型（藍染紅型）のきものを、着付の方にお願いして、おはしょり分を中に入れて対丈に着付けていただいたのだ。それに半巾帯を低くしめ、半襟はえんじに黒い絞り柄という思い切った組み合わせにした。写真を撮らなかったのは後悔しているが、自分ではイメージ通りに着られたと信じている。社交辞令かもしれないが、何人かの方にほめていただいた嬉しい記憶もある。このジャパン・クリエイティブ展で、私が提案したのは、和と洋に通じる柄としての「市松」柄。その市松柄の食器、テーブルまわりの品々やクッションカバーなどを展示販売した。そんなテーマと場には対丈で着たきもの姿は、おさまりがよかったに違いない。

＊17
唐桟（とうざん）
桃山時代にもたらされた外来織物。木綿縞の織物で唐桟縞の略。

＊18
「ジャパン・クリエイティブ展」
「現代感覚で見立てる日本」をテーマに、日本のクリエイターたちが和のデザインを提案。1985年、西武百貨店で展示販売を行った。

プレタきものの誕生

1980年代に入り、きもの業界にひとつの変化がおこった。いわゆる「プレタきもの」が誕生したのだ。反物を買って仕立てる従来のきものとは異なり、平均的なサイズで洋服のように仕立て上がっているきもののことで、絹100%ではなく、ポリエステル混紡の素材が多く、手入れが簡単で比較的安価というのが売りだった。洋服の既製服に慣れた人たちにとって、反物の状態で肩にかけて似合うかどうか思案するのではなく、実際に袖を通して着てみられるというのが何より魅力的だったに違いない。値段設定もきものと帯を合わせたセットが10万円前後で手に入るという値頃感が話題でもあった。

今もデパートのきもの売場で存在感を発揮している新装大橋の「撫松庵（ぶしょうあん）」を筆頭に、いくつかのきもののメーカーがデザイナーのきもの[*19]を発表し始めたのも、この頃だ。

若い頃から古典きものが大好きだった私だが、当時は仕事が忙しくて着る機会は皆無だった。まわりを見てもきものばなれは顕著だった。だが何度かプレタきものの展示会に足を運ぶ内に、古典ものと雰囲気は異なるが、これなら着てみたいなと思うきものにもめぐりあうようになっていた。

＊19
デザイナーのきもの
1983年よりきものメーカーの市田で展開されている「花井幸子きものブティック」など。

■婦人公論できものページを提案

きものを着るきっかけ、好きになるきっかけをプレタきもので、という人が出てくるかもしれない。というわけで「婦人公論」の担当編集者に、連載している巻頭ファッションページの一回をきものでやってみたいと相談した。あまり型にしばられない自由な考え方の人だったので、それもいいかもしれないということになった。そこで第一回は撫松庵のきものを5ページで展開した。

この時も、常にきものページのあったほかの婦人誌とは差別化したいという思いがあり、「アンアン」の当時の中心的モデルでもあり、刈り上げに近いショートカットがボーイッシュな林マヤ[*20]さんをモデルに選んだ。撮影当日、尋ねてみると、きものを着るのはその日が初めてとのこと。でもそこはプロのモデルさん。いかにも着慣れたように、でもいわゆるきものページとは違う新鮮さを感じさせてくれた。それが思いのほか好評だったこともあり、以後、年に四回、どこかできものの月を設けるのが定例になった。

思い返してみるとELLEページ担当のアンアン時代、気づかぬ内に表紙のきもののスタイリストをしていたわけで、洋服のスタイリストより歴史は長いといえるのかもしれない。

＊20
林マヤ（はやし まや）
1980年代は、「アンアン」などの雑誌や広告、ショーモデルとして活動。

きものの魅力を伝えたい

少しでも多くの人にきものの魅力を知ってほしい。そのためにも、心ひかれるきもののページをつくりたい。そんな思いで、その後もいくつかの雑誌で、少しずつきものの仕事をさせていただいている。

若い時に地味なきものを着たいという気持ちは、私自身経験ずみだから十分わかっているつもりだ。でもきものの場合、洋服と異なり、若い時にしか着られないものもあるので、それを是非若い内に着てほしい気持ちもある。又、現在は、洋服と違和感なく無地感覚でシンプルに着るきものが支持されているのも時代の流れだと感じている。ただ私自身は、洋服のスタイリストを40年続けてきた経験と実績から、きものを着るなら、こうありたいという、ひとつの理想がある。好みも、似合う似合わないもあるが、できるなら古典柄をはんなり着る経験を若い人に一度してほしい。それをできる範囲内でページに反映させたいと思っている。それには、一時期、きものをつくり、売る側の経験をさせていただいたことが大いに役立っている。

又、この年令になって改めて、昔からあるきものの良い面を今のきものに生かした何かをつくってみたいとも思っている。

いつか実現したいと思っていたが、意外と早くその夢がかなった、初めてのきもののページ。上の二点は、「千代田のきもの」で好みの反物を選んできものと帯に仕立てた。右下は髙島屋呉服部に交渉し、仕立ててもらった椿柄の小紋。

洋感覚でショールを
原由美子◆和服の魅力発見 5

婦人公論　連載・和服の魅力発見　１９８６年２月号　（５）洋感覚でショールを

きものにタータンのショール、これも長年の夢。その写真はないが、麻の葉の紬にエスニックのショールも是非トライしてほしくて「婦人公論」のきものページでやっと実現した。いちばん思い出深いのは右下、ショートカットの林マヤさんに着ていただいた「撫松庵」のきもののページ。きもの然とした場所は避けて、レストラン「ラ・コロンバ」で。左下、麻の市松は西武百貨店の仕事で近江麻の織元に行き、色と柄を指定して織ってもらった一枚。もう一枚矢絣もつくり、私自身が実際に求めたのはそちら。この市松を手に入れなかったのを悔いている。白洲正子さんとの対談以来心ひかれるようになった対丈の男っぽい着方がさまになるきものだった。

１９８５年２月号　（１）もっと気軽に服の気分で

１９８６年６月号　（６）夏、涼しげに麻を

〈別冊太陽〉骨董をたのしむ（29）昔きものを楽しむ　２０００年３月発行　懐し新し昔きもの

昔きもののスタイリングは「婦人公論」や講談社の女性誌「フラウ」でも経験したが、いちばん気持ちよくまとまったのが、「〈別冊太陽〉昔きものを楽しむ」の号。着ている一色采子さんは自身もきもの好き。着慣れていて仕草も美しい。さまざまなタイプの昔きものを銀座と日本家屋でロケ。気取らずにむしろ大股で活発に歩いていただいた。

麻の葉は伝統柄だが、大柄になると幾何学柄の面白さが際立ってくる。牡丹色地の麻の葉文様の銘仙（昭和初期）三万円、染めの花柄洒落帯（リバーシブルのこと）五万円、帯締、帯揚　参考商品／以上衣裳らくや　バッグ、草履は私物

和樂　2008年11月号　シックな洋服の日も華やかな和服の日も　いつでも、私らしく　モデル　春香

きものと洋服をひとりのモデルさんで対比して撮る。これも夢のひとつだった。「和樂」で実現した。モデルは春香さん。きものと洋服で別人になるのではなく、どちらもその人らしく、ほのかに同じテイストが漂うように。きものはすんなり決められたが、それに合わせる洋服の選びに神経を使った。ただ格を合わせるのではなくあくまでもテイストを大切にしたかったので。

大人のかわいさが
際立つセットアップ。
自然とくつろぎの
表情が生まれる。

フィガロジャポン　2005年12月20日号　おしゃれな人ほど夢中になる！
私たちのきもの事始。　はんなりが気分、今着たいきものセレクション。

ユーモラスなふくら雀の江戸小紋。

松の線画が全体に、個性的な小紋。

2005年に初めて担当した「フィガロジャポン」のきものページも定例化した。海外提携誌であること、読者層を考えると最初はどんなきものにするか迷いもあったが、素直に若い人に着てほしいきもの、若い人が着てみたいに違いないきものに的を絞ることに。若い時に地味なきものを着たいのは自分も経験ずみでよくわかるが、若い時に着ておかないと着られなくなるきものもあることを知ってほしい。

今はない羽澤ガーデン、茶道会館、京都と金沢の町、菖蒲園と、フィガロのきものページは和テイストの背景で今っぽく撮るのがスタイルになっている。

2008年6月5日号　原由美子さんと考えました
ゆかた以上、大人の夏きもの心得。

昭和初期のお嬢さまみたいに、
撫子の絽小紋をはんなりと。

2006年10月5日号
きものでおめかし、はんなり気分の京めぐり。

2007年12月5日号
年のはじめは、きものでお出かけ

2008年12月20日号 特別企画 原由美子さんが指南
正統でおしゃれ、30代のきもの選び

クロワッサン　1980年7月10日号　夏姿　着物の原由美子

1979年に「クロワッサン」で初めてのきものページが実現したのは嬉しかったが、夏物はモデルもと言われ抵抗した。でもきものページを続けるためにと覚悟した。髙島屋と竺仙に依頼した単衣を鎌倉の家で。中段の紬の反物は、「千代田のきもの」の仕事で制作した上田紬復刻柄のオリジナル。

2006年、「かなざわごのみ」のイベントで、加賀友禅の新作のプロデュースと昔の加賀友禅に帯をコーディネートし、金沢21世紀美術館で展示した。困難なことも多々あったが魅力的な昔きものと新作との出会いは刺激的だった。この企画用につくった新作加賀友禅を日経BP社「プライヴ」の連載でも紹介した。

クロワッサン別冊　原由美子の世界　'81-'82秋・冬号　紬（つむぎ）

原由美子監修による懐かしい華やかさ、加賀友禅の展覧会　2006年　ちらし

プライヴ　2006年冬号

プライヴ　2008年春号

CHAPITRE 10

スタイリストという仕事

クロワッサン　連載　原由美子のおしゃれ美術館　2000年6月10日号　5

2001年9月10日号　原由美子のおしゃれ美術館　35

2004年10月10日号　おしゃれの視点　30

2004年2月25日号　おしゃれの視点　15

2006年4月25日号　おしゃれの視点　67

最初は「おしゃれ美術館」、途中でタイトルが変わった「クロワッサン」の連載。いつまでとか考えず、ともかく一回一回を後悔のないようにと続けてきた。

読者が探しているに違いないもの、是非試してみてほしいもの、その良さをちゃんと知ってほしいもの、存在だけでも気づいてほしい。思いはいろいろだが、コレクションや展示会を見てまわり、街を歩いているとむこうから気づかせてくれる。特に心がけているのは未知の若いデザイナーやブランドを知らせること。長く続いていても、次々と新しいものが登場し人の気持ちも変わっていくからマンネリになっている暇はない。時を経て見ても古臭く感じない美しさを大切にと思っている。

2005年2月10日号　おしゃれの視点　38

2006年9月10日号　おしゃれの視点　76

2006年10月10日号　おしゃれの視点　78

2008年10月10日号　おしゃれの視点　126

2006年9月25日号　おしゃれの視点　77

2008年11月10日号　おしゃれの視点　128

2009年1月10日号　おしゃれの視点　132

2009年9月25日号　おしゃれの視点　149

2009年5月10日号　おしゃれの視点　140

2009年4月10日号　おしゃれの視点　138

2010年10月10日号 おしゃれの視点 174

2010年7月25日号 おしゃれの視点 169

2012年2月10日号 おしゃれの視点 206

2011年11月25日号 おしゃれの視点 201

2011年12月10日号 おしゃれの視点 202

2011年10月25日号 おしゃれの視点 199

2011年7月10日号 おしゃれの視点 192

「クロワッサン」の連載、200回を超える

「クロワッサン」では、1981年スタートの「おしゃれ発見」、90年代に空白の期間があり2000年スタートの「おしゃれ美術館」、03年スタートの「おしゃれの視点」と連載をもたせていただいている。そのほかにも、さまざまな形のファッションページ、男物、女物、ELLEのページ、きもののページ、それにクロワッサン別冊の「原由美子の世界」三冊もあった。

そして「おしゃれの視点」連載は11(平成23)年に連載200回を超えた。

どんな雑誌、どんな連載でも、ひたすらその時の感覚を大切に仕事する。続けたいと思い過ぎて守りに入るのが怖いから、ともかく一回一回に全力投球。そんなスタイルでやってきたが、クロワッサンというひとつの雑誌にこれだけ長くかかわれたのには自分でも驚き、続けていられることに感激し喜びもある。

創刊からの思い入れも強く、最初は画期的に思えたデザインが今ではあたりまえになっていたり、もう飽きられたと感じていたスタイリングがむしろ驚かれたりと、常に新しい発見がある。雑誌は読者と共に成長するとはよくいわれることだが、まさに人間と同じような生き物だと実感している。クロワッサンは単なる雑誌という存在を超えて、私にとっては長いつきあいのある仲間のような存在と言えるかもしれない。

ファッションのプロを目指し、パリコレを見続けた

税務署の申告には「スタイリスト」と書きながらも漠然とした不安の中にいた時、この道を選ぼうと決心できたのは〝レアリザッシオン〟という言葉だったことは、先にも書いた通りだ。

私が平凡出版の社員になる試験を受けずにフリーランスの道を選んだのは、ファッションのプロを目指すには日本ではその方が賢明と判断せざるを得なかったからだ。フリーを選択したことで覚悟が決まった。

プロになるためには、まず沢山の服を見て目と感覚を鍛えることが必要だった。「アンアン」時代、ページをつくる時に自分の好きな若いブランドだけでなく大手の服にも目配りするのを忘れずにと上司から教えられた。手に入れやすい価格、全国の読者がすぐ買えるのは大手服飾メーカーだけだった時代だ。

そんなふうにして展示会まわりを始めた頃のことだ。パターンも知らず洋服をつくることもできないスタイリストなんていう存在にファッションがわかるはずがないと言われていると聞かされた。ある服飾誌の編集者の言葉だった。闘志をかきたてられたのはいうまでもない。つくり方を知らなくても美しい美しくないを見極める目はもっている。その精度を高め、センスを磨いて良いページをつくろうと決意を新たにした。

■パリ行きの話をことわる

1972年から本格的にスタイリストの仕事を始め、73年からはパリコレクション取材も始まった。アンアンという名も少しずつ浸透して、洋服を借りて撮影するという手順がスムースに流れるようになっていった。「婦人公論」のページは、レアリザッシオンを翻訳した「構成」というクレジットで連載が始まり、二年程経過した頃だったと思う。私にとって重大な決断を迫られる仕事の依頼を受けたのだ。

婦人公論では、当時ボチボチ日本に入り始めたフランスのブランドの服を積極的にとりあげるようにしていた。年令層が高い読者にプライスは高くても知ってほしい服だったのだ。ソニア・リキエル、イヴ・サンローラン・リヴゴーシュ、ジャン・ルイ・シェレル[*1]などだ。まだ専門商社か東京の直営店一軒という時代でサンプルもないことが多く、貸し出しには手間がかかり、気もつかう作業だった。だがパリコレで知ったそれらの服を少しでも多くの人に知らせることができる喜びの方が大きかった。

そんなある日、コロネット商会[*2]の桃田有造社長から直接会って話したいという電話をいただいた。クロエを始めとする高級ブランドを輸入販売している会社で、その社長は業界ではよく知られていた。

その頃パリコレを見る楽しみのひとつはカール・ラガーフェルドによるクロエのパリらしいエレガンスの極致ともいえるコレクションを見ることでもあった。日本には存在していなかったオートクチュールに近い、大人の女の服の美しさが心に残るのだ。

*1
ジャン・ルイ・シェレル
1962年設立の、デザイナー自身の名を冠したパリのオートクチュールメゾン。70年代後半、プレタポルテに進出。

*2
コロネット商会
2003年よりコロネット商会からコロネットへ社名変更。

桃田さんの依頼は、クロエを本格的に輸入するにあたり、日本人としての考えや希望をブランド側に伝える人を探している。カール・ラガーフェルドのアトリエに居て常に制作を見守り意見を伝える。そのためのパリの住居は用意し、不自由なく暮らせるようにする。夢のような話だった。途中からは本当かしらと半信半疑になり、胸は異常に高鳴っていた。しばらく呆然として聞き終わった。その一年前だったら、即座にやらせて下さいと即答していただろう。いつかパリに住んでみたいと本気で考えていた私だ。だがその時はやっと軌道に乗り出したスタイリストという仕事を中断するのがためらわれた。

一週間の猶予をいただき考えをめぐらした。両親と親友に相談したが、どちらも「決断するのはあなた自身でしょ」と一言だけ。行きたい。洋服が創り出される現場に居てみたい。何よりパリで生活できる。それも生活費の心配なく。このような話は二度とないだろう。同時に、思いを少しずつだが現実化できるようになったスタイリストの仕事を今、中断したらどうなる？　婦人公論の仕事も地味だが手応えのようなものを感じ始めていた。パリコレを続けて見ることでわかるファッションの流れからも目をはなしたくない。それらすべてを中断してパリへ行く覚悟が自分にはあるだろうか？　二、三年中断して又復帰。その十年後ならそんなことも考えられたかもしれない。だがあの時は無理だった。不器用な自分がなんとか見つけて手さぐりで進みだした道だけに、今やめたら後はないという思いが先行した。一週間後、覚悟を決めてその仕事を辞退した。桃田さんには五分五分だと思っていましたよ、と言われた気がする。

以後も桃田さんにはパリと東京で度々お会いしたが、一度も、その話にふれたことはない。私も、そのことを人に話すことなく今日まできた。

あの時、あの機会をとらえなかった自分を絶対に後悔したくない。その思いが私のスタイリストという仕事と真摯に向き合う気持ちをより堅固にしたようだ。

その頃のアンアンでは雑誌に勢いが出たこともあり、若いスタイリストが次々と誕生していた。志望者も多く、センスがあってやる気があり、きちんと仕事をこなす能力さえあれば、どんどん採用されていた。彼女たちは実に楽しそうに仕事をしていた。

それに比べると、その決断をした後の私はガチガチに真剣になっていたようだ。周囲にどう映っていたかは知らないが。早く一人前のスタイリストと堂々と言えるようにならなければ、ファッションのプロにならなければと、あせっていたのかもしれない。

そして80年代を迎えて忙しくなってから以後は、私の頭からそのことは消えてしまっていた。今回、この本のために70年代をしみじみふりかえるまでは。

■パリコレを見続けて

73年に初めて見たパリコレもスタイリストを続ける動機のひとつになっている。見続けたいと痛切に望んでいた私は、以来、パリコレ期間を自分の休日とし、できる限り見ようと決心した。パリコレは媒体登録がないと絶対に見られないことになっていたので最初はアンアンに登録をお願いしていた。

フリーの特権とはいえ、年二回、春夏、秋冬のパリコレシーズンの前後の仕事を案配して休日にするのは容易ではなかった。そのかわり長い夏休みや冬休みをとるのはなし。70年代の後半に一度、パリコレ前にミラノに行ったことがある。三週間以上の不在は、東京に帰ってからの仕事の処理が想像以上に大変だった。ページの校正その他諸々の雑事が山積みだったのだ。ＦＡＸもメールもなかった時代、フリーの身でスタッフもいないのに長い不在は無理だと実感した。この時からパリコレだけに絞ろうと決めた。80年代に入り、ミラノコレクション[*3]も勢いをまし話題になることも多くなったが、パリだけに絞ったからこそ２０１１年まで、なんとか見続けられたと今では考えている。

又、70年代から80年代初めくらいまでのパリコレは、今のようにスケジュールが過密ではなかった。少しでもあいている時間があるとパリのあちこちを歩きまわった。自分のお金で、お休みで来ているのだから見られるものはできるだけ見てまわりたい。洋服より、パリの生活に密着した雑貨屋やマルシェ、蚤の市めぐりが楽しかった。デパートも生活用品売場をあきることなく見てまわった。その経験が後に「クラシヤ」のディレクターを務めることになった時、大いに役立つことになったのだが。

アンアンの後、80年代に「エル」、「マリ・クレール」の登録で行っていた時代は、常に雑誌のページづくりが念頭にあり、ファッションページのテーマや雑誌で使用することを思い描きながらブランドを絞ってコレクションを見るようにしていた。90年代に入り「毎日新聞」「日経流通新聞」「朝日新聞」の登録で見に行くようになってからは、又違ってきた。

＊3
ミラノコレクション
１９７６年より開催。

ファッションジャーナリストとして報告記事を書くことを考えると、できるだけ沢山見る必要性を感じたのだ。雑誌で使用する可能性のある洋服が出てくるコレクションだけでなく、デビューしたての新人を含め、あらゆるタイプのデザイナーを見るようにした。最も多い時で50余りもショーを見ただろうか。それはそれで勉強になったし、視野も拡がった。この頃になるとスケジュールが過密で、とてもパリ散策の時間などとれなかった。お休みというより、自分の仕事のための情報収集とリサーチのためと割り切ることにした。

この頃のことで忘れられないのが、税務署の調査だ。ある時、連絡を受け、三日間税務署の係官が事務所に通ってきていろいろ尋ねられた。年に二回のパリコレ取材の費用を経費として認めるか否かの調査だった。パリコレ取材の直接の結果である新聞の原稿料を全部足しても、一度のパリ往復飛行機のチケット代の半分にもならない。パリコレ期間中はパリ行きのチケット代金に割引はなく通常料金となる。プラスホテル代、それが年二回となると結構な額になる。新聞原稿だけでなく、雑誌のファッションページや取材も、すべてパリコレを見たことで得た知識や情報、時代の空気感を基盤にして仕事していることを必死になって説明した。結果的には理解してもらえたが、この時、私自身も費用対効果だけで考えれば、ずいぶん割に合わないことを続けている自分に少しあきれたのも確かだ。

▮ファッションの楽しさを伝えたい

90年代以降になると、自分でテーマを決める仕事もあったが、最初からブランドやテーマが決まっている依頼も多くなっていった。その中で何を選んで、自分らしくまとめるか？無難にまとめるのではなく、どこかにその雑誌らしさと、自分らしさをひそませる。ファッションページづくりの職人らしい仕事をしたいと切に思いつつも、思い通りにいかないことも多い。長く続けてきた経験を生かせていない気がして悩んだことも少なくない。

それでもできあがった雑誌のページを見ると、次こそはと思う自分がいる。その執念には私自身少し驚いている。

ファッションの楽しさを少しでも多くの人に知らせたい。その一念で編集ページにこだわり、スタイリストを続けてきた私も、最近やっと肩の力がぬけてきた気がしている。数年前から撮影の仕事をするたびに、これが最後かしらと冗談ではなく思っている。だから楽しく後悔なく仕事をしたい。

もうスタイリストなどいらない時代になるのではと考えていたが、これだけ選択肢が拡がるとむしろ以前より必要とさえ思えてくる。おまけにカジュアル化が進み過ぎ、本当にあるべき正しい装いが何かもわからなくなっている節もある。

スタイリストの仕事に限らず、ファッションの力を伝えることができるなら、何でもやってみたいと思えるようになってきた私がいる。生涯現役、健康が許す限りそうありたい。

［再録］原由美子論と三つの対談

向田邦子＋原由美子

原由美子論と対談
向田邦子と原由美子
あなたのお勧めの服は、
体型の悪い人でも着られるのね。
思いやりがあると思うの。
わたし自身、
気にしているところが
いっぱいあるから……。
130

クロワッサン別冊 原由美子の世界'81春・夏編

最初に向田さんを見かけたのは「アンアン」の編集部だ。「男性鑑賞法」を連載中だったので打ち合わせや原稿の受け渡しがあったのだろう。しばらく後「ままや」でお会いすることも多くなり、自宅に伺って、腕相撲をしてアッサリ負けたことも。でもいざ対談となると、近所の魚屋さんの前でバッタリお会いした時のようにはいかず緊張した。向田さんはハッキリ通る美しい声で、きちっと目を見つめてよどみなく話す。その声と話し方は今も耳の底に残っている。留守番電話のメッセージの話をしながら「向田でございます。……」とおっしゃった声とトーンは特に印象的だった。

向田邦子（むこうだ くにこ）1929〜81年。映画雑誌編集記者、フリーライターを経てラジオ・テレビの脚本家となる。78年初のエッセイ集『父の詫び状』刊行。80年に発表した連作短篇小説「思い出トランプ」のうちの三作品で第83回直木賞受賞。81年8月、台湾旅行中に航空機事故で急逝。

私の原由美子論

こんにゃく・トーチカ

文・向田邦子

パーティで原さんを見かけることがある。

目立たない紺のスーツ姿で、隅っこのほうに居る。必ず困ったような顔をしている。困ったような顔をしている癖に、誰よりもゆったりと振舞っているのが判る。ゆったりと振舞っているにしては、飲むものも食べるものも、好きなもの、おいしいものをちゃんとおなかに納めているらしい。

目が合うと、はにかんだような微笑を浮かべる。この微笑はパーティなどでよく見かけるお愛想笑いとはひと味違っている。

原さんは、女には珍しく、沈黙の人である。私は職業に対して偏見というか思い込みの激しい人間で、デザイナーやスタイリストなどという人種に対して、いつも次のように考えていた。多弁。社交的。派手。やや軽薄。感情過多。柔軟性――。

私の見るところ、原さんはすべて反対に見える。

無口であり、社交はあまり得意でないらしく、地味で重厚で控え目である。かなり強情っぱりである。

滅多なことでお世辞を言わない。嫌いなものを好きとは言わない人である。嫌となったらテコでも動かぬところがあるように見える。それでいて、身のこなし、雰囲気がやわらかいのだ。固い言葉で、自己主張をすることをしない。

この人を見ていたら、随分前に聞いたある人のあだ名を思い出した。

こんにゃく・トーチカである。

トーチカというのは、ロシヤ語で、辞書によると、要点をコンクリートで堅固に構築し、内に銃火器を備えた防御陣地、とある。

昔の戦争には、よくこのトーチカが登場した。大抵は丸い鉄カブト型である。トーチカといえば守りが固い、という代名詞とされた。

こんにゃく・トーチカは、そこから生れたあだ名である。

こんにゃくのようにやわらかい。無防備である。プワプワしている。ところが、攻めにかかると、これが落ちないのだ。

エイッと突いても、プリンと押し返される。

迫撃砲も機関銃も、こんにゃくはプワンと包み込んでしまって、つまりは難攻不落である。高声立てる言い争いなしに、気がつくと、自分の思い通りにしている。

私は、どことなくユーモラスな、しかも古典的なこのあだ名を、原由美子さんにつけてあげたくなってきた。

芸能界とファッションの世界とは、似たところがある。

この世界で名を成すのは、リーダーとなる人は、地方から出てきて、歯を食いしばり、

「今に見ていろ、ボクだって」

という出世組が多いことだ。

そのせいか、演技もファッションも、どちらかというと大上段にかまえたものが多い。シリアスなものを熱演すると名演技といわれ、名優ということになる。

さりげない日常、食べたり着たりすること、人を愛すること、そういった生きること全部に対する「はにかみ」のようなものを形にする都会派は少数派とされ、片隅に押しやられる傾向だ。

原さんを見ていると、一歩間違うと、一部の心ある人にだけ愛される、声なき少数派に終る危険性があるのではないかと思っていた。

ところが、これは全くの老婆心というもので、原さんは沢山のファンの熱い視線の中で輝いている。時めいている。

みんなの視線、趣味がよくなったのだ。

それと、原さんには絶妙の応援団が沢山いる。

育ちのよさからくる、おっとりした人柄を愛するカメラマン。あまりの口下手を見るに見かねて、弁の立つ編集者がスポークスマンを買って出る。恐らく、原さんと逢った人は、

「この人のために何かして上げたいな」

催眠術にかかったように、そう思ってしまうのではないだろうか。そう思わせるなにかが、白粉気のない丸っこい顔のどこかにかくれている。全く得な人である。

この人のセンスのよさ、才能については、素人の私よりも、読者のほうがよくご存知と思う。

私が一番好きなのは、この人のユーモア感覚と誠実である。

お行儀のよい好みのなかに一滴まじるおかしみ、抜けたところが、たまらなくいい。

一点一画もゆるがせにしないこの人の端正な字からは想像も出来ないのだが、お酒もかなりイケる口で、酔うとチャーミングな武勇伝もあるらしい。

誠実は、もしかしたらこの人の特色かも知れない。

他人にも誠実。

自分にも誠実。

この二つを百パーセント守ろうとすると、不眠や食欲不振になったりするのだが、私の目にうつる原さんは格別そんなこともないとみえ、おいしそうに召し上がる。

そういえば、食いしん坊も原さんの財産のひとつであろう。

おいしく食べたい。

おいしく装いたい。

ふたつながら、奥が深い。ひそやかな楽しみのようでいて、人生そのものにつながる道である。

それにしても、原さんの花嫁姿が見たいなあ。自分のために、どんな花嫁衣裳を選ぶのか。年の離れた姉のような、年の近い母親のような気持で、こう考えることがあるのです。

（初出「クロワッサン別冊　原由美子の世界'81春・夏編」1981年3月20日発行／向田邦子『夜中の薔薇』講談社文庫）

対談　向田邦子＋原由美子

マリリン・モンローとローレン・バコール

向田さんと原さんが、初めて会ったのは二年半前でした。赤坂にある向田さんの妹さんのお店で偶然。その後はたまに、お酒を飲んだこともありました。ふたりは、丸い顔と丸い鼻。まるで姉妹みたいといわれて、そんなこんなで意気投合しました。しかし、実は、じっくり対談したのは、今回が初めてとか。ファッションから養老院の話まで、とっておきの2時間半。

向田　税務署の書類に職業の欄があるでしょ。原さん、何て書くの？

原　編集スタイリスト。

向田　それでわかりますか。

原　高橋靖子さんがなさっていた、あれだ、というので、今は大丈夫です。

向田　外国にはあるんですか。

原　雑誌なんかの場合には、編集の人がかなりの部分やっていたようですけど、最近はスタイリストということで、編集部に使ってもらっているフリーの人も、ずい分いるみたいです。

スタイリストはTV・映画のディレクター

向田　なるほどね。一種の演出家だと思っていいのかしら。コーディネーターとスタイリストの区別。私、わかったような気がしているんだけれど、よく考えてみるとわからないのね。

原　区別ないみたいですね。

向田　ないの？　同じことなの。

原　ええ。

向田　ああ、そうなの。じゃ鮫と鱶みたいなものね（笑）。私、友だちとよく笑うんですけれど、鮫と鱶とどう違うんだ、って。鮫の大きいのを鱶と思っている人もいるの。で、ガブッと噛む『ジョーズ』はどっちだ、っていうともうわからなくなっちゃう。みんなそこのところでイメージがごちゃごちゃになるわけね。鮫と鱶とは同じものなのよ。

原　ファッション・エディターみたいなのが一番近いような気がします。

向田　テレビでいうとディレクターに似ているのかな。作品を生み出すのでもなく、自分で絵を描いたりデザインしたりするわけじゃない。ディレクターもそうでしょ。ライターは脚本書くし、役者は顔があるけれど、それもないし……なんていうんでしょうね。総合指揮というか、感覚の勝負というのか、形がないという意味では、あなたのお仕事はディレクターに似ているのかな、と思うんだけれども。

原　ディレクト的な部分と、イラストレーターが絵を描いたりするのと似た感じの両方。自分でかなり集めて、実際に絵を描くみたいに「この色の服だからこっちのスカートがいい」とか。ただ、それがデザイナーだったら自分で洋服作るけれど、全部他人のもので勝負するから。

向田　ディレクターもそうなのね。企画というのは自分の中にイメージとしてあるわけだけれども、脚本が悪かったら、まず最初に腹を立て、役者の芝居が思う通りにいかないとイライラする。音楽がだめ、照明がだめ、カメラがだめと、必ず自分と100%ということは少ないでしょう。そうすると、どんどんイライラしていくのね。あなたも仕事をやってみて、イライラしません？

原　することもあるけれど、洋服を見るとき、そんなに難しい要求はしてないと思うの。だから今日本にあるもので大体足りるわけ。

向田　テレビの場合でも、映画の場合でも、ディレクターをチラチラ見ていると、みんなとっても不機嫌な顔をしてるのね。自分でない人のパーソナリティとかセンスを借りて、それの掛け算で勝負しなきゃならないから、そこにイラ立ちがあるわけね。ディレクターの方って、たいがい気難しくて眉のところに縦じわがよっているのね。でもあなたは、私ここ4、5年見ているけど、全然しわがよっていなくて、（笑）実にツルンとした顔をしているから。そのへんとても寛大なのか、それともさっきおっしゃったように、日本の洋服とか小物の水準が上がっているのか、どうなんでしょうね。

原　あるものでやるのが自分の仕事みたいに、始めたときから思ってて……。

向田　わりきったわけ？

原　いいえ、そう思っていたんです。いいものがあるのに、雑誌での表現が可愛くないときれいに見えませんね。もったいないな、とすごく思っていたんです。

　ただ、スタイリストといわれるのがいやなことがあるんですけれど、「これは自分のものです」といいきれないときなんです。写真はカメラマンの作品であるし、洋服がきれいに撮って（うつ）いればデザイナーがいいわけで、その総合がいいんです。といいきれるようなことって、そんなにないわけですよね。そういう意味では、もっとはっきりしたことだったらいいな、とは思うんですけれど。

なにげなさが好きでは デザイナーになれない

向田　あなたの中でだんだんある感覚が育っていって、将来、洋服のデザインをするとか、ハンドバッグのデザインをするという可能性はありますか。

原　洋服に関しては絶対にないと思う。

向田　どうして？

原　絶対に作れない、というのがあるんです。最初の頃に、とても小さなメーカーで本当に作ってもらい、売れたりということもあったけれど、それはまったく偶然であって、洋服を作ろうという気は全然ないんです。まだ香港に行っても欲しいものがいっぱいあるし。ただきものに関しては、もしかしたら……。

向田　きものだったらどうしていいの。

原　洋服の場合はオリジナルを作り出すわけですよね。

向田　線とか色とかね。

原　たとえばケンゾーさんの場合には、元は中国であったとしても洋服にしてしまう。

　それは創造力で、私には絶対にないと思うの。でも、和服の場合は形が決まっているでしょ。それに、私が欲しいと思っている色や柄は昔からあるもので、ただ、それが売れないと信じられていて市場にないだけだから。

向田　たとえば若い人向きの鮫小紋みたいな感じで。麻の葉とかね。

原　きものの資料集めて、クリエートではなく考え直すというようなことだったら、なんとかできると思います。洋服をやって自分の選んだものを欲しいと思ってくれる人がいる、というのがわかったから、和服でもなにかできたらやりたいなと思うんです。

向田　洋服のデザイナーになれないというのは？

原　私は終局的にはブレザーとかシャツが一番好きなところがあって、これからカルダンがどんなに新しいものを作ったとしても、自分は着ないし、なくてもいいんです。いままで見てきた服の中で、いいと思ったもののサイズを変えていけばいいみたい。

　あとは着方ということだから、天才的な人が作り出したものを好きだと思ったら、それをもうちょっと工夫して着ればいい。でも私なんかは新しい服を見たら必ず、いかにして普通っぽくみせようかと考えてしまうんです。そういう神経だから、洋服は絶対作れない。

向田　シャツブラウスとかタートルネックとかカーディガンとか、今なお古典的名作とされているものがあるでしょう。ジャズでいえばスタンダード・ナンバーみたいにね。洋服ができてから、ここ100年ぐらいの間にできたものでしょうけれど、これから先、ああいう古典的名作として史上に残るものが出る可能性はないかしら。

原　私はもうないと思います。あとは民族衣裳からのものとか。

向田　ところで、女の職業として、スタイリストはいいと思う？

原　あんまりいいと思いません。私はいつのまにかなっていて、もう戻れないというか。いつも思うのは、結局自分に対して女の人は全員がスタイリストですからね。

向田　そうね。

原　奥さんでもお勤めの人でも、入口までだったら誰でもできるし、免許もいらない。ですから、どれぐらい頑張っていると本当にプロなのか、というような不安がいつもありますね。

向田　私にもあるのよ。たとえばエッセイというのは誰でも書けるし、小説にしても、自分の身の回りや親兄弟さえ書けば、最低3年は食べられる。大部分の人は私小説家たり得るわけですね。だから、あなたのおっしゃることは、そのまま私にも通じるわ。

原さんがローレン・バコールだったら売れないわね

向田　日本人の体型ずいぶん良くなったけれども、あなたの服って体型の悪い人でも着られるのね。たいしたことだと思うの。原さんという人は日本人の女の人としては背もあるし、姿形のいい人だと思うんだけれど、それにしては、体型の悪い人にとっても思い遣りがあるのね。

原　自分ではいろいろ体型気にしているところがありますから。

向田　コンプレックスあるの、あなた。

原　いっぱいあります。（笑）

向田　あら、どこなの。教えて、聞きたいわ。

原　まず顔とか……。

向田　どうして。あなたがもしキツネみたいで、中高で、言っては悪いけれど絵に描いたような、美人コンテストに出るような人だったらね……。

原　ああいうのには憧れないけれど、もっとすごいのに憧れているから。

向田　何に憧れているの。

原　たとえば……。

向田　ローレン・バコールとか？

原　そう！

向田　でも、あなたがそういう顔してね、『原由美子の世界』といったって、誰も着ないわよ。かなわないから、日本人は。

原　でも、ああいう感じのおしゃれって常にあるんですね。

向田　フェイ・ダナウェイとか。

原　彼女はあんまり好きじゃないけど。いまだったらシャルロット・ランプリングとかのほうがいい。

向田　あなたは満足かもしれないけど、そういう顔してたら、クロワッサンは絶対にあなたの本を出さないな。（笑）

原　そうしたらその顔で満足して、自分で好きなように洋服着て、普通に楽しく暮していたりして。（笑）

向田　うまくいかないものね（笑）。以前からお話伺っていましたけれど、あなたがローレン・バコールのような顔になりたいと思っているとは、想像もしなかったわ。

原　顔っていうか、要するに雰囲気。あとアヌーク・エーメみたいな。

向田　みんなわりと筋ばって骨ばってクールで……。

原　バネッサ・レッドグレーブとか。

向田　意志的な顔をした人ね。

原　ガキガキッとして四角っぽい。

向田　でも、そういう人っていうのは少数派ね、女の中では。女でも好きだという人はかなり限られているんじゃないかしら。

原　上襟だけ黒いビロードのついた、真っ赤な乗馬コートみたいなのがありますよね。あれを女の人のオーバーのように仕立ててあり、絹の白いマフラーをきちっとつめるみたいにしているのを小さいとき写真で見て、すごくきれいだと思ったの。それもすごく大人っぽい人が着ているのね。だから35になったら着ようと思っていたんです。

向田　それで着たの。

原　35になってみたら、全然思うようになっていない（笑）。あんなの着てもだめだってわかったから、全然……。

向田　グレース・ケリーなんかも嫌いじゃないでしょ。

原　きれい過ぎちゃうような気がする。シャツなんか着ていても、やっぱりローレン・バコールのほうがかっこいい。

バコールよりモンローのほうがりこうじゃない？

向田　私もローレン・バコールってすごく好きなのよ。『キーラーゴ』という映画で着ていたシャツとか……。

原　まくり上げて、フレヤースカートをはいて。

向田　何でもないシャツブラウス。とってもいいと思ったの。当時、私、自分の服は全部自作だったし、かなり気に入った服が縫えていたから、あれと同じように作ってみたのよ。着てみてね、友だちのカメラマンが撮ってくれてね。同じポーズにしたつもりなんだけれど、似ても似つかぬ豚娘が舟端に寄っかかって斜めになっているの（笑）。そのときにローレン・バコールの道はスパッと諦めたのよ。（笑）

　彼女のような、どっちかというと硬質な感じは諦めて、私はマリリン・モンローになりたいと思ったのね。憧れていたの。ああいうふうにプクッとふくれて、なにかたわいなくて無邪気な。今、マリリン・モンロー型とローレン・バコール型とどっちか選べといわれたら、女としてはモンローのほうが好きですね。色気とかしなだれかかる柔らかさとか、ちょっといい加減さとか、本当はバコールよりもモンローのほうがりこうじゃないかと思うのよ。

　ローレン・バコールのほうは元手をかけて手ひどくしくじっちゃったものだから（笑）、あれはやっぱり生粋のアメリカ人かしら。

原　ドイツが入っているのかしら。彼女のおばあちゃんぐらいがヨーロッパから亡命してきたとか。あの眼の感じは多分アメリカ人ではないと思う。

向田　なるほどね。

原　でも私が彼女に対して思うのは、多分女の人というより、ファッションモデルの理想型という感じで見ているところがあるんです。同じレインコートを着てもあの人が着た感じはいい、というような。

向田　あの人、舞台でココ・シャネル演ったんじゃないかしら。キャサリン・ヘップバーンも演ったけど、たしかバコールも……。

原　シャネルという人がすごいのは、最初太っていて、まん丸なのに、最後のほうはシャネル・スーツで。あんなに変わる人もいるわけですね。

向田　マリア・カラスだって、百何十キロあったんですって。それがプリマドンナというのは歌がすばらしくても、ものすごいデブだと椿姫ができないでしょう。だからものすごい減量したんですって。原さんも、いまのご飯半分にすれば、ローレン・バコールになることだって……。

原　顔の骨格が違うってことがわかったから。（笑）

美男美女が作る服、チビデブには残酷なのです

向田　ないものに憧れるのね。あなたなんかはとっても可愛くて、ものすごく魅力的だと思うけれども。

原　可愛いんじゃない感じが……。

向田　いいわけ？

原　まあ背たけはありますから、その分洋服はどうにか……。でもたとえば脚とかはすごいコンプレックスがあるから、短いスカートははかないの。

向田　あなたのはみかみの部分って、私一番好きなんだけれど、いまおっしゃったコンプレックスがあるとすれば、それはあなたの一

番の財産じゃないかと思うのね。

前にゴルフをやっていたんだけれど、そのときに、自分と同じ体型のコーチを選ばなければ嘘だ、ということがわかったの。たとえば私は、どっちかといえばチビデブのほうですから、陳清波みたいにヒョロッとした人を選ぶでしょ。今でいえば青木よね。そうすると絶対に私たちの身体つきに理解がないわけ。中村寅吉みたいにズングリムックリした人に習うと、よくわかるわけですよ。

だからデザイナーを選ぶときに、私だったら背が低くて太り気味のデザイナーを選んだほうがいいんじゃないか、といまでも思っているのね。コンプレックスがない人のデザインってむごいわね、わりと。

原　それははっきりとあるみたいですね。ともかく、きれいな人は何着てもシャープできれいになるから、考えないでできちゃうんでしょうね。

向田　体型的に恵まれない人を切り捨てちゃうのね。美男子のデザイナーはとっても残酷な気がするの。

原　ジバンシーとか。

向田　残酷だと思うわ。だからジバンシーの服はチビ、デブ、ブスには着られないのよ。ただ、そうはいっても、男の人は女を愛しているから、美男であっても少し女に優しいわね。

原　女の美しい人のはすごく……。

向田　シャネルにしろソニア・リキエルにしろ、女に対しては手厳しいわね。

原　すごいナルシズム。

向田　あの人たちは自分のために服をデザインしていて……。

原　一番似合っているみたい。

向田　自分以外の人の服は考えていないようね。

原　それで成り立つというか、彼女たちのカラーがすごく出ていて、それでいい人が買えばいいのかなと思ったり。

それでも、ときどき間違ったみたいに違うものが出ていたりとか、万人向けのようなものが出ることも……。私なんかは、それを捜して喜んでいると思う。同じソニアでも、みんなに着られる形というのが必ずあるみたい。

原さんをモンローのように しどけなく変えてみたい

向田　『あの男（ひと）をこう変えたい』というのクロワッサンに連載なさっていたでしょう。とても楽しく拝見していて、あなたの好みがなんとなく一号一号わかり、ときには嬉しくなったり、ときにはガッカリしたりするんだけれど、女を変えるというのを考えたことはないんですか。

原　もし、私がこういう仕事を続けてあと10年ぐらいたてば、やらせて下さるかもしれないけれど。

向田　なるほどね。女に「この服を着て欲しい」といったとき、拒否されそうな予感があるわけかしら。

原　それもあるし、やっぱり女の人は男の人にいわれたほうがいいと思う。

向田　本当にそうね。あなたのいう通りよ。

原　男の人でも、すごく偉い人が着て下さるのは、こちらが女でコチョコチョやっているから「まあいいや」というようなところがあるからだと思うの。そのうえ、すごく似合ったりすると、本当に喜んで下さるけれど、女の人にそういう説得力があるようになるには、かなりこっちに自信がなけりゃ。まだまだ私なんかとっても。

向田　でも、あなたが本当に変えたいと思う人は、なかなか変えてくれないかもしれないわね。

原　だから信じてもらえるのはもっと先。男の方でも何人かすごくこわい人もいたんですよね、拒否されたりして。

向田　私なんか懐が痛まないで、つまり5万円とか3万円とか出さないで一回着られるんだったら着てみることあるわよ。何年か先に女を変えようというおつもりがあったら、私も是非変えていただきたいと思います。ただ、そのお返しとして、私も原さんを変えたいわ（笑）。ささやかでございますけれど、原さんにものすごく下品な、しどけない格好をさせてみたくてしょうがないのね。

原　でも似合わないと思います。

向田　そんなことないわよ。そう思っているだけよ。

原　でもやっぱり似合わないと思います。そういう格好が似合うくらいの迫力とか、あったらいいなーとは思うけれど。

向田　いま着ていらっしゃる紺のスーツも、とてもいいんだけれど、私ね、あなたにマリリン・モンローと同じ格好させてみたくてしょうがないのよ。胸なんかすごく開いちゃってね。

原　さまにならないですよ。

向田　胸もあるし、もったいないわよ。

原　なんていうか……。格好より……。

向田　精神が？

原　態度とか全部。

向田　あなたは私がマリリン・モンローの格好させたい、というから、ムッとして（笑）。似合わないとかいってジタバタしたけれど、男の人だったらどうかな。あなたがすてきだと思っている三国連太郎さんがいったとしたら、「ハイ」なんて着るわよ。そこが私にとってはいまいましいところだわ。（笑）

きもので走り跳ぶ　洋服の感覚で着る時代

向田　きものの仕事もなさっているけれど、自分で着ることは。

原　ほとんどないですね。今年こそ着ようと決心して、実家（うち）から持ってきたんですけど……。

向田　着なかった。

原　これから着ようかなと思っているんです。

向田　帯は結べる？

原　いいえ。だから付け帯を親からもらってきました。向田さんて、きものおめしにならないんですか？

向田　昔着たわよ。大島とか。

原　紬などお似合いになるんじゃないですか。

向田　すごく好きなの、大島とか結城ね。背の低い人間にとって、きものというのはロングドレスと同じなのね。見た目の縦の線が長くなるでしょ。フルサイズになるわけですよ。ただ、今の生活だと猫がいるんでね、ひっかかれたらそれっきりでしょう。それにだんだん眼が肥えてきてしまうのね。歳をとってくると染めのきものはいやで、織りのきものが欲しくなってくるでしょ。

原　だから今のうちに染めのきものがあるのを着ちゃわないと、と思っているんです。

　この前、白洲正子先生のきものを見せていただいたんですけれど、いいものが本当にいっぱいある。日本の場合いいきものがまだまだあるんですね。ところが高くて手が出ない。欲しいな、買いたいな、なんて思ったら、そのために働くことになっちゃいそう。

向田　ただ、あれはファッションとしては滅びませんよね。おばあちゃんが着た大島を着られるしね。

原　だから、もらうのに一生懸命になる。今は地味で着られないものでも、予約はしてきたの。でもそのあと、自分があげる人っていないでしょう。

向田　そうね。私もやっぱりそれを思うの。

原　きものって、人からもらったものをいつの日か誰かにあげて、また喜んで着てくれたらいいなと思うんです。

向田　外国でいえば毛皮よね。

原　洋服はどんどん消耗していけばいいと思うけど。

向田　着捨てね。でも、洋服をうまく着こなす人っていうのは、きものの着こなしもうまいと思いません？

原　きものは別だといわれたことがあるんですけど……。

向田　そうかな。きものを上手に着る人が、必ずしも洋服を上手に着るとは思えないの。でも、洋服をうまく着こなす人はきものも大丈夫だと、なんとなく思うのよ。新しいきものの着方があるんじゃないかしら。昔みたいに、日本舞踊や茶の湯の素養がないと、仕舞、狂言ができないとキチッと決まらないというんじゃなくて、洋服の感覚で着る時代が現に来ていると思うの。

原　そうなると呉服屋さんは喜んでいいですね。

向田　若いお嬢さんが成人式のときに着るようなのは別よ。でも、紬のきものなんか着ている人たちは、立ったままふすまを開けていいんじゃない。それがきれいに見えればね。私がこの歳でとんだり跳ねたりしたらみっともないけれど、若い人はきもの着て走ってもいいし、とんでもいいと思うのね。そういうふうにきものは洋服の一種として考えるんだけど。

原　そうですね。きものは残って欲しいから、何かそんな着方が必要かもしれないですね。

養老院作りたいな（原）
死んでもひとりで（向田）

向田　あなた10年後、20年後は何してると思いますか。

原　あまり考えたことないです。

向田　30年後は、

原　養老院でも入って。要するにひとりになるでしょう。だからわりといい養老院の話はよく聞いています。フリーの人たちと共同体の養老院作ろうとか話したり……。

向田　まだ早いんじゃない、その心配は。

原　やっぱりどこかにいかなくちゃならないでしょう。いま住んでいるところかもしれないけれど、ひとりで住めなくなる可能性はあるでしょうし。いくら運動していたって、ある日死んでいて、ずっとわかんないっていうのも、いろいろ迷惑もかかるし。

向田　あなたがおばあさまになるころは、もっと福祉が行き届いているから毎日のぞきにきてくれるわよ。ひからびちゃうことないわ。私のときまでよ、それは。（笑）

私は絶対養老院には行きたくないの、わがままだから。私、わりと気働きがあって、コチョコチョしているから、あなたの隣に住んであげるとか、おいしいもの作ってとかいうけれど、私はまっぴらごめん。いまの家で死にたいわけよ。這いずってもいいから、食べられなくなったらコッペパンかじってもいいからひとりで住みたいの。老人ホーム行きたくないのね。人の作ってくれた食べものって、なんとなくいやじゃない。死んでもひとりでいたいわ。

原　向田さんの場合なんか、留守番電話入れとくと、「ああ、留守なんだな」と思って誰も行かないと……。

向田　だから「これを吹き込んだのは○月○日ですけれど、×日になってもこの電話でしたら死んでいると思って見にきて下さい」なんてね（笑）。すごいブラックね。

原　向田さんは5分家をあけるときも留守番電話をセットされるんでしょう。

向田　このあいだ、5分っていいながら鎌倉まで行っちゃったことがあるの。TV局の人が何回も電話をしたらしく、あとですごく怒られてね。その人がいうには、ハワイにー、500メートルぐらいある長いマーケットがあるんですって。店員さんがローラースケートで行き来しているそうなんだけど、「そんなところへ行っていたんですか。何キロあるんですか」って皮肉いわれちゃった。

原さんが老人ホームのこと考えるなんて、ちょっとびっくりするわ。私なんか、きっとあんまり切実だから考えないのかもしれないわよ。でも、そのときに、あなたが70歳のための衣裳やってくれたりしたらいいわね。

原　結婚している人って、養老院のことなんか考えないでしょう。みてもらえないかもしれないけれど、子どもがいるから、家があるからって、なんとなく思っていて、何も心配していない。そういう人たちに会うと、「ああ、自分はどうするんだろうな」って考えて……。

向田　でも金属バットか老人ホームかっていうと両方ともずいぶん冷たいわね（笑）。結婚はしないの？

ねんねこ姿で悪趣味の亭主
10年後にはそうなるかしら

原　するとかしないとか決めてはいないけれど、今のところしていないから。

向田　編集部の人に、あなたと私は鼻が似ているだけじゃなく、まわりに男のおどろおどろしい関係ないようにみえるところまで似ているといわれたでしょ。私はどうでもいいことは、かなり率直にいうのね。でも人に渡せない部分ってあるのよ。たとえば男とか、ささやかな本心とかね。そうやすやすと座談会なんかでいえるか、ってところがあるのよ。(笑)

原　私にもありますね。

向田　でもね、きわめて率直に話す人というのも、またとても好きなの。自分にないからいいなと思うんだけれど、そういう人でさえ——たとえば神様の前で告解するとき、自分の気持ちは言葉ではいえないと思うのね。言葉にするときは、どこかで自分を可愛がったり偽善的になったりね。だから、とっても率直でセックスの面とか素直にいっているように見える人でも、必ずしもいっていない。二重構造になっていると思うの。それは率直のように見えて二重に嘘をつくことになるから、私は積極的な嘘をつくより、消極的にいわないほうがいいと思っている。

　でも、率直にいわないってことで責められることはありませんか。不正直だっていわれることない？　私なんかときどきいわれるわ。

原　まだそんなにきかれないから。

向田　そう。そのうちひどい目に会うわよ（笑）、なぜ結婚しないとか。そのうち根掘り葉掘りきかれるようになってくる。大変よ。

原　まだ全然感じていないんです。

向田　私が結婚のことをきくのは、ちょっと別の理由があるのよ。あなたのファッションというのは、かたさとかはにかみ、バージニティがベースにあって、育ちの良さ、品の良さがあるのね。それが年輪を重ねていくということもできるんだけれども、歳をとるということは、恥をかくことであり、汚れることでもあるわけ。女も40、50、60になると、しどけなく横座りしたり、という時間なしに過ごせなくなる。お行儀の悪い、疲れたファッションっていうのかな、そういうものをあなたに体験してほしいと思うの。いまのままの、品の良いきれいなファッションだけじゃなく、もうひと皮むけたものを見せて欲しいという気持ちがあるのね。

原　いまのところ疲れた部分を出さないのがファッションじゃないか、と思っているんですけれど……。

向田　10年後ぐらいに、あなたが結婚して、ねんねこで子どもおぶって、亭主がものすごい悪趣味のネクタイなんかしていたら、『アンアン』や『クロワッサン』の読者は、とても嬉しいんじゃないかと思うのね（笑）。私、これが本当に日本の女の幸福じゃないかと思って。(笑)

　原さんはそうならないような予感がするから、ちょっと不安なのよ。あなたのような人は、どうも女の幸せをとり逃すのじゃないかと思って気を揉んでいるの。いき遅れの年上としては。(笑)

(「クロワッサン別冊　原由美子の世界'81春・夏編」１９８１年３月20日発行)

高峰秀子＋原由美子

何も知らなかった私は高峰さんのほとんど聞こえないという左耳側にすわって話し始めてしまった。「聞こえないから、発声からやり直して」と言われドッキリ。気をとり直して位置を変え、対談では興味深いお話が沢山伺えた。後日、といってもだいぶ後、人を介して小さなレンゲを五ついただき、荷物を整理されたことを知った。すぐにお礼状を書かなかったことをいまだに後悔している。最近出版される斎藤明美さんによる著書を読むのは目下の楽しみのひとつ。30年以上も前にお会いした時に感じたことが再確認できて嬉しくなったり、懐かしささえ感じたり。少しの時間、一度だけ会った方とは思えない何かがあった気がする。

クロワッサン別冊 原由美子の世界'80-'81秋・冬編

高峰秀子（たかみね ひでこ）
1924〜2010年。5歳で映画デビュー。人気子役から名女優となり『二十四の瞳』『浮雲』など多数の映画に出演。75年〜76年に「週刊朝日」に連載された『わたしの渡世日記』で日本エッセイスト・クラブ賞受賞。79年女優引退後は、随筆家として活動。

対談　高峰秀子＋原由美子

頑固なふたり。

原　高峰さんは、もう女優さんというより文章をお書きになるのが本職になっていらっしゃるようですけれど、今までに何冊くらいお出しになりましたか。

高峰　さあ、11冊ぐらいかな。長いこと人の書いた台詞ばっかりしゃべっていましたから、いっとき自然に自分の口からドロドロっと出たんですけれど、もう品切れです。（笑）

原　最初、すごく印象に残っているのは、『ミセス』に連載された『瓶の中』。

高峰　ええ。

原　とくに沖縄のガラスの話が印象的で、それから沖縄のガラスや瓶を買い集めたこともあったんです。

『つづりかた巴里』とか『わたしの渡世日記』を読ませていただいたのは、この2、3年なんですけれど、とても面白くて。小さいとき親の好みで、日本映画をあんまり見ていなかったんですが、本読んでみて、もっと見ておけば良かったと思っているんです。

高峰　いえ、関係ありませんよ、映画とは。（笑）見ていただかなくて良かったですよ。

原　テレビの名作劇場なんかで、ときどき放映していますね。

高峰　本当にいやですね。（笑）それこそテレビなんかに昔の自分が出てくると「お化けが出た」なんて言っているんです。まったく下手クソな演技でね、よくあれでお金がとれましたよ。いい時代でしたね。

足で書く典子ちゃんの字。私よりよほど上手ですよ。

原　ご主人の松山善三さんが監督なさっている『典子は、今』（サリドマイド禍を克服し、熊本市役所職員になった辻典子さんの半世記）、あの映画、10月の第1週に封切ですって？

高峰　ええ。文部省特選になりました。

原　高峰さん、出演はなさっていらっしゃらない？

高峰　典子ちゃんの演技指導というか、お手伝いしているだけです。人に何か教えるということがいかに大変か、裏方をやってよくわかりました。女優のほうがよっぽど楽です。

原　つきっきりで教えられたわけですか。

高峰　そう、始まるずっと前からね。初めのうち困っちゃいましたねぇ。やっぱり素人の娘さんだし、できなくてあたりまえでしょ。でも、やる気はすごくあるから「あなたがうまくやらなければ、相手役のお母さんの渡辺美佐子さんも、60人ぐらいのスタッフみんなが迷惑するんだから、やるまで終らないんだよ」って、厭味をうんと言ったわけです。

原　お芝居、上手になりましたか。

高峰　最後のころなんて、すごく上手になりました。びっくり仰天です。

　でも、いい子でね。天才的なんじゃないですか。"一芸に秀でる"というけれど、手がなくて足であれだけいろんなことができるということは、それだけ、ものに興味を持つわけでしょ。障害者でも、「こういうことは、私にはできない」と初めから諦める方が多いんじゃないかしら。彼女ができないことって、ほとんどありませんね。

原　私の手より器用でしょうね。

高峰　そうですよ。私なんか2本の手がなんのためにあるかわからない。あの子、泳ぐでしょ。かわいいんですよ。両腕がなくても人魚みたいにすごいスピードで泳ぐんです。ミシンができるでしょ。編み物もします。それに字は私なんかよりずっと上手。それから何ができるかな……。つまりできないことがないんです。

原　全部、足で?

高峰　なにもかも。しまいに、感動しなくなっちゃって、当たり前みたいな気がして。隣でご飯食べてても、腕があって、それで食べているとしか思えない。

原　食事をする時は、大変でしょうね。

高峰　初めて見る人はびっくりするかもしれませんけれど……。そうそう、物をつかむということができないんですよね、湯呑茶碗とか。お茶でも、コーヒーカップみたいに把手があれば、もう平気です。

それからお酒のぐい飲みね。あれも持てない。できないことっていったらその程度ですよ。私はいつもストロー持ち歩いて、なんでもそれを使って飲ませましたけれど。

原　すごく明るい性格だそうですね、そういうこと自分ではあまり気にしていなくて。

高峰　うーん、そうね強いんですね。明るいというより、しらけてます。さめちゃっています。

町名変更反対!『台』がつけば、いいってもんじゃない。

原　町名変更に反対していらっしゃいますね。高峰さんのお住まいになっている『麻布永坂町』、まだ元のままですね。

高峰　役所の係の方が人事異動で、2年ぐらいで替わっちゃうんですね。その間、「変えられたら困ります」って、あれこれ説明していると、新しい人に替わるでしょ。毎年説明しているうちに……。

原　担当者が異動になるわけですか。

高峰　うちの近くは、『麻布台』になっちゃったんです。で、「どうして〝台〟がついたんですか」ってきいたら、〝台〟がつくと、ちょっと上品な高級な感じなんだって。「じゃ、風呂屋の番台とか、台所とか、みんな高級なんですね」と言ったら、黙っちゃった。そんなことしてるうちに2年経つわけ。

原　米沢市などは全市挙げて旧町名に戻す運動してるみたいですね。いま、どこの区にも『本町』とか、『中央』というのばかりでしょ。

高峰　でも東京の人って、寄り集まりだから、あんまり愛着がないのね。台所でも番台でも麻布台でもいい。いつ引っ越すかわからないし。それで、とてもやりにくかったけれど、無理ないなと思いました。

「この家、売って下さい」「OK」トマト買うみたいね。

原　今のところにどれぐらい住んでいらっしゃるんですか。

高峰　30年ぐらいかな。

原　家を買われたときの話、本にお書きになってたけれど、高峰さんらしいなって気がしました。

高峰　でも、家なんて不思議なもんですね。私、誰も相談する人がいなかったでしょ。映画のロケーションに行ったとき、とってもいいところで、こんなところに住みたいなって思ったんです。そのときの運転手さんが麻布十番に住んでいたので、「ここら辺に空家ないかしら」って言ったら、次の日、「2軒あります」と教えてくれた。お風呂屋へ行ったとき、隣の人に聞いたんだって。(笑)

原　不動産屋さんなんか出てこない?

高峰　で、よせばいいのにひとりで行ったの、「こんにちは」って。英国人が出てきたので、「このうち、お売りになるんですか」って聞いたら、日本人の奥さん呼んでね。その人、私の顔見て変に思ったでしょうね。25歳の小娘が家買いにきたんだから。「売ります」と言うから「幾らですか」「550万です」「じゃ、私に売ってくれますか」「OK、いいですよ」で決まっちゃった。そんなバカなのある？　トマトでも買うみたいに。（笑）

原　すごく簡単なんですね。

高峰　向こうも簡単だし、こっちはちょっと図々しかったの。そうしたら隣の人が怒ったのね。「女優なんかに売って毎日パーティでもやって騒がれたら」って。ところが、英国人が引っ越して行って、いつまでたっても空家のままだな、と思っているうちに、私たちが住んでいたんですね。お手伝いさん2人と私だけですから静かなもんですよ。隣に電話借りにいったら「エッ住んでたんですか」なんて、向こうが驚いちゃってね。

原　女優さんというのは、毎日毎日パーティでもやっていると思われているんでしょうか。

高峰　いまだに仲良くお付合いしていますけれど、「あのとき、本当に腹が立ったのよ、女優なんて」とおっしゃってますよ。そう思われるのが女優ってものなんです。

高峰「洋間に座布団です」
原「畳の部屋が欲しくなった」

原　ずいぶん昔、その家を建て直されたときの図面が婦人雑誌に載っていましたけど。

高峰　エッ、すごいわね。泥棒みたい。（笑）

原　洋間が広くて、とっても好きな家だったから、切り抜いてとっておいたんです。洋館みたいな。

高峰　洋館なんですけれど、二階の寝室に炬燵を置いて、座布団ふたつ置いて、どっこらしょと座らないと、なんとなく落ち着かなくて。

原　私も、実家が全部日本間で、洋風のところに住みたいと思っていたんです。でも、今、全部板の間のところにいるけれど、やっぱり畳が欲しいって、このごろ思うようになってきました。

高峰　私も、なんだかんだ言っては、お手伝いさんの部屋に入っていくから、いやがられるのね。

原　畳が敷いてあるんですか。

高峰　ええ、その部屋だけ。

原　設計は高峰さんがなさった？

高峰　建て直すとき、中身が全部ありましたでしょ。だから急にモダンなうち建てると、中身も全部取り替えなくちゃならない。中身に合わせたんです。

原　写真で拝見すると、いろんなものが合っていますものね。

高峰　古いものが好きなんです。古いものの中にいると落ち着くもので。仕事は前向き、生活は後ろ向き。

贈り物って難しい。結婚祝いに壺が35個届きました。

原　いただきものでも、気に入らなかったら全部処分なさるそうですね。

高峰　だから、だんだん人がものをくれなくなりましたよ。（笑）でも、お中元とお歳暮のときはたいへん。

原　私もそんなに量は多くないけれど、嫌いなものはすごく気になるから処分したいと思うんです。でも、ケチになるというか、潔くはできないから、どうなさってるのかなと。

高峰　気に入らないものを人にあげるのも難しいしね……。いただきものをみんなうちの中に置いとくと、デパートの特売場みたいになっちゃうし。結婚したとき、壺が35個きましたよ。

原　どうして壺なんですか。

高峰　〝どうして壺〟って随筆書けますね。自分がいいと思うものを、つまり、自分を押しつけるんじゃないですか。

原　それは人も必ず喜ぶという。

高峰　全然夢がないけれど、一番嬉しいのは商品券や読書券だったり、お花の券だから、どうしても贈らなくちゃならないときは、そうしています。ズバッと、「ネクタイ買おうと思ったけれど、趣味がわからないから自分で買え」というカード付けてね。（笑）

原　お花の券は嬉しいでしょうね。お花ももちろん嬉しいけれど、うちの花瓶に入らないようなお花いただいちゃうと、大きい花瓶のある人のところまでトコトコ歩いて……。それを喜んでいただければいいんですけれど。

高峰　お花も限度がありますね。私、花が好きで、うちに花がないと、とっても寂しいの。で、花屋さんへ行って、高いなあと言いながら買って帰ると、ふたつぐらい届いていたりしてね。花というのは玄関と応接間、食堂、寝室、それにお手洗いぐらいで、他にはいらないでしょ。同じ部屋に三つも四つもあったらいたたまれないわ、気が散って。頑固になっちゃったんですね。

原　お花でも嫌(きら)いなものがあるでしょ。

高峰　家に合わない、たとえば真っ赤なカーネーションなんて困っちゃうんです。大体、茶色とかゴールドのようなもので統一していますから、黄色とか白なら合うんですけれど。

それに私、手芸品を贈るのは罪悪だと思うわ。自分の作ったものは、どんなに心がこもっていても、やはり素人の作ったものなんです。それにレースで編んだ敷物の上に何か置くっていうのが大嫌(きら)いなの。そのものだけポンと置きたいんです。

原　手作りのものって、心がこもっている分だけ怖いですね。

高峰　そうなんですよ。

イヤなものは絶対に置かない。子どものときから頑固でした。

高峰　だから、うちを好きなようにしておくというのは、すごい努力ですね。

原　洋服はきちっとたんすひとつ分だけで、新しくお作りになったら一着処分していらっしゃるんでしょ。

高峰　やってます、やってます。バザーによく出すんです。

原　そういうやり方にすごく憧れているんだけれど、できない。で、いよいよ困ると、鎌倉の母のところに送っちゃうんです。

高峰　でもいやになると、「あそこにあるな」と思うだけでいやなの。夫も慣れてきて、私がいやそうに見ていると、「きみ、これいやなんだろう。僕が持っていくよ」って、自分の書斎にみんな持っていっちゃって、ゴミだめみたいになっているんです。見えなくなっても、自分のいる場所に、それがあるっていうだけで耐えられないんだから。

原　私にしても、先に延ばしているだけなのね。いつかは決断しなくちゃいけないんですから。

高峰　子どものときから、5つのときから自分のお金でもの買ってるでしょ。子ども心にもわかるんですよ――自分が稼いで買ったものなんだと。だから、親がピンクにしろって言っても、私が白だと思ったら白なのね。小さいときから頑固だったの。

いやなものは絶対置かない、というのも、そういうところからきたんですね。自分でもかわい気がないと思いますよ。でも、やっぱり嫌(きら)いなものは誰からいただいたものでも受けつけないんです。

原　親と一緒に住んでいたころから、周りを自分の好きなようにしたいという気持が強くあって、今なんかは、絶対好きなものしかないはずなのに……。ダメッていうのはないんですけれど、別のものを見つけたら変えたいというのはありますね。

高峰　私は亀の子ダワシひとつでもいやなの。

原　そういう日用品のほうが、いやになったら使えないというのが強い。

高峰　そうなの。お手伝いさんって、奇妙なもの買ってくるでしょ。お風呂場洗うときの長靴とか。どうしてあんなのがあるの、はだしになったらいい。いくら私が、「これなら色がなくていい」と亀の子ダワシ買ったって、黄色いホーキやオレンジ色の長靴があったら、もうだめ。気分悪くなっちゃう。

魔法びんや電気釜の花柄にも、一時、ずいぶん悩んだわ。

原　このごろ、無地のものとか、わりと選べるようになりましたね。

古伊万里の皿にケーキでも、ダンスクのカップなら合います。

高峰　日本人は色音痴じゃないですか。

原　わりとゴタまぜは平気みたいです。ただ、最近ちょっと変わってきているみたいで、冷蔵庫の柄だってないものが多くなっているでしょ。

高峰　でも、柄のあるのを買う人のほうが多いんだそうですよ。

原　そうなんですか。

高峰　日本ってね、番傘があって――、番傘ってのは古いわね――蛇の目があって、こうもり――これも古いわね。(笑)　ええ、アンブレラがあるでしょ。下駄と靴にしても、全部二通りあって、それだけでくたびれるのに、またゴタゴタと。どうするんですか。

原　食器も和・洋・中ってありますしね。私は和食器というのは全部受けつけると思っているんですけれど……。

高峰　食器ねえ。

原　藍の和皿だったら、ステーキと野菜載せたってきれいだし、お刺身ももちろんいいでしょ。でも白で金線の入ったお皿にお刺身盛ったら、気持悪くて食べられませんね。

高峰　そうそう。

原　初め、洋食器の色とパターンが好きで一応揃えたけれど、ちょっと集めた古い日本のものって、それに何を入れても楽しくなるんです。その意味じゃ、日本の食器ってすごいと思います。

高峰　そう言われれば、うちも、「これは洋食器」というようなものはありませんね。ケーキなんかも古伊万里の皿に一つだけポンと載せたり。

原　だんだんそうなっていくんじゃないですか。でもデパートに行くと洋食器のほうがいっぱい売ってるんですよね。やっぱりお肉食べるときには、金の縁だったり、洋風のお皿に載せて食べたいと思う人が多い……。

高峰　いるんでしょうね。古伊万里のお皿にカステラ載っけて出すのもいいけれど、コーヒー茶碗が、ロイヤル・ダルトンとかじゃおかしい。うちはダンスク使っているんです。薄いグレーで藍の縁の。あれだとそんなにびっくりしませんね。

原　そういう組合せ考えるって、すごく楽しい……。高峰さんなんか、もう習慣になっていらっしゃるんでしょうね。

「買わない、買わない」で3か月。その反動が恐ろしい。

高峰　小さいときから古いものが好きで、どんどん集めてね、今は、「もう買わないの」が夫婦の合言葉。とっても寂しいわ。それに、もう死ぬほうが近いわけだし、遺言書いて、川喜多さんのところのフィルムセンターに寄附することにしてるの。この年になるまで、映画ひと筋で食べさせてもらったんだから。

原　でも、お店を覗いて、いいものを見るというのは……。

高峰　すごく好きですねぇ。これはもう、しようがない。

原　私は仕事にかこつけているところもあるんだけれど、洋服なんか結構多いんです。それで、「もう買わない」って決心するんですけれど、3か月我慢すると、その反動でいっぺんに買ってしまう。

(笑)

高峰　それに、突然全部いやになっちゃう。洋服だけじゃなく、骨董でもそうね。たとえば蛸唐草でも一生懸命蒐めて、ある日みんないやになるの。

原　ああいう柄でも、そういうことってあるのですか。

高峰　あるのよ。

原　写真で拝見したの、すごく好きだったんですけれど、手放された?

高峰　ウフフ、あまり手放すことはないけれど、中途半端なものって飽きるのね。もっと良いものが欲しくなる。

原　いつも見えるところに置かなくなるとか。

高峰　いいえ、しまうだけではだめ。違うものと買い替えるとか、なくなってもらわなくちゃだめ。

原「女優らしくない人ですね」
高峰「女優らしいって、何？」

原　パリで暮らしてらしたときの話を読ませていただくと、普通の女の子みたいで、すごくよくイメージがわかるんです。洋服にしても黒とか茶がお好きでしょ。なんだか、女優さんらしくない人だなと思っていたんです。

高峰　私は、どうも女優がいやなのね。女優らしい人とか、らしくない人って言うでしょ。女優らしい人って、どういう人ですか。

原　なんとなく思うのは、たとえばお化粧して人の前で演じることが、そんなに苦痛じゃなくて。たとえ苦痛が……。

高峰　苦痛じゃないのよ。好きなのよ、みんな好きなの。

原　演技するという苦痛はあっても、ひとつの映画の中で自分を出して、観客が喜んだり悲しんだりすることで充足しているということじゃないんですか。

高峰　見られているということが喜びみたいですよ。

原　周りの人が女優らしさを要求することってありますね。街を歩いていても、すぐ人だかりがしたり。

高峰　それがとても嬉しい人と、私みたいに、「女優はここまで。素顔は違うんだからほっといて」という考え方の人と、二通りいるんじゃないですか。

原　外国に行って、街で有名な俳優に会ったりすると、私なんか、「あっ」と思って、見てしまうんだけれど、周りを見てると、そんなに騒がないんですね。いわゆるスターが普通の生活をできる部分が残っているみたいですね。

高峰　昭和25、26年ごろですか、パリに行ったとき、レストランでご飯食べていたら、「あなたの後ろにルイ・ジューヴェがいるわよ。だけど振り返っちゃだめよ」って言われましたね。日本だと、駆け出してきて前へ回って覗き込むでしょ。あれ、自分のことわかんないのかしら。私だってその人のこと見えるのよ。（笑）ああいうときって、自分がなくなっているんでしょうね。

いやだと思った女優業だけれど、得したこともあるでしょうね。

原　だいぶ前から、女優を辞めるっておっしゃっているでしょ。

高峰　詐欺ですね。（笑）

原　辞められないものですか。

高峰　結婚するときにもう辞めたいと思ったけれど亭主の給料が1万3500円でしたし。それに、なんていうか長く女優やっていると、義理ができるんです。たとえば木下（恵介）先生に、「ねえ秀ちゃん、これに出てよ」っていわれると、「いいえ、私は辞めました」というほどの女優じゃありませんから、ヒョコヒョコ出ちゃう。

原　気に入った原作や好きな監督さんの作品にたまに出るのは楽しい……。

高峰　いいえ。

原　でも、女優をなさっていたから会えた素敵な方は沢山いらっしゃる？

高峰　それは絶対にいえますね。いつも思うんですが、いやだと思いながらも、ひとつのことを何十年も続けてきたお陰で、もし信用みたいなものがあるとすれば、それができたわけですから。いろんな方に会えたり、すごく得をしたかもしれませんね。

（「クロワッサン別冊　原由美子の世界 '81-'82秋・冬編」1981年10月5日発行）

白洲正子＋原由美子

婦人公論　1980年11月号

●対談●

大人の女は　着物で勝負

着物を洋服と分けて考えず、自分流に着こなそう。この秋、あなたも木綿を対丈で着てみませんか？

白洲正子（評論家）
原由美子（スタイリスト）

白洲正子さんは母とほぼ同年代。両親の会話で白洲さんのお店「こうげい」のことは聞いていたので気軽に出かけてしまった。きもののお話は興味深く、特に対丈で着ることには共鳴し影響を受けて帰ってきた。その後「婦人公論」のきものページでは必ず一体、対丈での着こなしを提案した。後に白洲さんが多くの雑誌でとりあげられるようになり特集が組まれる度に少しドキドキ。芭蕉布のきものを着せていただいたが、本来の価値を知ってしまった今になってみると、もっとじっくり着心地を味わうべきだったと後悔している。

白洲正子（しらす まさこ）
1910〜98年。評論家、随筆家。29年白洲次郎と結婚。56年より、銀座の染織工芸店「こうげい」を経営、70年まで続ける。72年『かくれ里』(新潮社）で第24回読売文学賞受賞。日本の古典・芸能・工芸などの研究をし、多くの随筆を著す。

対談　白洲正子＋原由美子

大人の女は着物で勝負

着物と洋服の区別への疑問

――最近、女の人の中で、もう少し年をとったら着物で過ごしてみたい、そのほうが年相応の落着き方ができるんじゃないかと考えはじめている人たちが少しずつふえているように思えます。それは、昔の人が着物を着ていたように着るということと全く違うことかもしれないけれど、日本女性がいろんな形で着物に回帰していく兆候がなきにしもあらずなので、きょうは、着物と洋服とを同じような目でずっと見続けてらっしゃる白洲さんのお話を、着物にも関心の深い原由美子さんと伺いたいと思います。白洲さんご自身の洋服と着物の歴史は……。

白洲　子供のときはほぼ全部洋服。あたくし、アメリカへ行ってましたからね、十四から十八まで一人で。向うの学校に入れられちゃって。ただ、四つか五つぐらいからお能の稽古をしてたから、着物には馴れていました。

原　着物と洋服がずうっと一緒で……。

白洲　ええ、いまもあんまり区別して考えたことない。普段は戦前からスラックスはいて仕事してる。だけど寒いときは、洋服だとゴロゴロになっちゃうから、ウールの着物を対丈（ついたけ）で着ますね、細い帯で。ときどき何着てんだかわかんないみたいなときがあるの。

原　いまはまた、着物と洋服をすごく構えて分けようとするところがありますよね。

白洲　そう、おかしいわね。

原　それは絶対なくさないと、日本人の洋服はうまくいかないんじゃないか……。

白洲　あたくしもそう思う。

原　上手に年をとるといっても、着物に逃げ込むんじゃなくってね、洋服だってかなり年とらなくちゃ、うまく着こなせない部分があるように、着物も、ある日突然着ても身についたものにはなりませんよね。本当に着物でうまく年とろうと思ったら、相当前から準備をしてないと、こなれないと思うんです。

白洲　普段に着ることをしたほうがいいと思う、ラクに。第一、着付けってものがね……。

原　着付教室がすごくはやっていますね。

白洲　婦人雑誌を見ても、着物となると途端に衣紋竹みたいにきちんと……。あんなもんじゃないですよね。着付けしてもらったことないからわかんないんだけども、大変なんでしょう。十何本も紐を使うとかって。

原　わたしも一度、着付けをしてもらって思ったのは、補正されちゃうんですね、いろんなところを。昔はきっと、やせた人はやせた人、太った人は太った人、それぞれに着るから着物だったのに。わたしのここ（胸）が足りないといって、いっぱい詰められた。直線裁ちのものを体に合わせて着て、その出る線がそれぞれの個性になるはずなのに、いまは全部同じにされちゃう。

白洲　きちんと着ちゃって何だか身動きがつかないみたいな。おかしなもんだわ、あれ。

原　親が着られない、まして自分じゃ着物を着られないので、いちいち美容院へ行くことをしなくていいように着ることを覚えるというためだったらいいんですけれど。でも、本当にやる気なら自分でもできますよね。

白洲 子供のときは洋服ばっかりだったけども、外国から帰ってから、自分ですぐ覚えちゃったわ。一ヵ月ぐらいで、帯締めるのもね。

原 ウールとか木綿の着物だったら、最初は付け帯でもいいと思う。馴れれば自分で結んで、だんだん自分風に崩せれば一番いい。

白洲 あたくしはかえって付け帯のほうが、動きそうであんまり楽じゃない。自分で結ばないと、体と別々のものみたいな感じで。

原 踊りを稽古していたときは、自分で前に文庫に結んで後ろに回してました。

白洲 文庫は後ろで結べないので、前で結んで回すの。お太鼓は鏡見ないで結べるけど。

地味が似合わなくなる年齢

原 このごろ着物屋さんを回って思うのは、和服のほうが年齢が上になればなるほど幅広いものをたくさん着られそうな気がします。洋服だと赤を年とって着た方がいいとか、そういうのがあるけれども。

白洲 かえって若いときのほうが、細かい盲縞とか、蚊絣（かがすり）みたいなものをよく着て、赤い帯なぞ締めてたんですよ。だけどね、中年まではいいんだけども、五十、六十になると、あんまり地味な着物着るとかえっておばあさんになっちゃうの。いまは中年よりも派手なくらいにしてます。七十すぎて、おばあさんになっちまえばまた着られますから、とってありますけどね。それができるのが着物のありがたさで。

原 地味な色の着物で帯も地味にすると、顔とのバランスがむずかしくなってくる――その年齢のときに着る着物というのが、きっと一番むずかしいんじゃないでしょうか。

白洲 でも、似合えば何だっていいみたい。洋服とおんなじで。

原 そう伺うと安心するんですけど、たとえば雑誌でとりあげるときでも、グレー地の地味な小紋なんかは若い人が着たらきれいだから、朱の裾回しをつけて、帯をピンクを合わせて貸してくださいといっても、呉服部の人に、これは五十、六十代の着物だから、三十五、六歳向けの雑誌の狙いとは合わないなんて言われるわけです。

白洲 呉服屋もよくないと思うのね。そりゃ昔は、二十の着物、三十の着物ってちゃんとあって、それは髪形も生活様式もそうだったから似合ったと思うの。二十ぐらいだって地味ですもんね。いまは生活が違うから、昔どおりに幾つの着物というのはないと思うの。

原 自分では派手だと思ってる着物が全部、年代が上の人用なんでびっくりしちゃう。

白洲 そうでしょうね。あたくしなんかも子供のときから若いときにかけては地味だった。だけど自分に似合うとなると似たものばっかりになって、バラエティというのがないんですよ。で、藤色とかネズミ色とかベージュとか、ああいう薄い色は似合わないの、あたくし。何だか締まらなくなっちゃって。だからわりに濃い色が多いんです。

原 洋服で似合う色と着物で似合う色の違いはあるみたいですね。それは素材もあるけれど、分量がかなり違うから。

白洲 分量が大きいでしょう。それと、自分のことだけいえば、あまり柔らかいのがダメ。やっぱりそういうふうに育っちゃったからじゃない。シャキッとしてないと。女らしいダラーッというのがダメなんですよ。全然似合わない。

原 いま着物を普段に着たいと思っても、若いと、着物を着るということだけで目立つ。たとえ地味な紬を着てたとしても、いまの日本だと目立ちたがり風にも見えちゃうような。

白洲 若い方が地味なものをピチッと着てるの、きれいだなと思うの。洋服より似合うなと思うことはずいぶんあるわ。

原 それと、日本人だから洋服よりうまく着れるはずだと信じていたいんですけども、足の長さ自体がけっこう長くなっているから、帯の下のバランスとしては昔の人みたいなわけにはいかない……。

白洲　それはやっぱり、新しい着物を考えればいいのよね。

原　昔と同じじゃないということでやってけばいいわけですね。

白洲　帯を下にすりゃいいのよ。帯をあんまり上に締めるから。

原　腰の辺でとめるというのがすごくむずかしい。

白洲　やっぱり馴れだから。

原　何でもそうですね。回数を……。

夏着とパーティ着

白洲　あたくしは一時、着物しか着なかった時代があったんです。それは戦後、洋服がひどかったし、買えなかったのよ、気に入ったものがなくて。その間はずうっと日本の着物を着てた。十五年ぐらいかしら。あたくしは沖縄仕立てにしてるの。沖縄の仕立ては、お能の装束の仕立てに似ています。

原　あ、帯下で、わりとゆるく着て。

白洲　そうそう。何にも結ばないで対丈で。ことに夏のものね。出してきましょうか。（畳紙を拡げながら）これは芭蕉布なんです。ほんとの帷子（かたびら）で楽なんですよ。（手早く着て）こんなに前を幅広くつくってあるの。ヘタすると水前寺清子になっちゃう。これは沖縄の帯なんですけどね（ミンサー織りの帯を締めながら）、半幅よりちょっと広い。下に紐してもいいですけど、しなくていい。芭蕉布は涼しいのよ、洋服より涼しい。帯は男結びで、このくらいの幅に適当に折って。

原　帯下より下、腰の位置に。

白洲　胸元で締めるのは苦しくて。本当は下に麻の襦袢を着るの。袖なしで対丈のをね。

原　これは薄い色ですね。ベージュ……。

白洲　薄くても絣があればいいんです。

原　ああ、柄がね。

白洲　花模様なんかだとダメなの。こっち（若草色の綾織りの衣装）はおとおし作ったんだけど、織物です。帯にするような素材だけど、軽いんです。やっぱりいまと同じようにして着る。これは大よそ行きなので、金の帯締めて。これが下着（茶と金の横縞）。

原　下着は上だけ……。

白洲　ちょっとインチキしたの。裂（きれ）があったものでね。鎌倉時代の裂のコピーで。下にこれを着て、上はこういうふうにぐっと胸元をあけて着ちゃうの。胸元から下着を大胆に見せるわけです。これは紐が要るのね。そのくらいにして着ないとね、外国人の……。

原　イブニングに対抗するんでしょうね。

白洲　やっぱりどっしりこないでしょう。普通の訪問着だと模様は下だけでしょう。

原　日本の着物って、ほんと、立って人が大勢集まっちゃうと、ここ（胸）から上だけで。

白洲　そう、みんな無地になっちゃう。

原　宝石つけるわけじゃないし……。

白洲　で、胸元をはだけて着るわけ。ずいぶん大げさでしょ。だけど、これ、暑くなったら、下着がちゃんとしてれば脱げるのよね。

原　あ、片袖脱いで。あれするときれい……。

白洲　きれいよね。そのうち下着もちゃんとつくろうと思ってる。これをつくってくれたのが高田という装束屋さんなのよね、十二単衣なんかつくってる。その人がいうには、あなたはお能で着なれてるから着られるんでね、姿勢よくしてないとダメで、日本の奥さんたちみたいにおしとやかでこう（背を丸めて）じゃ、この格好はできないって。

原　日本人はあいさつしたりするときに、おじぎをしすぎますでしょう。

白洲　あたくしなんて待ってる、向こうが頭上げるまで（笑）。奥さんたちにダメなら、若い女の方が思い切ってやればいいと思うの、あんな着付けのお教室なんか行かないで。洋服みたいに着てりゃ大丈夫なんだから。

原　着物というと、みんないまの堅い着付けだけにこだわっちゃって、自分流に崩すことをあんまり考えないですね。

白洲　つまんないわね、売れないの当たりまえだと思う。

原　不思議だと思うのは、洋服ではとっても商売人風だったり、色っぽすぎるみたいなものを平気で着てる人が多いのに、和服になると創意がなくなるというか……。

白洲　それはやっぱり伝統がないってことよね。

原　伝統がないから怖いもの知らずというところがある。だけど洋服がこれだけ短い時間に普及したのは、そういうことも取り入れる気もあってのことだと思うんですね。和服に関してもそういうことを、もしかしたら洋服ほど突拍子もなくならずにできるはずなのに、いまはある時代のものだけにこだわってるみたいな感じがするんですね。

白洲　そう。

原　白洲さんのこの御着物は桃山時代……。

白洲　結局、これ、室町、桃山ぐらいのを考えてやったわけよね。それでいくらでもおもしろいものできる、お金があれば。あたくし、ないからあんまりつくらないけど。

原　（三宅）一生さんにもずいぶんいろいろお見せになったとか。

白洲　あの人、あたくしのとこへ十七ぐらいのときからいらして、いまでもときどき見える。だけど、ああ忙しくちゃね、才能があるからやってるけども、ほんとはもう一ぺん一から出直す気になりゃいいのよ。

原　パリの髙田賢三さんも、もうちょっと暇になったら日本に帰って全部勉強したいと。あの方たちがそれをやったら、世界でこわいものは何もなくなると思うんです。

白洲　あたくしもそう思うの。

自分流に着こなす

原　着物というと、留袖とか訪問着とか振袖で、改まって着るほうになりがちだけど、木綿の着物をもっと着ればいいんですね。

白洲　そうなの。雑にね。それを着てると馴れてくるから。

原　木綿は袷にしてなくても、一年中、着ようと思えば着られますね。

白洲　ええ、平気です。

原　安いのは相当安いでしょう。

白洲　何千円てものもあるわね。

原　もう一つは、礼装のとき、いくら洋服ですごいのを着てても、和服のほうが一瞬、きれいだなと思うことのほうが多い。

白洲　あなたもそうお思いになる？

原　ええ。ただ外国人も集まってのパーティなんかだと、胸から上がほんとに淋しくなっちゃうから、その辺を考えた訪問着とかをつくったらいいのにな、と。日本人は和服のほうが、たぶん自信をもってるから。背中を出した服なんかだと、絶対に西洋人の背中のほうが表情がある。出しなれてない背中というのは、こっちのほうが照れちゃうような……。西洋人が正装して、洋服の一部みたいに肩や背中を出してる気持と違うんで、なんか気恥ずかしい。

白洲　西洋人は堂々としちゃってるから。ポルノでも、日本人の裸ってなんかいやらしいでしょう。同族意識もあるのかもしれないけれど恥ずかしい。

原　やっぱり人前では隠すという歴史のほうが長いから。さっき見せていただいた若草色の着物、あのまんまはすぐには無理だけれど若いときから着馴れていれば……。

白洲　あれは木綿みたいなものなのよ。硬さとか張りとかいう点からいえば。もっといろんなものが出てくればいいのよね。衿のところを何枚か重ねるようにして、少しゆっくり着てね、裾に綿ぐらい入れてきたら、きれいだろうと思うわよ。

原　踊りの衣装が、裾に綿が入ってますでしょう。あれで裏が見えるのが好きで、大学ぐらいのとき母に、薄く裾に綿を入れたのをつくってもらったことがあるんです。

白洲　ああいうことは考えてほしいと思う、着物デザイナーというものがもしあるとすれば。ツーピースとか、もっとラクに着られる方法とか、そんなことじゃなくて。（コート類をひろげながら）

これは昔、「こうげい」という店をやってたとき初めて……。これなら冬、洋服の上からでも着物の上からでも着られる。これは真冬のコートなんだけど、琉球の花織というんです。着物だったのを仕立て直して。こう羽織って、ここ（打合せ）にブローチとかアクセサリーをつけてね。

これは羽織。紐は鹿革に印伝で染めて。まるで洋服でしょう。こっちは小桜。これは三宅一生のジャンプ・スーツの上に着ても合います。寒くなるとこんなものを着たり、はんてん着たり……。着てごらんなさい、たとえばこれ。あなた、少しお背が高すぎるかもしれないけれども（原さん、芭蕉布の着物を着てみる）。帯もずるっこけない帯がいい。ずっとでいいでしょう。

原　やっぱり、水前寺清子風になっちゃうんじゃないかという気がする……。

白洲　これ着るときは、なるべく威張ってなくちゃダメよ。帯は、前が低くて、後ろがここまで来たほうがいいの。

原　上げるわけですね。お尻の上でとめる。

白洲　そう。横から見たときピシッとする。あ、かわいいじゃない。

原　そうじゃいけないはずなのに。齢の感じが出ないからすごくイヤなんです。三十五に見えなくて。

白洲　二十五ぐらいに見える。（笑）

＊（写真撮影）

白洲　（着物を畳みながら）着物で一番好きなのは、畳んでピチッとなることね。外国旅行しても、鞄の中に畳んで入れとくだけで、着くまでにちゃんとなってるけど、洋服は逆で、着くとすぐアイロンかけなきゃならない。

原　履き物はどんなふうに……。

白洲　草履は鼻緒の太いのをはいてるの。細いのは食い込むから。

原　痛くなって。

白洲　いまお見せする。（黒に色ビロードの鼻緒の草履を取り出して）これだと靴と同じよ。「阿波屋」ってところ。もっと太いのも売ってるけども。鼻緒もわりあい後ろのほうについててね、気持がいい。

原　長い間歩いてると、だんだん外すみたいにしてはきたくなっちゃう。

白洲　痛いの、ことに革はね。革なら鹿革で柔らかいのがいい。鹿革の白いのもきれいでね、ちょっと男っぽいんだけどきれいなもんだから持ってますけどね。足袋だけは注文で。靴で育ったので細いんです。普通のだと幅が余っちゃう。

原　一回登録みたいにすると、売ってるのと同じ値段でつくってくれるあれですか。

白洲　そう。

洋服と着物の間で

原　たとえば顔立ちとして、老けやすい顔というか、大人顔と童顔とがありますでしょう。白洲さんは、お若いときから大人っぽい格好がお似合いになった顔立ちですよね。

白洲　そうそう。

原　洋服が絶対に似合う方だったと思うんです、お若いときから。それがわたしなんかすごく羨ましい。

白洲　あなただって洋服っぽいじゃない。

原　でも年より必ず若く……。それが悔しいというか、丸顔でもあるから洋服でも必死になってかわいいものを着ないで我慢してるみたいなところがある。

白洲　あたくしもあんまりかわいいものは着なかった。黒とか白とかね。で、だんだん似合わなくなるわね、年とると。その点黒と白でも、日本の喪服っていうのは、だれでもきれいに見えるわね。

原　あれはほんとにいい……。何十年代にわたって同じものをみんなが着て、それぞれのよさが出るわけだから。洋服と和服、両方すごくお似合いに……。

白洲　てことは、両方ともあんまり似合わないってことかもしれない。

原　いえ。見せていただいてわかったけれど、一生さんのツナギの上にあの羽織を着たらすごくいいだろうなとか、そういうことが無理矢理じゃなく、身についていらっしゃる。それはたぶん生活そのものが……たとえばこのお家でも、日本風とか洋風とかじゃないんですよね。それがすごく関係あると思った。たぶん、着るものだけでやろうと思ったらダメなんじゃないでしょうか。

白洲　まァ極端に言えばね。

原　ここは古い農家を改造なさって……。

白洲　ええ、百年以上たってるのをね。坐るところも欲しいんで、あっち（入口の広間）だけ直して、こっちはそのままにしてる。

原　うちが全く日本式の家なんです。鎌倉に大正初期に建てられていて。それがイヤで、一人で洋式のいわゆるアパートにいて、うれしいんだけども、だんだん鎌倉に帰ったときに、よさがわかるようになった。

白洲　なんかホッとするのね。それと、自然の中に住んでるみたいなとこがあるでしょ。

原　つくづく、日本にはやっぱり合ってるんだなというね。

白洲　合ってるのねえ。一ぺんやってみるとわかるわね。コンクリートの家というのは、息が詰まる。

原　洋服がこう進んできても、靴をぬぐ生活というのは日本人は絶対やめないと思うし。

白洲　やめない、やめない。こんなラクなものないわよ。むしろ外国人がマネするんじゃないかと思うの。

原　西洋人はベッドに入るときしか靴をぬがないから、洋服というのは靴をはいてての完成度というのがあると思うんです。それで、靴を脱いでも平気な洋服というのを、日本の洋服として絶対考えなくちゃいけないと。

白洲　でも、若いときにあまり着ないでこのごろいいなと思うのはシャネルね。シャネルっていうのは、あたくしの子供のときからほとんど変わらないんだから、えらいことよ。恐ろしいことだわね、あれ。

原　洋服でありながら、着物と同じみたいなところがすごい。

白洲　だから三宅一生でもケンゾーでも、これがいいとなったら、少しでも長く置いといてほしいの。ジャンプ・スーツなんかもね。あれは、原稿書くのに一番いいの。ズボンだと長く前かがみに坐ってるとやっぱりここ（ウエスト）が締まるでしょう。

原　ただ困るのは、外へ出てておお手洗いへ行くときに……。

白洲　大変よ。全部ぬがなくちゃならない。

原　それだけはあるけど、撮影なんかで一日中動いてても、肩凝ったりは絶対しない。

白洲　で、重ね着もできるでしょう。下にも着られる、上にも着られる。

原　日本だとああいうものは、ダウンタウン・ブギウギバンドだとか、すごく若い人のもののように思われていて、ある年齢以上になると着ないみたいなところがあるけれど、サイズ的にもかなりダボッとしていて入るんですね。

白洲　どんな人だって入るわよ、あれなら。

＊

原　秋から少し、自分で着物を着る練習をし直します。あまりピチッと着なくてもいいんですね。

白洲　そうよ。木綿なんかで飛びつくようなものがあったら、それを対丈にしてね。

原　母ゆずりの、赤っぽい木綿縞の好きな着物があるんだけど、わたしより背の低い人だからおはしょりが半端にしかできないのがイヤだったんです。あれをとりあえず短くして軽く着ようと思います。

白洲　そうなさればいいの。で、幅を広くしてね。どうしても下がはだけるわよ、まっすぐじゃ。

原　いいものを見せていただいて、どうもありがとうございました。

白洲　どういたしまして。

（町田市の白洲邸で）

（初出「婦人公論」1980年11月号／白洲正子『日本の伝統美を訪ねて』河出文庫）

原由美子の仕事　略年譜

1967 昭和42年　21〜22歳
慶應義塾大学文学部仏文学科卒業。飯田橋の日仏学院と鎌倉の英文タイプ教室に通う。秋頃から作家・三宅艶子のもとで手紙の整理、新聞記事の切り抜きや本の整理などのアルバイトを始める。

1968 昭和43年　22〜23歳
「女性自身」（光文社）編集部でフランスの週刊誌「ＥＬＬＥ」やフランス通信社から届く記事の下訳アルバイトを経験。

1969 昭和44年　23〜24歳
12月、平凡出版（現マガジンハウス）「アンアン」創刊準備室の面接を受け、フランスとの提携誌「ＥＬＬＥ」材料の整理係として採用される。この時初めてアートディレクターの堀内誠一と出会う。

1970 昭和45年　24〜25歳
「アンアン」創刊号（3月20日号）より「ＥＬＬＥ」ページ担当として毎号一折16ページ分の編集作業を担当（78年迄）。同誌創刊号から連載の翻訳原稿とりのため、鎌倉の澁澤龍彥邸に定期的に通う。「アンアン」10月20日号の表紙撮影のため、きものと小物を手配、スタイリスト初仕事といえる体験をする。

1971 昭和46年　25〜26歳
「アンアン」2月5日号「71エル調インテリア特集」のために伊丹十三、富岡多恵子、小池一子のもとに原稿をとりに行く。同誌7月20日号のＥＬＬＥページ「若者の島イビサ」のために佐藤明のもとにイビサ島の写真を選びに行く。同誌11月20日号ヨーロッパ特集のため堀内誠一らに同行し、初の海外旅行を体験。約二週間の東欧取材の後、単身パリへ赴き、初めてのパリを満喫する。

1972 昭和47年　26〜27歳
本格的なスタイリスト初仕事となる「アンアン」50号（4月20日号）のモノクロファッション連載第一回「引っ越し」にて編集、スタイリング、文章を担当する。同時期に鎌倉の実家を出て乃木坂で初めてのひとり暮らしを始める。秋頃、平凡出版の社員採用試験を断りフリーランスの道を選択。

1973 昭和48年　27〜28歳
「アンアン」5月20日号のファッション特集のため初の海外ロケ（アメリカ南部）を経験、コットンの服83点のスタイリングを担当する。同誌にてパリプレタコレクションを初取材、以後年一〜二回のパリコレ取材を続ける（2011年迄）。この頃からクレジットにスタイリストの名前が掲載されるようになる。

1974 昭和49年　28〜29歳
「婦人公論」（中央公論社、現・中央公論新社）1月号より巻頭グラビアファッション「COLOR IN FASHION」を連載、スタイリング及び構成を担当（75年12月号迄）。菊地信義編集制作の季刊誌「花笑」（ミカレディ）に「ノート」というタイトルで文章を発表（6号迄）、4号で表紙スタイリングを担当。

1975 昭和50年　29〜30歳
コムデギャルソンが初めて手がけたイメージカタログ（8P）のスタイリングを1号（8月号）から担当（79年50号/10月号迄）、79年51号より判型を変えて継続（82年76号迄）。

1976 昭和51年　30〜31歳
「婦人公論」1月号より巻頭グラビア「Fashion Today」を連載（78年12月号迄）。「アンアン」6月5日号〜12月20日号の表紙スタイリングを担当。夏、初の広告の仕事、ユニチカマスコットガール77年度版カレンダー撮影のためのヨーロッパロケで、手塚さとみのスタイリングを担当。「GORO」（ゴロー）（小学館）11月号「噂の標的」にて手塚さとみの衣裳をスタイリング。「花笑」6号にて表紙のスタイリングを担当。

1977 昭和52年　31〜32歳
「アンアン」3月5日号〜7月5日号の表紙スタイリングを担当。「クロワッサン」（平凡出版、現マガジンハウス）創刊号（5月号）の巻頭特集「あなたがモデルです ファッション・ショーに挑戦してみました。」にて一般の主婦六名のスタイリングを担当。同誌創刊号より一般男性のスタイリングページ「原由美子さんがあなたを変身させます」を連載（78年4月号迄）。同誌6月号にて「原由美子さんの徹底研究 おとなのカジュアル入門」が特集され、以降度々誌面に登場することになる。「朝日新聞」4月8日より執筆者三人の交替制によるファッションコラムを連載（10月20日迄）。

1978 昭和53年 32〜33歳

「クロワッサン」5月25日号より連載の「あの男（ひと）をこう変えたい」にて各界著名人のスタイリングを担当（81年3月10日号迄全68回）。コムデギャルソン・オムのイメージカタログ一号よりスタイリングを担当（85年22号迄）。夏、初めて専属アシスタントを採用。この頃服飾評論家の鯨岡阿美子と出会う。

1979 昭和54年 33〜34歳

「婦人公論」1月号より巻頭グラビア「FASHION POINT」を連載（81年12月号迄）。「イラストレーション」（玄光社）春号（2号）よりエッセイ「YUMIKO'S FASHION VIEW」を連載（8号迄）。「アンアン」6月1日号より「私の自伝」を連載（7月1日号迄全5回）。10月公開の松竹映画『配達されない三通の手紙』にて女優五名の衣裳スタイリングを担当。「クロワッサン」9月10日号にて「秋、原由美子の世界」が特集される。同誌12月25日号「原由美子の『きもの』の世界」にて初めてきもののスタイリングを経験。

1980 昭和55年 34〜35歳

「クロワッサン」7月10日号にて「夏姿 着物の原由美子」掲載。10月刊行の「クロワッサン別冊 原由美子の世界'80-'81秋・冬編」にて一冊すべての企画及びファッションページのスタイリングを手がける。「婦人公論」11月号にて作家の白洲正子と対談。11月、コムデギャルソンのイメージカタログ66号（81年2月号）と67号（81年3月号）のために写真家のデボラ・ターバヴィルとパリで仕事をする。この年よりきものメーカー「千代田のきもの」の顧問を務める。

1981 昭和56年 35〜36歳

3月刊行の「クロワッサン別冊 原由美子の世界'81春・夏編」にて作家の向田邦子と対談。10月刊行の『クロワッサン別冊・原由美子の世界'81-'82秋・冬編』にて女優・エッセイストの高峰秀子と対談。「クロワッサン」4月10日号よりコラム「おしゃれ発見」を連載。（82年10月25日号迄全39回）。「アンアン」8月11日・21日合併号のロンドン特集「私が見たウインブルドン」のためロンドンに取材へ行き、テニス観戦記と現地取材記事を執筆。「アンアン」12月11日号で『シャネルの生涯とその時代』の著者・エドモンド・シャルル・ルーをインタビュー。10月の「クロワッサンの店」第一号オープンにともない、洋服や小物のセレクトを担当。

1982 昭和57年 36〜37歳

「婦人公論」1月号より巻頭グラビア「Fashion Eyes」を連載（84年12月号迄）。「エルジャポン」（平凡出版、現マガジンハウス）創刊号（5月号）よりファッションディレクターを務める（83年4月号迄）。同誌5月号よりコラム「原由美子の世界」を連載（12月号迄）。コムデギャルソンのイメージカタログ76号（5月5日号）で写真家ブルース・ウェバーとニューヨークで仕事をする。11月、『原由美子のおしゃれ上手』（主婦と生活社）を刊行。

1983 昭和58年 37〜38歳

「エルジャポン」にて毎号ファッションページのスタイリングを担当、6月号からはファッションページ「原由美子のモード」（5P）を連載（84年8月号迄）。9月刊行の「別冊アンアン アンアン・ブルータス共同編集 モボ・モガの時代 東京1920年代」にてファッションページなどのスタイリングを担当。この年、テレビ朝日「徹子の部屋」に出演。

1984 昭和59年 38〜39歳

「エルジャポン」9月号より連載の「原由美子の巴里モード散策」（10P）にてパリロケによるスタイリングを担当（85年1月号迄全5回）。10月刊行の「エルジャポン別冊モード・スペシャル'84-'85秋冬」にてパリロケなどによる90ページ近いファッションページのスタイリングを担当。同誌「シャネルからの招待状」取材のためパリのマドモアゼル・シャネルのサロンを初訪問。この年より「オンワード新人デザイナー ファッション大賞」の審査委員を務める（2003年迄）。

1985 昭和60年 39〜40歳

「婦人公論」1月号より巻頭グラビア

「Mode Selection」を連載（12月号迄）。同誌2月号より年4回「和服の魅力発見」を連載（88年12月号迄全16回）。「エルジャポン」2月号よりファッションページ「原由美子のモード」（6P）を連載、構成とスタイリングを担当（5月号迄）。3月刊行の「エルジャポン別冊 スペシャルモード'85春夏」にてモロッコとニューカレドニアロケによる80ページに及ぶファッションページのスタイリングを担当。同誌に'85春夏パリプレタポルテコレクションと東京コレクションのレポート（15P）を発表。「マリ・クレール日本版」（中央公論社、現中央公論新社）7月号「特集サンローランの世界」にて同誌で初めてのスタイリングを担当。ハンカチメーカー「ブルーミング中西」のカタログでスタイリングを担当。「東京新聞」12月9日にて初めて新聞にコレクションレポートを寄稿。この年よりCFD（東京ファッションデザイナー協議会）のアドバイザーに就任。この年、青山に初の個人事務所を構える。

1986 昭和61年 40～41歳

「婦人公論」1月号より巻頭グラビア「MODE EXPRESS」を連載（89年8月号迄）。「マリ・クレール日本版」2月号で、初めてシャネルのファッションページのスタイリングを経験。同誌3、5、10月号にてタイアップページのスタイリングを担当、ニューカレドニア、オーストラリアなどでロケを行う。3月発行の「クロワッサン別冊 ポムポン春夏号」（マガジンハウス）にて初めて子供服のスタイリングを経験。「ラ・セーヌ」（学習研究社）創刊号（7月号）よりファッションページ「原由美子の着こなしアドバイス」を連載（91年6月号迄）。「ヴィークス」（日本放送出版協会、現NHK出版）創刊号（10月号）よりアートディレクターの堀内誠一の依頼のもと、連載ページ「男（おとな）のヴォーグ」にて、坂本龍一など男性著名人のスタイリングを担当（87年9月号迄）、同誌が堀内誠一との最後の仕事となる。ワールドのブランド「ルイ・シャンタン」'86春夏カタログで写真家のサシャによるローマロケ、同誌'86－'87秋カタログで写真家のエディ・コリによるパリロケでスタイリングを担当。2月の劇団青い鳥『CLOUD 9（クラウドナイン）銀色の雲の上で』公演のため、初めて舞台衣裳のスタイリングを経験。9月開店の生活用品のブランド「クラシヤ」のプロデューサーを務める。

1987 昭和62年 41～42歳

「ハイファッション」5月号ファッションページにてコムデギャルソンの服のスタイリングを担当。「マリ・クレール日本版」5月号にて同誌で初めて編集ファッションページのスタイリングを担当。以降、同誌にて編集ページのスタイリングを定期的に担当。

1988 昭和63年 42～43歳

5月、「Hanako（ハナコ）」（マガジンハウス）創刊号（6月2日号）のファッションページ「女は仕事場でも女である」にてスタイリングを担当。以後、同誌7月7日号などでファッションページのスタイリングを不定期に担当。「マリ・クレール日本版」11月号のファッション特集「パリの赤」にてスタイリングを担当、この時の写真が日本人スタッフ初の表紙を飾る。年二回発行の冊子「英凡舎」（エイボン・ハウス）にてエッセイを連載（92年迄）。

1989 平成元年 43～44歳

「Hanako」3月23日号、6月8日号などの特集でスタイリングを担当。「エル・ジャポン」（タイム・アシェットジャパン社、現ハースト婦人画報社）創刊号（10月5日号）よりファッション編集長を務める（6号迄）。同誌では創刊号のみファッションページのスタイリングを担当。「繊研新聞」4月22日よりコラム「ワンポイントゼミ」を連載（92年3月16日迄）。12月、エールフランス主催「ファッションクリエーター新人賞国際コンクール」パリ大会で審査員を務める（2005年迄）。

1990 平成2年 44～45歳

「Hanako」6月7日号よりエッセイ「COMPLEXE CONTEXTE "F"」を連載（同年10月25日号迄全20回）。「フィガロジャポン」（TBSブリタニカ、現阪急コミュニケーションズ）9月号プラハロケにてマダムニコルのタイアップと編集ページのスタイリングを担当。「ガリバー」(マガジンハウス)12号より「GULLIVER'S Travel in style」を連載、スタイリングと文章を担当(93年60号迄)。「ブルータス」(マガジンハウス)にて12月1日号より不定期に男物のスタイリングを担当。「小説新潮」(新潮社)12月号よりエッセイを連載(95年12月号迄)。「毎日新聞」11月14日に「'91春夏パリプレタポルテコレクション」を寄稿、以降年二回パリコレ記事を寄稿(94年11月19日「'95春夏……」迄)。2月、スパイラルホールで開催された「原由美子　ココ・シャネルを語る」にて長沢節とトークショーを行う。ナゴヤファッション協会主催「ナゴヤファッションコンテスト」の審査員を務める(2012年現在継続中)。

1991　平成3年　45～46歳

「éf」(エフ)」(主婦の友社)11月号よりファッションページ「ブランド・クローズアップ」を連載、スタイリングを担当(92年12月号迄全14回)。この年より毎日ファッション大賞の選考委員を務める(2012年現在迄継続)。

1992　平成4年　46～47歳

「éf」1月号より「ブランド」を連載(94年7月号迄全31回)。「フィガロジャポン」9月号ファッションページにてスタイリングを担当。11月発行の「エスクァイア日本版　臨時増刊号[女性版]」(UPU)のファッション特集「原由美子のハンサム・ウーマン」(22P)にてスタイリングを担当。

1993　平成5年　47～48歳

「ハイファッション」4月号よりエッセイ「原由美子の、スタイル発見。」を連載(94年2月号迄)。「エスクァイア日本版」(エスクァイア　マガジン　ジャパン)11月号より連載の「Weekend Gentleman　原由美子の〈週末の紳士たちへ〉」にてスタイリングを担当(96年8月号迄)。この年、広尾の自宅マンション一階に事務所を移転。

1994　平成6年　48～49歳

「フィガロジャポン」1月号でファッションページ(10P)のスタイリングを担当。「チョイス」(ゴルフダイジェスト)1月号で初めてゴルフファッションのスタイリングを経験。「ハイファッション」4月号より連載の「原由美子の、スタイル発見。IN MY STYLE」にてファッションページのスタイリングとエッセイを担当(95年11月号迄)。「レーヴ」(主婦の友社)創刊号、2号でファッションページのスタイリングを担当。「日経流通新聞」3月31日に「'94-'95秋冬パリコレクション」を寄稿(95年4月18日「'95-'96秋冬……」迄全3回)。

1995　平成7年　49～50歳

「オッジ」(小学館)1月号よりコラム「展示会日記」を毎月連載(96年9月号迄)。「エスクァイア日本版」の連載「Weekend Gentleman　原由美子の〈週末の紳士たちへ〉」4月号～7月号にて高嶋政宏、椎名桔平、寺脇康文、ミッシャ・マイスキーなどをスタイリング。「ターザン」(マガジンハウス)9月27日号よりインタビューページ「HOW ABOUT YOU?」にて桃井かおり、伊丹十三、パトリス・ルコントなど著名人のスタイリングを担当(97年2月26日号迄)。「ハイファッション」7月号でパリロケによるスタイリングを担当。「フィガロジャポン」9月20日号にてシャネル特集(14P)のスタイリングと文章を担当。「朝日新聞」10月24日に「'96春夏プレタポルテコレクション」を寄稿(以降99年4月「'99-'00秋冬……」迄)。同年第7回ミモザ賞受賞。

1996　平成8年　50～51歳

隔月誌「ミマン」(文化出版局)3月号よりファッションページ「原由美子のおしゃれレッスン」を連載、スタイリングを担当(11月号迄)。「ラ・セーヌ」6月号よりファッションページ「原由美子のいつもおしゃれ」を連載、スタイリングを担当(同年12月号迄)。10月3日発行の「ギンザ」(マガジンハウス)創刊準備号の表紙、巻頭ページなどのスタイリングを担当。三井不動産PR誌「こんにちは」7月号よりエッセイ「シネマトーク」を連載(12月号迄全6回)。4月、深井晃子、石上美紀との共著による『フランス・モード基本用語』(大修館書店)を刊行。6月『スタイリストの原ですが』(新潮社)を刊行。

1997　平成9年　51～52歳

「ラ・セーヌ」1月号よりファッションページ「原由美子のブランドON

ブランド」を連載（97年12月号迄）。「ミマン」１月号よりファッションページ「原由美子のシンプルシックが好き」を連載（２０００年１月号迄）。「ギンザ」創刊号（5月号）のファッションページにてケリー・チャン、鈴木京香などのスタイリングを担当。同誌7月号「カルバン・クライン」、10月号「ダナ・キャラン」にてスタイリングを担当。「マリ・クレール日本版」１月号よりエッセイ「おんなのモード」を連載（6月号迄）。この年リニューアルされたＪＡＳ（日本エアシステム）新ユニフォームの企画を担当。

1998 平成10年 52～53歳
「H2O（エイチ ツー オー）」（ＮＨＫ出版）6月号よりファッションページのスタイリングを担当（99年１月号迄毎号）。

1999 平成11年 53～54歳
「読売新聞」日曜版5月2日よりコラム「よむサラダ」を連載（5月30日迄全5回）。「朝日新聞」8月26日よりコラム「ファッション・原由美子のモードから」を連載（２０００年３月23日迄）。

2000 平成12年 54～55歳
「別冊太陽 骨董をたのしむ29 昔きものを楽しむ」（平凡社）の特集にてスタイリングを担当。月刊「ミマン」３月号よりファッションページ「今、気になるファッションは……」を連載、スタイリングを担当（03年5月号迄）。「クロワッサン」4月10日号より「おしゃれ美術館」を連載、スタイリングと文章を担当（03年7月10日号迄全79回）。「朝日新聞」4月7日よりコラム「モードの風」を連載（10月27日迄全7回）。7月「ファッション甲子園 全国高等学校 ファッションデザイン選手権大会」北東北3県大会の審査員を務める。11～12月、姫路市立美術館で開催された「KENZO 30年のあゆみ展 WALKING」で展示を担当。

2001 平成13年 55～56歳
「婦人公論」9月7日号よりファッションページ「モード歳時記」にて不定期にスタイリングを担当。8月、青森県で開催の「ファッション甲子園 全国高等学校 ファッションデザイン選手権大会」第一回大会の審査員を務める（12年12回大会迄継続中）。この年より金沢市で開催されるヤギメセナファンデーション主催の「千年大賞」の審査委員を務める（13年14回迄継続中）。この年２００２年開催のソルトレークオリンピック公式ユニフォームのデザイン選考委員を務める。

2002 平成14年 56～57歳
「éf」１月号より「一生もの小物図鑑」を連載（12月号迄）。「和樂」（小学館）2月号のファッション特集「和と洋が出会う服」（19Ｐ）にてスタイリングを担当。同誌にて4月号より連載の「和の心で着るモード」にてスタイリングを担当（03年9月号迄）。「婦人公論」9月7日号よりファッションページ「お洒落散歩」を連載（03年9月7日号迄）。「東京クリエイション大賞・日本生活文化大賞」の選考員を務める。

2003 平成15年 57～58歳
「クロワッサン」7月25日号より「おしゃれの視点」を連載、スタイリングと文章を担当。「世界の腕時計」（ワールドフォトプレス）4月20日号（68号）よりフォトエッセイ「時遊人」を連載（3号ごと06年83号迄）。「メイプル」（集英社）11月号のファッション特集で女優・樋口可南子のスタイリングを担当。「和樂」10月号よりコラム「ファッション」を連載（04年9月号迄）。「読売新聞」日曜版１月5日よりコラム「男を美学（みがく）」を毎週連載（04年12月20日迄）。2月『きもの着ます。』刊行（文化出版局）。12月、文章を執筆した『写真集 オードリー・ファッション物語』が刊行（講談社）。

2004 平成16年 58～59歳
「ジータ」（主婦の友社）春号、秋号にてファッションページのスタイリングを担当。「メイプル」6月号、11月号ファッションページにて樋口可南子のスタイリングを担当。同誌10月号のファッション特集「原由美子さんと考えました 50年代の女優スタイルがお手本！」にてスタイリングを担当。「和樂」6月号、11、12月号のファッション特集にてスタイリングを担当。「朝日新聞」9月3日よりコラム「原由美子のコレクションノート」を不定期連載（08年3月21日迄）。この年より内閣官房知的財産戦略本部「日本ブランド・ワーキンググループ」委員となる（07年迄）。同年より日本ファッション協会主催「日本クリエイション大賞」の選考委員を務める（12年現在迄継続中）。

2005 平成17年 59〜60歳

「和樂」4月号より「装いの楽しみ」を連載、スタイリングを担当（10月号迄）。11月号より同誌にて「原由美子が語る、ブランドの真価」を連載（06年12月号迄）。同誌3、4、6〜11月号のファッション特集にてスタイリングを担当。「メイプル」5月号「凛として優しい、樋口可南子さんが着こなすカルティエ」にてスタイリングを担当。「UOMO（ウォモ）」（集英社）4月号より「原由美子のスタイリングエッセイ」を連載（07年3月号迄）。「フィガロジャポン」（阪急コミュニケーションズ）12月20日号で同誌にて初めてきもの特集のスタイリングを担当。季刊誌「プライブ」（日経BP社）春号より「洋と和の衣の粋を知り尽くした人・原由美子さんと楽しむきもの」を連載、スタイリングを担当（08年冬号迄全16回）。

2006 平成18年 60〜61歳

「婦人画報」（アシェット婦人画報社、現・ハースト婦人画報社）1月号より連載の「スタイリスト原由美子さんが語る 日々のおしゃれ」にて、女優・賀来千香子のスタイリングを担当（12月号迄）。「和樂」3、9、11月号のファッション特集のスタイリングを担当。「メイプル」9月号のパール特集にて桐島かれんのスタイリングとエッセイを担当。「フィガロジャポン」10月5日号で京都ロケによるきもの特集のスタイリングを担当。10月開催の金沢21世紀美術館「原由美子監修による懐かしい華やかさ、加賀友禅の展覧会」にて、新作加賀友禅、金沢小紋のプロデュースと展示きもののスタイリングを担当。

2007 平成19年 61〜62歳

「和樂」1、3、4、7、9〜12月号のファッション特集にてスタイリングを担当。「クロワッサン」4月25日号などでファッションページのスタイリングを担当。「プシコ」（ポプラ社）9月号より「原由美子さんに教わる大人のニューベーシック」を連載（12月号迄全4回）。「フィガロジャポン」12月5日号できもの特集のスタイリングを担当。4月より文化女子大学にて、一年間講義を行う。

2008 平成20年 62〜63歳

「フィガロジャポン」6月5日号のゆかた特集、12月20日号きもの特集にてスタイリングを担当。「和樂」8、10月号のファッション特集にてスタイリングを担当。同誌10月号で念願の洋服ときものの対向ページを実現。「婦人公論」11月22日号より「ほしいもの見つけた」を連載（09年10月7日号迄全11回）。「クロワッサン」11月25日号のシャネルジュエリー特集で、パリの工房などを取材、文章を執筆。「読売新聞」5月1日より男性の着こなしアドバイス「男の服装術」を毎月連載、文章とスタイリングを担当（12月4日迄）。

2009 平成21年 63〜64歳

「和樂」5月号より連載の「江角マキコが着る旬の服」にてスタイリングを担当（12月号迄）。「クロワッサン」10月25日号のファッションページなどでスタイリングを担当。「婦人公論」11月7日号より「よそおいの話」を連載（10年10月22日号迄全12回）。季刊誌「週刊朝日増刊 アローラ」9月15日号よりフォトエッセイを連載（10年3月15日号迄全3回）。

2010 平成22年 64〜65歳

「和樂」4、10月号のファッションページにてスタイリングを担当。「フィガロジャポン」6月号より「きもの暦」を連載、スタイリングと文章を担当（12年現在継続中）。「クロワッサン」でファッションページのスタイリングを不定期に担当。

2011 平成23年 65〜66歳

「クロワッサン」でファッションページのスタイリングを不定期に担当。「暮しの手帖」（暮しの手帖社）2月号より「服と装」を連載（12年現在継続中）。6月「フィガロジャポン」読者招待のイベント・きものトークショー「アニヤ・ハインドマーチ×原由美子」に出演。9月「クロワッサンプレミアム」（マガジンハウス）企画のトークイベントでデザイナー島田順子と対談。「クロワッサン」8−6号（11月10日号）にて「おしゃれの視点」が連載200回となる。

あとがき

1970年から現在までをふりかえり、まとめてみようと試みたのがこの本です。ただしこれで終わりではない。まだまだ続くという強い思いを胸に秘めて。間には大きな震災があり、常にかかえていた「私のしていることは何かに役立っているのだろうか」という自分への問いが更に大きくふくらみ私を悩ませました。

何とか立ち直り一冊の本ができました。

雑誌のページという沢山のスタッフの努力の結晶ともいえる大切なものを、自分の本の中に使わせていただく重大さを改めて痛感しました。快く使用を許可してくださった出版社、カメラマン、そのほかすべての権利者の方々に感謝の気持ちでいっぱいです。ページの都合上クレジットを明記できなかったアートディレクター、編集担当者、ヘア&メイクのアーティスト、ライター、モデル、それに撮影に参加したアシスタント、ロケバスのドライバーすべてにこのページを借りて感謝の意を表します。

社員にはなりませんでしたが、型にとらわれない自由な発想のもと、リスクや安全だけを考えずに雑誌を出版する気風のマガジンハウスで、自分のキャリアをスタートさせ、育てられたことを改めて感謝します。この仕事を始めるきっかけともなった堀内誠一さんとの出会いもありました。

どちらかといえば人見知り。初対面の人と話すのが苦手だったはずなのに、この仕事を続けることで、人とコミュニケーションをとることがいかに大切か知り、成長することができたようです。これも良いスタッフに恵まれたおかげです。

「着る（ファッション）」という自分にとって興味のある好きなことを仕事として選んでしまったために、プライベートと仕事とをいかに分けるか悩み、葛藤もありました。今やっと、ファッションのプロといっていいかなという自信も芽生えてきた気がします。再掲の許可を下さった向田和子さん、斎藤明美さん、牧山桂子さんに改めてお礼の意を表したいと思います。

最初は不可能と思えた、スタイリストの仕事を一冊にまとめるというこの本の企画を提案し、実現までの道のりを助けて下さった越海編集デザインの柴田奈々さんに心から感謝しています。同時に越海辰夫氏とブックマン社の小宮亜里さんのお力添えにお礼を申し上げます。ブックデザインの若山嘉代子さん、口絵撮影を担当して下さった小寺浩之さんにも感謝をこめて。

2012年4月8日

原　由美子

230 © マガジンハウス、撮影：大橋聖史
231 © マガジンハウス、撮影：ナオキ
232 - 233 © NHK 出版、撮影：中込一賀
248 - 251 © マガジンハウス、撮影：和泉繁
252 © NHK 出版、撮影：（上）有田泰而（下）沢渡朔
253 © マガジンハウス、撮影：有田泰而
254 - 255 © ゴルフダイジェスト社、撮影：恩田義則
256 © エスクァイア マガジン ジャパン、撮影：長谷川勝久
257 © マガジンハウス、撮影：和泉繁
273 © 中央公論新社、撮影：海田俊二
274 © マガジンハウス、撮影：斉藤雅義
276 - 277 © マガジンハウス、撮影：関原彰
278 © 阪急コミュニケーションズ、撮影：渡邊奈々
279 © 学習研究社、撮影：中込一賀
280 © 小学館、撮影：浅井佳代子
281 © 小学館、撮影：山本豊
282 © マガジンハウス、撮影：関原彰
290 © 中央公論新社、撮影：細谷秀樹
291 - 293 © 小学館、撮影：浅井佳代子
294 © 小学館、撮影：操上和美
295 © 小学館、撮影：（上）下村一喜（AVGVST）（下）渞忠之
296 © 小学館、撮影：操上和美
297 © ハースト婦人画報社、撮影：（上）下村一喜（AVGVST）（下右）操上和美（下左）浅井佳代子
298 © 集英社、撮影：浅井佳代子
299 © 集英社、撮影：浅井佳代子
300 - 301 © 小学館、撮影：小暮徹
302 © マガジンハウス、撮影：（上）平郡政宏（下）中込一賀
303 © マガジンハウス、撮影：中込一賀
304 © マガジンハウス、撮影：平郡政宏
324 © マガジンハウス、撮影：和泉繁
325 © 中央公論新社、撮影：山崎拓
326 - 327 © 平凡社、撮影：中込一賀
328 - 329 © 小学館、撮影：浅井佳代子
330 © 阪急コミュニケーションズ、撮影：横浪修
331 © 阪急コミュニケーションズ、撮影：（上）中村和孝（中）（下）横浪修
332 上・中 © マガジンハウス、撮影：（上）和泉繁（中）土井武　下右：© 金沢ファッションウィーク実行委員会、撮影：小寺浩之（ノーチラス）　下中・下左 © 日経 BP 社、撮影：土井武
334 © マガジンハウス、撮影：（上右）柴田博司（上中）杉原弘一（上左）（中右）中込一賀（中左）小松勇二（下右）中込一賀（下中）（下左）小松勇二
335 © マガジンハウス、撮影：（上右）小松勇二（上左）（中右）（中左）平郡政宏（下右）小寺浩之（ノーチラス）（下中）白井綾（下左）中込一賀
336 © マガジンハウス、撮影：（上右）平郡政宏（上左）中込一賀（中）（下）平郡政宏
346 © マガジンハウス、撮影：和泉繁
357 © マガジンハウス、撮影：和泉繁
364 © 中央公論新社

＊誌面・写真の掲載につきましては、権利者の方々にご承諾をいただいておりますが、一部権利者等が不明なためご了承をいただけぬまま掲載いたします。お心あたりのある方は、ブックマン社編集部迄ご一報をお願いいたします。

出版社、写真　クレジット

49 © マガジンハウス、撮影：(上) サシャ（下) BOUILLAUD
52 © マガジンハウス、撮影：(上) 佐藤明（下）秋山亮二
53 © マガジンハウス、撮影：ピーター・ナップ
56 © マガジンハウス、撮影：(上)（下）ピーター・ナップ
57 © マガジンハウス、撮影：(上) オットー・ステュパコフ／マーク・ヒスパード（中上）ピーター・ナップ
(中下）ヘルムート・ニュートン（下）ハンス・フューラー
113 © ユニチカ、撮影：IKUZO ASHIDA
114 - 119 © マガジンハウス、撮影：和泉繁
120 - 121 © マガジンハウス、撮影：杉原弘一
122 - 123 © マガジンハウス、撮影：和泉繁
124 - 125 © 中央公論新社、撮影：S.ISHIGURO
126 - 127 © マガジンハウス、撮影：(中左)（下）和泉繁
153 © コム デ ギャルソン、撮影：デボラ・ターバヴィル
161 © マガジンハウス、撮影：(上)（中）和泉繁（下）アルマジロ
162 © マガジンハウス、撮影：(上) 和泉繁（下）柴田博司
163 © マガジンハウス、撮影：(上) 柴田博司（下）和泉繁
164 - 165 © マガジンハウス、撮影：和泉繁
166 © マガジンハウス、撮影：(上右) 柴田博司（上左）ジャン・フィリップ・デュクロ（下右）柴田博司（下左）土井武
167 © マガジンハウス、撮影：柴田博司
168 - 179 © マガジンハウス、撮影：和泉繁
180 © マガジンハウス、撮影：Toshi
181 © マガジンハウス、撮影：(上)（下右）和泉繁（下左）Toshi
182 © 中央公論新社、撮影：H. YAMAZAKI
183 © 中央公論新社、撮影：島村龍太郎
184 © マガジンハウス、撮影：和泉繁
185 © マガジンハウス、撮影：和泉繁
186 - 187 © 文化出版局、撮影：佐藤容一郎
188 - 189 © 中央公論新社、撮影：海田俊二
190 - 191 © 中央公論新社、撮影：ナオキ
192 © マガジンハウス、撮影：(下右) 和泉繁（下左）ナオキ
193 © マガジンハウス、撮影：ナオキ
194 © ジュンコシマダインターナショナル、撮影：四宮孝仁
215 © ハースト婦人画報社、撮影：松村昭宏
216 (株) ニコル、撮影：ナオキ
217 © 阪急コミュニケーションズ、撮影：ナオキ
218 © 阪急コミュニケーションズ、撮影：中込一賀
219 © 学習研究社、撮影：中込一賀
220 © マガジンハウス、撮影：恩田義則
221 © マガジンハウス、撮影：(上)（中）恩田義則（下）久保田昭人
222 © UPU、撮影：ケイ オガタ
223 © UPU、撮影：ナオキ
224 - 225 © UPU、撮影：中込一賀
226 © 文化出版局、撮影：中込一賀
227 © 文化出版局、撮影：長谷川勝久
228 - 229 © 文化出版局、撮影：長谷川勝久

参考文献

原由美子『原由美子のおしゃれ上手──基本の服の選び方、いつも新鮮な着こなし方（21 世紀ブックス）』（主婦と生活社）1982 年

原由美子『おしゃれレッスン』（新潮文庫）1985 年 5 月 25 日

原由美子『スタイリストの原ですが』（新潮社）1996 年 9 月 10 日二刷

原由美子『きもの着ます。』（文化出版局）2004 年 8 月 2 日第四刷

アクロス編集室 編『ストリートファッション 1945-1995 若者スタイルの 50 年史』（パルコ出版）2009 年 1 月 30 日第七刷

大沼淳、荻村昭典、深井晃子 監修『ファッション辞典』（文化出版局）2011 年 2 月 10 日第 8 版第 2 刷

リンダ・ワトソン『ヴォーグ・ファッション１００年史』桜井真砂美 訳（ブルース・インターアクションズ）2011 年4月 15 日 3 刷

城一夫、渡辺直樹『日本のファッション　明治・大正・昭和・平成』（青幻舎）2011 年 5 月 10 日第五版

赤木洋一『「アンアン」1970』（平凡社新書）2007 年 1 月 11 日初版第 1 刷

コロナ・ブックス 編『堀内誠一 旅と絵本とデザインと』（平凡社）2009 年 6 月 25 日初版第 1 刷

エドモンド・シャルル＝ルー『ココ・アヴァン・シャネル 愛とファッションの革命児』（上）加藤かおり・山田美明 訳（ハヤカワ文庫）2009 年 9 月 25 日三刷

エドモンド・シャルル＝ルー『ココ・アヴァン・シャネル 愛とファッションの革命児』（下）加藤かおり・山田美明 訳（ハヤカワ文庫）2009 年 9 月 10 日二刷

ポール・モラン『シャネル　人生を語る』山田登世子 訳（中公文庫）2009 年 11 月 25 日 3 刷

社団法人全日本きもの振興会推薦『ひと目でわかる──きもの用語の基本』（世界文化社）2010 年 10 月 15 日第 3 刷

文化出版局 編『最新きもの用語辞典』（文化出版局）2010 年 7 月 5 日第十一刷

木村孝 監修『きもの用語事典』（ハースト婦人画報社）2012 年 2 月 10 日初版

長崎巌 監修、弓岡勝美 編『明治・大正・昭和に見るきもの文様図鑑』（平凡社）2011 年 4 月 6 日初版第十一刷

「クロワッサン別冊 原由美子の世界 '80-'81 秋・冬編」1980 年 10 月 1 日発行（平凡出版）

「クロワッサン別冊 原由美子の世界 '81 春・夏編」1981 年 3 月 20 日発行（平凡出版）

「クロワッサン別冊 原由美子の世界 '81-'82 秋・冬編」1981 年 10 月 5 日発行（平凡出版）

「WWD for JAPAN ALL ABOUT 2009 S/S」2009 年 2 月 25 日号「WWD ジャパン的　ファッション 30 年史」（INFAS パブリケーションズ）

「Pen」2012 年 2 月 15 日号（307 号）「1 冊まるごとコム デ ギャルソン」（阪急コミュニケーションズ）

「日本映画情報システム」（文化庁）〈http://www.japanese-cinema-db.jp/〉2012 年 5 月 26 日アクセス

「モードの世紀」（運営者：岩本真一）〈http://www.mode21.com/〉2012 年 5 月 26 日アクセス

＊本文註釈、巻末略年譜は著者監修のもと編集部で作成しました。

原 由美子 Yumiko Hara
スタイリスト／ファッションディレクター
1945年生まれ。1967年、慶應義塾大学文学部仏文学科卒業。1970年創刊の『アンアン』に仏・ELLEページの翻訳スタッフとして参加、1972年より同誌にてスタイリストの仕事を始める。以後『婦人公論』、『クロワッサン』、『エルジャポン』、『マリ・クレール日本版』、『フィガロジャポン』、『和樂』など数多くの雑誌のファッションページに携わる。女性ファッションのみならず男物やきもののスタイリングも得意とし、雑誌や新聞などでの執筆、ファッションディレクターとしても活躍。1973年より2011年までパリプレタポルテコレクションの取材を続ける。呉服店やきものの展覧会の監修、服飾学校の講師、ファッション賞の選考委員など、その活動は多岐にわたる。1995年ミモザ賞受賞。著書に『スタイリストの原ですが』（新潮社）、『きもの着ます。』（文化出版局）、『写真集 オードリー・ファッション物語』（講談社）、共著には『フランス・モード基本用語』（大修館書店）などがある。

原由美子の仕事 1970↓

2012年7月30日 初版第一刷発行

著 者 原 由美子
発行者 木谷仁哉
発行所 株式会社ブックマン社
〒101-0065 東京都千代田区西神田3-3-5
TEL 03-3237-7777
FAX 03-5226-9599
http://www.bookman.co.jp
印刷・製本 凸版印刷株式会社

ISBN 978-4-89308-776-8

ブックデザイン 若山嘉代子 L'espace
写真撮影 小寺浩之（ノーチラス）／巻頭、P.113, 135, 271
企画・編集 柴田奈々、越海辰夫（越海編集デザイン）
編集協力 岡伸子、大関麻由美